公民社会的起源：希腊城邦制度

冯金朋　著

長春出版社

图书在版编目(CIP)数据

公民社会的起源:希腊城邦制度 / 冯金朋著.—长春:长春出版社,2011.12
(世界史纵览/侯建新顾问)
ISBN 978—7—5445—2046—1

I. ①公… Ⅱ. ①冯… Ⅲ. ①社会发展史—研究—希腊 Ⅳ. ①K545.07

中国版本图书馆 CIP 数据核字(2011)第 262869 号

世界史纵览

公民社会的起源:希腊城邦制度

著　　者:冯金朋
责任编辑:张耀民　程秀梅
封面设计:徐力坚
版式设计:王国擎
插图作者:尹小光

出版发行:長春出版社　总编室电话:0431—88563443
发行部电话:0431—88561180　邮购零售电话:0431—88561177
地　　址:吉林省长春市建设街 1377 号
邮　　编:130061
网　　址:http://www.cccbs.net
制　　版:长春出版社美术设计制作中心
印　　刷:北京尚唐印刷包装有限公司
经　　销:新华书店

开　　本:787 毫米×1092 毫米　1/16
字　　数:155 千字
印　　张:15.5
版　　次:2012 年 3 月第 1 版
印　　次:2012 年 3 月第 1 次印刷
定　　价:25.00 元

编 委 会

总 序

中国需要世界史知识的普及，因为她正在走向世界。

中国从没有像现在这样与世界频繁交往，交往的广度与深度超过了以往任何历史时期。根据我国外交部的统计资料，截至2009年7月，与我国建交的国家总数达到171个，遍及全球。中国与世界的人员往来也更加频繁。根据国家旅游局的统计，2008年我国出入境旅游总人次接近1亿（其中，入境5305万，出境4584.44万）。据教育部的统计，从1978年以来，中国各类出国留学人员总数已达139.15万，2008年创了历史新高，达到17.98万；其实，早在2006年，联合国教科文组织公布的统计数字就已显示，中国已成为世界上出国留学生人数最多的国家，全世界几乎每7个外国留学生就有1个中国学生。中国也受到了海外留学生的青睐，新中国成立60年以来，我国累计接收来华留学生146万人次，2008年首次突破20万，共有来自189个国家和地区的22.3万来华留学生。经济交往更为繁盛。据中国对外经济贸易统计学会的统计分析，改革开放三十年，特别是自2001年加入世界贸易组织以来，中国对外经济实现了从封闭、半封闭到全方位的开放，2004年货物进出口贸易总额首次超过日本，成为仅次于美国和德国的世界第三大贸易国。中国对外贸易的依存度迅速提高，2003年就突破了50%，2006年达到67%，2008年尽管开始受到国际金融危机的影响，仍超过60%。伴随着中国融入世界的步履,世界也在迅速走进中国。中国与世界各国的交融与冲突也日益加深。2008年金融危机以及随之而来的经济危机,不但加速了中国从货物输出国向资本输出国的转变,而且还使中国日益卷入国际贸易纠纷之中。所有这些,都要求我们更多地了解我们所打交道的对象,了解他们的历史文化,尤其是西方发达国家的发展历程与文化特征。

了解外界,学习世界历史是眼前现实的需要,从更深远的意义上讲,则是培养21世纪国民基本素质的需要,很明显,现代国民一定要有世界眼光。古人云:“知己知彼,百战不殆。”其实,不仅是在战场上、在商场上、外交谈判桌上,乃至日常友好交往中,概莫能外。优雅、良好的国民和政府形象,既需要经济实力,又需要优良的文化素养,其中中外历史文化知识当然不可或缺。此外,学习外界文明与文化,也是改善我们自己文明与文化的需要。应当承认,上述对外交往和对外商贸的成绩本身就是改革开放的重要成果。古人亦云,“择善而从”“从善如流”,似指个人修养的一个重要原则,何尝不能用于不同民族、不同文化之间的关系。历史证明,没有任何一种文明是铁板一块,完全的、纯粹的原生型。交往促进发展,共融产生文明。但凡文明,特别是有生命力、有影响力的文明,都是在碰撞和交往中产生,又在不断交往中发展与共生。现代国民和国家尤其应当有一种开放和自信的心态。开放不会失去自己,只能使我们更加丰富,更加健康。

人类社会不同地区的交往很早就开始了,但真正把世界逐渐连为一体的还是新航路开辟以后。此前不同地区、不同民族的交往大多是局部的、暂时的,有一定的偶然性;然而世界市场的形成使各地人们不可避免地发生联系,不管你愿意还是不愿意,是主动还是被动。中国最初与现代世界的交往就是被动的,甚至是屈辱的,那是每一个中国人都不能忘记的鸦片战争。从此自以为天朝大国的政权再也不能无视外面世界的存在。林则徐自觉“睁眼看世界”,表达了那一代中国仁人志士最明智的判断和认知。此乃痛定思痛后的反思：泱泱大国败于远渡重洋而来的蕞尔小国，气难咽，恨难消；可为什么会输掉？又如堕烟雾，一筹莫展，开战前林则徐甚至认为英国士兵“腰腿僵硬，一仆不能复起”，（参见鸦片战争前林则徐在道光十九年七月奏折《请严谕将英船新到烟土查明全缴片》）遑论对手的军事火力、武器性能、游戏规则乃至心理与文化！林则徐之痛，是国人之痛，民族之痛！痛苦促发顿悟，从而记录了中国人的一次惊醒，弥足珍贵，事实上它也的确影响了几代中国人。

在“睁眼看世界”的过程中，中国人逐渐认识世界，同时重新审视自己和自己的过去。我们有悠久的历史，有不曾间断的文明，很久以来即以天下之“中”自居；然而，此时发现我们的武器库中两样家什至为罕见，甚至不曾拥有，那就是“科学”与“民主”。这是天大的发现，是经过剧烈的文化碰撞和苦难洗礼后迸发出的社会思潮，大概也是五四运动产生的历史背景。依当下的看法，对西方的这种认识未必准确，对自己文化传统的评判亦不无偏颇之处，但无论如何，比之前辈的认识水准无疑大大迈进了一步。这是真正历史性的进步，面对“实惟数千年来未有之变局”，产生了数千年来未有之眼光。或者说，面对一个不同的文化参照体系，直面自身，重新评估了自己的形象。在这里，我们发现了解外来文化的另一个重要价值：在比较中产生鉴别，更深刻地认识自己，从而试图改善自己。

对外界文化的研究，我国学术界曾问世过一些相当不错的著述，如前不久人民出版社以《西洋史系列丛书》方式再版了9种专著，可见一斑。不过，系统的世界史学科体系的建设和世界史教育的普及，总体讲还是在新中国成立以后。尤其近三十年改革开放以来，打破旧的思想樊篱，走出一片新天地：大量的国外研究成果被译介，许多研究领域被开拓，陈旧的知识体系和概念被更新。世界史学科正在成为我国现代化建设事业重要的思想和学术资源。而且，世界史教学和研究的成果也正在逐渐缩短与国际水准的距离。每年，应该说每天，都有从研究对象国归来的学人，一些原始资料开始能从网络上直接获取，一些领域甚至可以做到与国外学者直接对话。毫不溢美地说，世界史学科的进步是出类拔萃的，中国世界史学科进入了春天。

一线的研究成果需要系统地梳理，细细地消化，而且应该为更多的人所接受和吸纳。世界史学者有这样的责任，中国也存在相应的文化市场需求。近些年，已经有一些简明的世界史读本面世，这些著作图文并茂，为传播世界史知识做出了贡献。但总体而言，我们的世界历史知识的普及工作仍然比较薄弱，尚存相当大的发展空间。《世界史纵览》这套丛书，试图向大众传播鲜活的世界史知识，注重世界历史的主线与全局，注重社会生活史元素，注重行文风格的灵活轻盈。这套丛书的作者大多为中青年学者，他们有自己的优势，也不可避免地有着很多缺陷。真诚地希望前辈学人对这些年轻学者予以指教，使之更好地成长；更真诚地希望他们的劳动成果为更多的国人分享。

侯建新

于天津师范大学欧洲经济—社会史研究中心

2009年10月25日

写在前面

展开历史长卷，顺着时针的指向历览人类社会的兴衰成败，无意间,你会惊奇地发现,前后的历史竟然有如此惊人的相似之处:古希腊世界简直是现代世界的一种缩微,而现代世界则是古希腊世界的一种放大和扩展。我们现代社会所标榜和崇尚的诸多制度与观念,都可以追溯到古希腊那片弹丸之地,或者从那里找到类似现象。

由于中世纪的黑暗阻隔了我们考察远古文明的视线,我们便自以为是地认为公民社会是现代世界的产物,而殊不知古希腊城邦本身便是一个独立的公民共同体。更为可笑的是,当我们标榜自己处在公民社会的时候,却不得不承认:当代公民个体处于一种缺失状态——由于社会规模过于庞大,以至于公民个体变成了公民团体中的沧海一粟,难觅踪迹。而在古希腊城邦尤其是雅典城邦那里,我们会发现,每个公民都是活生生的个体。生命个体在那里得到了极大的尊重,而活力也得到了最大限度的激发,每个公民都可以在城邦的政治、经济、社会、文化、军事等各个层面积极地扮演不同角色。在他们眼中,城邦是公民个体的“大我”,而公民个体则是城邦的“小我”。那个时代的公民与社会之间的紧密性远远超过了现代世界公民与社会之间的关系。

公民社会,或称市民社会、民间社会。关于公民社会的概念,也可谓是众说纷纭、莫衷一是。但公民社会有一个基本不变的特征,“它是一个相对独立于国家而又与之发生密切联系的社会生活领域”,它是在公民主体意识和主体权利基础上形成的多样性、自治性社会”。(张乃和主编:《现代公民社会的起源》,黑龙江人民出版社,2007年,1页。)作为一个概念,它是西方文化的舶来品,来自德语中的“Bürgergesellschaft”或“Zivilgesellschaft”和英语中的“Civil Society”;并且,后者与前者有着密切的关系。同时,两个语境中的“公民社会”又同时可以追溯到古希腊语“politiké koinonia”;此词是亚里士多德《政治学》中的一个基本概念——“公民团体”,而“公民团体实际上就是城邦制度”。(亚里士多德:《政治学》,吴寿彭译,商务印书馆,1965年,129页。本书中所引用的西方古典文献,若无特别标注,皆出自美国哈佛大学出版的罗布古典丛书。同时,一部分西方古典文献已有中文译本,本书出现的中文译文,若未参照或直接转引现有中文译本,便不注明其中文译本的出处,而直接引自罗布古典丛书,并按照国际通行惯例,只注明该引文所在的章、节、行而不标注版本、页码。)由此看来,古希腊语境中的“公民社会”其实就是城邦本身;所以,此时的公民社会带有很强的政治色彩。因为,古希腊时代是一个“全能型”的时代,每个生活在城邦中的公民都兼有多重角色;城邦也是如此,国家与社会、政治与经济、集体与个人,二者之间的统一性远远高于现代社会。

那么,“公民”的内涵又是什么呢?在各种定义中,《牛津英语辞书》给出的解释既简明又权威,公民乃“一个国家的分子,与外来人口相对,他是在这个国家里拥有参政权利的居民;在美国,不管是本地人还是获得国籍者,他拥有投票选举公职的特权;并且,在行使个人权利时,充分受到法律的保护。”(*The Oxford English Dictionary*, 2nd ed., Vol. viii, Oxford: Clarendon Press, 1989, p. 250.)从这个定义,我们可以看出,公民本质上是一个政治学、法学上的概念。国家政权、法律体系只是为公民的存在和活动提供了一个空间和一套秩序,在这个框架内,公民过着自由的生活。政治生活只是公民们整个生活中的一小部分,除了政治生活之外,他们还有丰富多彩的社会、经济、文化生活。所以,公民作为独立活动的个体,他的身份具有多重性。

为什么现代语境中“公民社会”却成为相对于国家的一个概念呢?它是历史演变的一个结果。当古典时代结束后,西方社会进入了中世纪;作为个体的人,身份发生了深刻变化,他从原来生活在公民团体中的公民转变为生活在教会组织中的教徒或王权统治之下的居民、臣民。这一变化,表明了社会与国家是可分离的。生产力的发展、社会分工的进一步细化,也促成了社会与国家的分离,二者在不同领域中扮演着自己的角色。中世纪,随着城市的兴起,市民阶级(也可以称为中产阶级或资产阶级)成为一支新生势力,它对当时的王权国家来说是一种“异质”。基于这种状况,后世学者提出了公民社会或市民社会的概念;然而,世界历史后来的发展表明,公民社会和国家又在很大程度上出现了重合。二者之所以会发生重合,最直接的原因是生活在社会与生活在国家之中的个体是同一的;“政治解放一方面把人变成市民社会的成员,变成利己的、独立的个人,另一方面又把人变成公民,变成法人。”[马克思:《论犹太人问题》,见《马克思恩格斯全集》(第一卷),人民出版社,1956年,443页。]

当马克思从个人与社会、国家关系的角度来谈论人类解放时,他又认为,“只有当现实中的个人同时也是抽象的公民,并且,作为个人,认识到自己的‘原有力量’并把这种力量组织成为社会力量因而不再把社会力量当做政治力量跟自己分开的时候,只有到了那个时候,人类解放才能完成。”[马克思:《论犹太人问题》,见《马克思恩格斯全集》(第一卷),人民出版社,1956年,443页。]也即,个人与社会、国家统一起来的时候,人类才能获得真正的解放。从某个角度看,马克思对未来的构想,其实早在西方文明起源之初便已经实现。作为公民集体的希腊城邦,实现了公民与社会、国家的高度统一;那个时代的许多理念和制度,成为后世构建公民社会的来源和动力;并且,直到今天,仍为现代社会提供着取之不尽的精神给养。

我们将一起走进古希腊城邦的代表——雅典,本书的作者向您展现这个古代民主之都的方方面面,尤其是雅典公民与雅典城邦之间的统一与互动。

目 录

第一章　地中海的明珠

公元前三千多年,历史老人在尼罗河畔撑起一叶扁舟,经过千年的航行,来到了亚非欧三大洲的交会处——地中海。在这片蔚蓝色的海面上,他挥起手中的巨毫,描绘出一幅精彩绝伦、引人入胜的长卷,这便是古希腊文明。

古希腊:小世界中的大舞台

大地是人类的家园,人类用聪明才智来装扮这个家园,使其成为一道亮丽的风景,历史也便在这一系列装扮活动中产生。在亚非欧交会处——地中海海域上,古希腊人在公元前数百年的短暂时间里创造出了一个光耀万丈、恩泽千古的历史奇景。他们是一群什么样的人?是何种原因激发了他们的巨大潜能?他们又是如何创造这段历史奇迹的呢?

何谓希腊

希腊,在古希腊语中的写法是"Ελλάς",现代英语中的"Hellas"(希腊)来源于此;在拉丁语中的写法是"Graecia",现代英语中的"Greece"(希腊)来源于此;汉语中的"希腊",则是对"Hellas"的音译。

马其顿
色
伊利里亚
卡尔息狄斯半岛
忒迈海湾
伊庇鲁斯
色萨利
北斯波拉德斯群岛
科西拉岛
马格尼西亚
帕伽塞海湾
多罗庇亚
马里斯
多利斯
琉卡斯岛
阿卡那尼亚
埃陀利亚
弗西斯
东罗克里斯
优卑亚岛
优卑亚海
彼奥提亚
伊大卡岛
西罗克里斯
刻法伦尼亚岛
科林斯海湾
阿卡亚
雅典
阿提卡
伊利斯
阿哥利斯
萨罗尼克海湾
阿卡狄亚
扎金托斯岛
特罗曾
特里菲利亚
阿哥利斯海湾
美塞尼
斯巴达
美塞尼亚
拉哥尼亚
麦托尼
美塞尼亚海湾
拉哥尼亚海湾
地中海
爱罗斯岛
基克拉
爱琴
克里特

古代爱琴—希腊世界

希腊半岛:

阿波罗尼亚、阿尔哥斯(或译“阿尔戈斯”)、阿菲德纳、阿哥利斯、阿卡狄亚、阿卡那尼亚、阿卡亚、阿堪托斯、阿米克赖、阿提卡、阿辛、埃盖、埃陀利亚、爱昂、安布拉西亚、安菲波利斯、安菲萨、奥普斯、奥里斯港、奥林匹亚、奥林托斯、奥卢松、奥罗普斯、彼奥提亚、布劳伦、德尔斐、东罗克里斯、多多那、多利斯、多罗皮亚、俄尔科墨诺斯、厄德萨、厄琉西斯(或译“埃琉西斯”)、厄琉特赖、厄皮道鲁斯(或译“伊庇道鲁斯”)、法萨卢、斐赖、弗西斯、哥诺斯、霍墨勒、喀罗尼亚、卡尔息狄斯半岛、凯罗尼亚、科里法西翁、科林斯、库帕里西亚、拉里萨、勒巴狄亚、勒纳、马格尼西亚、马拉松、马里斯、马其顿、麦加拉、麦加罗波利斯、麦托涅、迈锡尼、曼丁尼亚、美塞尼、美塞尼亚、瑙帕克托斯、尼米亚、尼塞亚、帕伽赛、佩拉、佩勒涅、皮德纳、皮萨、帕特莱、普拉提亚、色萨利、斯巴达、梯林斯、塔纳格拉、特尔蒙、特拉波涅、特里菲利亚、特罗曾、托里科斯、忒拜(或译“底比斯”)、忒革亚、忒斯皮埃(或译“特斯佩亚”)、温泉关、西罗克里斯、西徐昂(或译“西库昂”)、雅典、伊庇鲁斯、伊利斯、伊利斯城。

爱琴海:

阿罗尼索斯岛、阿摩尔哥斯岛、阿那菲岛、阿斯提帕莱亚岛、埃金娜岛、安德罗斯岛、费斯托斯、哥尔提纳、卡尔帕托斯岛、卡吕姆诺斯岛、卡索斯岛、开俄斯岛、科斯岛、克里特岛、克诺索斯、刻俄斯岛、库特拉岛、库特诺斯岛、勒罗斯岛、勒姆诺斯岛、勒斯博斯岛、罗德岛、麦罗斯岛、米克诺斯岛、那克索斯岛、尼叙罗斯岛、帕罗斯岛、帕特摩斯岛、佩帕里托斯岛、萨拉米斯、萨摩色雷斯岛、萨摩斯岛、塞里福斯岛、斯弗诺斯岛、斯库罗斯岛、塔索斯岛、提洛岛、提诺斯岛、梯罗斯岛、铁拉岛、叙罗斯岛、伊俄斯岛、英布罗斯岛、优卑亚岛。

色雷斯海岸:

爱昂、安菲波利斯、色雷斯、克尔索尼斯半岛。

爱奥尼亚海:

科西拉岛、刻法伦尼亚岛、琉卡斯岛、伊大卡岛、扎金托斯岛。

小亚西海岸:

阿拜多斯、爱奥尼亚、厄律特赖、福凯亚、哈利卡尔那索斯、赫勒斯滂弗里吉亚、卡里亚、克拉佐门奈、克罗丰、克尼多斯、库米、兰波萨库斯、老斯米尔纳、勒伯多斯、吕底亚、吕西亚、米卡列海角（或译“墨伽勒”）、米利都、密西亚、特洛伊（新伊里昂）、提俄斯、西基昂、新斯米尔纳、伊阿索斯、伊奥利亚、以弗所。

资料来源：王以欣：《神话与历史——古希腊英雄故事的历史与文化内涵》，商务印书馆，2006年，根据附录七——地图1绘制。

古典时期的希腊，不是像我们现代人理解的那样。它不是对一个国家的称呼，而只是一个地理概念。在这片区域内，存在着数百个大小不一的袖珍型主权国家——城邦（Polis或city-state）。同时，“希腊”作为对一个文明或民族的指称，它并非出现于希腊文明诞生之日。据考证，在迈锡尼时代，赫梯人似乎称希腊的居民为“阿卡亚人”；（ M. I. Finley, *The Ancient Greeks,* New York: Penguin Books, 1977, p. 16. 王敦书先生在《荷马史诗和特洛耶战争》一文中提出了更为详细的论证，赫梯文献中经常提到被称为阿希亚瓦的国家便是《荷马史诗》中所说的阿卡亚人，这个观点已被学界广泛接受。参见王敦书：《荷马史诗和特洛耶战争》，见《贻书堂文集》，中华书局，2003年，441页。）不过，它明显是以偏概全的误用。古希腊人本身也意识到了这一点。古希腊的历史学家修昔底德指出，远古的希腊，既无常住居民，也无统一名称；“在丢卡利翁之子赫伦之前，尚无‘赫拉斯’的称呼。”（Thucydides, *The History of Peloponnesian War,* I, 2-3.）现存的古希腊文献中，《荷马史诗》最早提到“希腊”和“希腊人”；但是，它们仅仅是指阿喀琉斯统治下的“泰俄提斯”和“泰俄提斯人”，并非是对整个希腊和希腊人的泛称。（Homer, *Iliad,* II, 683-684.）其他的希腊人也有各自的称呼，如：“阿卡亚人”“阿尔戈斯人”和“多那安人”；同时，这些称呼又在一定程度上是对全体希腊人的泛称。而到了赫西俄德的时代，“希腊”和“希腊人”则获得了整个民族的广泛认同，“希腊”也就随之成为对希腊人居住活动区域的统称。

古代世界与现代世界不一样，政治版图之间没有明确的边界线；所以，那时候的希腊是一个比较模糊的地理概念，一般指希腊人所居住的区域。根据古希腊人在地中海世界活动的频度不同，希腊有三层含义。从广义上讲，它包括“黑海沿岸地区、小亚细亚沿岸地区、爱琴诸岛屿、希腊本土、南意大利和大部分西西里，并且，向西延伸至利比亚的昔兰尼和马赛两地所在的地中海海岸和西班牙沿岸上的一些据点”，(M. I. Finley, *The Ancient Greeks*, New York: Penguin Books, 1977, p. 17.)这一表述几乎将地中海及其沿岸地区都涵盖在了“希腊”的范围内。狭义上讲，古希腊仅仅是指希腊本土，它仅包括希腊半岛，连希腊文明的发祥地克里特都被排除在外。介于广义和狭义之间，还有一个说法，它包括希腊本土、爱琴诸岛屿和小亚细亚沿岸地区，后世学者将其称为“希腊—爱琴世界”，这个地区是古希腊人活动的主要区域，希腊历史上所有重大事件都在这个舞台上展开。

在古希腊人眼中，“希腊” 似乎也只是局限在希腊—爱琴世界。希罗多德在《历史》中讲，“全体希腊人在血缘和语言方面是有亲属关系的，我们诸神的神殿和奉献牺牲的仪式是共通的，而我们的生活习惯也是相同的。”(希罗多德:《历史》，王以铸译，商务印书馆，1959年，620~621页。)他所讲的“全体希腊人”似乎只包括生活在希腊爱琴世界的希腊人，而将生活在西西里、意大利以及其他西地中海地区的所谓“西方希腊人”排除在外。(M. I. Finley, *The Ancient Greeks*, New York: Penguin Books, 1977, p. 17.) 公元前449年，伯里克利倡议召开的泛希腊议事会，他并没有邀请西方希腊人参加。(Plutarch, Pericles, 17.)马其顿的腓力二世和亚历山大大帝也似乎只对希腊—爱琴世界的统一感兴趣，在统一这片地区之后便兴师东征，去征服波斯帝国；而不是挥兵西讨，来完成广义上的希腊统一。不管希罗多德、伯里克利以及亚历山大父子这样说或做的动机如何，它至少可以说明，希腊—爱琴世界的希腊人在对其他地区希腊人的认同程度上存在着一定缺陷，如同我国春秋时期中原地区的诸侯将吴楚等地贬为蛮夷之邦一样。

由于西方希腊人常常徘徊在希腊历史舞台的边缘，流传下来的史料也相对缺乏，所以我们探寻的主要对象也是发生在希腊—

爱琴世界的历史；若有必要，同样会谈及西方希腊人的相关情况。

地理人文

根据民族和语言特点，除了边陲之地的伊庇鲁斯人和马其顿人之外，在希腊世界里分布着四大方言族群。伊奥利亚人，主要居住在希腊半岛中北部的色萨利和彼奥提亚以及小亚细亚北部沿岸地区；爱奥尼亚人，分布在阿提卡地区、爱琴海诸岛屿和小亚细亚中部沿岸地区；多里安人（或译“多利斯人”“多利亚人”），主要分布在伯罗奔尼撒半岛及其以南诸岛、南部意大利、西西里岛以及小亚细亚南部沿岸地区；阿卡亚人（或译“亚该亚人”），主要分布在伯罗奔尼撒半岛北部的阿卡亚和阿卡狄亚地区。

从地理环境上看，希腊世界可以分为希腊大陆和爱琴海两大部分。根据地形走势，希腊大陆可以分为北部、中部和南部三部分。北部希腊被品都斯山分割，西为伊庇鲁斯，东为马其顿和色萨利。在中部希腊，彼奥提亚处在中间，西为佛西斯、埃托利亚、阿克那尼亚，东为阿提卡。科林斯地峡以南为南希腊，也即伯罗奔尼撒半岛，它包括美塞尼亚、拉哥尼亚、阿尔戈里德、伊利斯、阿卡狄亚、阿卡亚等地区。

古希腊东北边陲居住着马其顿人，他们原是古希腊族群的一支，后与色雷斯人和伊利里亚人通婚融合，便形成了后来的马其顿人。马其顿东临色雷斯、西接伊利里亚和伊庇鲁斯、南靠色萨利、东南近卡尔昔狄斯半岛，北部和南部被分为上、下马其顿两个地区。上马其顿的地形以高原山区为主，较下马其顿落后；下马其顿地接古希腊的北部城邦，经常接触先进的希腊文化，所以，它便成了马其顿的政治、经济和文化中心。但是，从总体上来讲，由于地处偏远、政治分裂、文化落后，马其顿人长久以来未能在希腊历史舞台上扮演重要角色，而经常被中南部希腊人瞧不起，被蔑视为蛮族。到公元前4世纪中期，这种局面发生了戏剧性的变化，马其顿国王腓力二世进行全面的政治军事改革，统一整个马其顿全境,并迅速征服了希腊世界。而其子亚历山大更是伟大,公元前334年开始东征,十年内,建立了一个地跨亚非欧三大洲并席卷埃及、两河流域、印度和希腊等四大文明区域的大帝国，为世界历史的发展翻开了新的一页。

处在希腊大陆西北部的伊庇鲁斯,物产丰富,盛产牛马。但由于此地属于多山地带,人烟稀少,且与外界交往不便;所以,这里也长期处在落后状态,同样遭到中南部希腊人的歧视。而与其北部接壤的伊利里亚更加蛮荒,在语言、风俗、制度等多个方面与中南部希腊的差别很大，甚至可以不被称为希腊地区。在伊庇鲁斯的历史上还值得一书的是,公元前31年,屋大维在此地阿布拉西亚海湾口的亚克兴角进行海战，大败政治对手安敦尼和埃及艳后克里奥帕特拉,重新统一罗马帝国。

在伊庇鲁斯这片土地上，孕育出了一位伟大的公主奥林匹娅斯，她与马其顿国王腓力二世结婚，生下了亚历山大大帝。

色萨利是一个群山环抱的广阔平原，土地肥沃,盛产马匹。其本身具有很大的潜力,但政治分裂导致这个地区并未对希腊历史造成多大影响。然而,由于地处南北交通的要害,色萨利成为兵家必争之地。从色萨利南下,会遇到温泉关,它扼守着希腊大陆南北交通的咽喉要道，最具有战略价值;想要称霸或征服希腊,就必须控制温泉关。公元前480年,斯巴达国王列奥尼达在此地率领千名勇士顽强抗击薛西斯的百万雄师，宁死而不让寸土。马其顿国王腓力二世为了控制这个关隘,花费了十数年时间与雅典角逐。

中部希腊彼奥提亚地区的底比斯(又译“忒拜”)是一个非常重要的城邦，但霸权主义和城邦本位主义给它留下了坏名声，除了两个伟大的政治家兼军事家伯罗比达、伊帕米农达和两位文学家赫西俄德、品达值得令人尊重外，就再也很难找出它的闪光点。与之相比，它的世仇兼邻居雅典也即阿提卡（阿提卡是一个地理概念，而雅典则是针对这个地区的政治名称。最初，雅典只是阿提卡地区诸多城邦中的一个。经过统一运动，雅典将本城邦的公民权授予其他城邦的公民，从而将阿提卡地区统一到了雅典的名下；于是，雅典和阿提卡便统一了起来。如此一来，原来的雅典城邦变成了雅典城，而统一之后阿提卡地区则成了新的雅典城邦。）却是如此的灿烂无比。濒临爱琴海的交通优势，使雅典长期以来都是希腊世界最繁荣的地区之一；开放的心态，使它能够招揽希腊各地的优秀人才聚集此地，并且成为西方文化的重要发源地；民主的制度，激发这个地区的创造力，不仅使雅典在政治军事上能够与斯巴达分庭抗礼，而且它确立的各项民主原则进一步成为流芳后世的光辉典范。

过了科林斯地峡往南，便来到伯罗奔尼撒半岛。传说时期，这里的迈锡尼国王阿伽门农率领着希腊联军，千帆并进，远征特洛伊。然而，迈锡尼的辉煌很快便消失在了神话传说中。进入历史时期，从北部迁徙而来的多利安人逐渐成了伯罗奔尼撒半岛的新主人；并且，其中的一支——斯巴达人，逐渐成了希腊世界的新领袖，它以无敌的重装步兵称雄于希腊。

希腊世界的另一半是水世界。爱琴海位于希腊半岛与西亚之间，南北长度约为600公里，东西宽度与南北长度相当。四百八十多个大小不等的海岛，星星点点地分布在这片水域，在“一片汪洋皆不见”的大海上，它们成了希望的象征。其中，最大的岛屿是爱琴海南端的克里特，它东西长约250公里，南北宽12公里至60公里不等。中部的伊达山将全岛分为东西两部分，东部平原较多，适合农业；西部属于丘陵地带，经济相对落后。由于处在北非和希腊半岛之间的重要交通枢纽之上，整个克里特岛犹如一条横泊在二者之间的长船，承载着不同文明圈之间文化交流的历史责任。小亚细亚沿岸地区与其附近岛屿萨摩斯、开俄斯等则成为亚洲两河文明与希腊文明之间相互交汇的地区，泰勒斯等人将传续千年的东方智慧之火在希腊点燃，照耀着希腊文明和西方文明的发展。

较东方文明而言，古希腊的地理条件有截然的不同。东方文明本质上是大河流域的农耕文明，埃及的字面意义是“尼罗河的礼物”，我们华夏民族的祖先则称黄河为母亲，幼发拉底河、底格里斯河与恒河、印度河分别孕育了其他两大农耕文明。而号称第五大古代文明的希腊，则是地少、山多、海阔，山丘纵横、河流交错、岛屿密布，被世人称为海洋文明。

在这片一半是海水一半是大陆的世界里，希腊气候也是独特的，似乎是天公有意作美。冬季多雨、夏季干爽，有利于橄榄、葡萄的种植，而希腊的土质又恰恰不适合种植粮食作物；同时，由于少有良田可耕，希腊人只能通过对外进行商业贸易来维持自身生存与发展。温暖宜人的地中海气候，既无欧陆冬季之严寒，更无非洲夏日之酷热，这又为希腊人进行户外活动尤其是扬帆远航创造了条件。不管是为了寻找土地还是为了追求商机，海外航行都刺激了希腊人的冒险精神和探索性格。而与外界的频繁交往，又有利于希腊人吸收不同地区的先进文化，从而为希腊世界的迅速崛起奠定了文化基础。天时、地利、人和等三重因素的完美结合，最终促成了希腊文明的勃兴。

历史分期

学者们一般将希腊文明的发展历程分为五个阶段：爱琴时代、荷马时代、古风时代、古典时代和希腊化时代。

蔚蓝色的爱琴海，西接希腊半岛，东连小亚细亚，北依欧陆，南望非洲。由于地处海上的交通要道，这个地区最先嗅到东方古老文明的气息，因而，希腊文明便滥觞于此。而爱琴时代，实际上是一段“被挖出来”的历史。在古希腊人和19世纪70年代以前的大多数人心目中，古希腊的历史开始于传说的特洛伊战争；更甚者，一些严谨的历史学家认为古希腊的历史仅能从公元前776年的奥一个名叫海因里希·谢里曼的德国银行家，怀着对古希腊文明的痴迷和对《荷马史诗》的虔信，在小亚细亚西北沿海地带进行所谓的考古发掘。结果，歪打正着，他挖出了一段历史文献和神话传说都不曾确切记载的文明时代。

林匹亚赛会开始计算。（英国19世纪的乔治·格罗特是这些疑古学者中的代表人物，他耗尽二十多年精力，完成一部由十二册构成的《希腊史》。格罗特尽管对那些由来已久并被人视为信史的神话传说进行了详细分析，但仍将其排除在值得参考的史料之外，认为，希腊的历史从有确切纪年的公元前776年开始。）经过后续的考古发现和学者研究，这段尘封千年的历史逐渐显露出它的真实面孔。在这段历史上，前后出现了两个文明：克里特文明和迈锡尼文明，二者并称爱琴文明，它们大概从公元前2000年前后兴起，到公元前1200年前后灭亡。爱琴文明与后来的希腊文明有着本质的区别，它们类似于古代东方的专制主义文明，国王或者祭祀王是最高统治者，宗教笼罩着整个社会，辉煌的宫殿或宫城是其标志性特征。

公元前13世纪末12世纪初，希腊受到入侵浪潮的冲击。多利安人的到来，摧毁了迈锡尼文明，繁荣的城市、雄伟的王宫、兴旺的手工业和商业迅速衰落。繁盛的文明消失了，希腊倒退到了落后的原始状态。这个时代（公元前11世纪至公元前9世纪）被称为古希腊的“黑暗时代”；同时，由于《荷马史诗》对这个时代做了重要的描述，人们又为其冠以“荷马时代”之名。这个时代尽管落后，但是其中仍蕴含着进步的因子，铁器的使用为社会的发展提供了新的动力；城邦也逐渐在原始部落或农村公社的基础上兴起，它给希腊历史的发展指明了新的方向。

在城邦产生和发展过程中，城邦内部出现了两种危机：人口的不断增长使得社会承载力迫于临界点、贵族和平民之间的冲突愈演愈烈。为解决危机，许多城邦开始了移民活动，在海外建立殖民城邦。在移民的同时，城邦内部也出现了变革，许多城邦建立了有利于平民和工商业发展的僭主政治。而斯巴达则通过征服邻邦并在此基础上建立起集君主制、寡头制、民主制于一体的共和体制；同时，它对城邦实行军国主义政策，最终克服了早期城邦的危机。另一种成功的典型是雅典，它则是通过一系列立法改革，最终在克利斯提尼时代建立了主权在民的民主政体，使其成为古希腊城邦的楷模。这一段历史时期，被学者称为古风时代（公元前8世纪至公元前6世纪）。

正当古希腊城邦沿着自身轨迹发展之时，亚洲崛起了波斯帝国，它对欧洲的扩张引发了希波战争（公元前500~公元前479年或449年）。在斯巴达和雅典的领导下，一盘散沙的希腊诸城邦竟然奇迹般地击退了这个东方的“巨无霸”。伴随着抗击波斯的胜利，希腊的历史发展进入了它的黄金期，雅典是其最突出的代表。这一时期的雅典，尤其是伯里克利时代的雅典，在政治民主、科学艺术、思想文化等方面实现了全面的繁荣；同时，在雅典帝国的框架下，希腊世界也试图向泛希腊统一的目标迈进。但是，在雅典领导下的泛希腊统一进程却因伯罗奔尼撒战争（公元前431~公元前404年）的爆发而终止，在断断续续的二十七年战争中，几乎整个希腊世界的城邦都卷入其中，并且打了个筋疲力尽。最后，斯巴达名义上战败了雅典，却把整个希腊世界推进了重重危机的漩涡；古希腊政治辉煌就此终结，不过，文化的繁荣却继续保持下来。

公元前4世纪前半期，希腊城邦集团之间混战不已，少有和平喘息的机会。而城邦内部也是危机四伏，平民造反、奴隶起义频繁发生。面对纷纷扰扰的时局，伟大的思想家对其进行了反思。柏拉图和亚里士多德仍以希腊城邦为模型，企图在现实世界建立他们的“理想国”；而其他人则更为现实，大力鼓吹全希腊联合起来的泛希腊主义，通过侵略或征服波斯帝国来解决希腊内部的危机。希腊北部崛起的马其顿，最终肩负起结束内乱和完成希腊统一的双重使命。公元前338年，喀罗尼亚一战，腓力二世确立了他在希腊的霸主地位，也标志着希腊城邦制度的终结。亚历山大在公元前334年发动东征，不到十年的时间，他建立了一个比波斯帝国还要庞大的帝国；但是，公元前323年，他的早逝又造成了帝国的迅速瓦解。从此，希腊历史进入希腊化时期。

在希腊化时期，希腊城邦死灰复燃，联邦式的城邦同盟开始崛起，并且跨出地区限制，在整个希腊世界都有盟邦参加。其中，阿卡亚同盟和埃托利亚同盟是它们的范例。尽管联邦式同盟为古希腊带来了新的希望，但是希腊世界的内乱却未因此终止，希腊城邦之间、城邦同盟之间以及马其顿与希腊之间的冲突仍在继续。这便为罗马人提供了可乘之机，他们采取分化瓦解的策略迅速使希腊各邦和马其顿臣服，于公元前146年彻底摧毁希腊的联合反抗，并将科林斯城夷为平地。

从此，希腊城邦和希腊文化完全被纳入了罗马的统治之下，希腊彻底进入了罗马统治时期。就此，古希腊历史画上了一个遗憾的句号。

城邦：追求分立而非统一

大思想家柏拉图曾对希腊世界做过一个形象的比喻：如果地中海是一片池塘，那么希腊城邦就是一群在池塘内外蹦来跳去的青蛙；它们虽然规模很小，却是行动自由的独立个体，绝不屈从任何外来权威的威胁。正是由于这样，古希腊文明没有沿着其他古代文明的历史轨迹发展，始终保持着小国寡民、邦国林立的状态，直到罗马人的征服。

城邦的诞生

“城邦”在古希腊语中为“πσλιζ”，“polis”是其拉丁化的拼写，它的英语意译是“city-state”，中文的“城邦”（或“城市国家”）一词便是来源于此，而“波里斯”或“波里”等术语则是对“polis”的音译。[西方古典学界认为，将“polis”翻译为“city-state”是一种误译，因为后者不能将前者的内涵全部表现出来。（F·I·芬利主编：《希腊的遗产》，张强，唐均等译，上海人民出版社，2004年，6~7页。）专业的古典学者倾向于使用“polis”而非“city-state”，因为，“city-state”的使用被泛化了。“city-state”不仅可以指古代东方与希腊城邦类似的政治现象，也可以指中古、近代历史上意大利半岛上的城市共和国如威尼斯、佛罗伦萨和热那亚等，甚至当代世界的新加坡等也被视为“city-state”。]

虽然古希腊历史以城邦制度著称，但是，希腊城邦并不是随着古希腊文明的诞生而产生的。古希腊的早期文明——爱琴文明，与古代东方专制主义文明类似，而与后来希腊的城邦文明有着本质的区别；爱琴文明在公元前1200年前后衰落后，希腊进入了“黑暗的”的荷马时代。而荷马时代蕴含的进步因素又为希腊文明带来了新的曙光，城邦便在其中诞生了。

为何在古希腊这片土地上会出现小国寡民式的城邦呢？学界大致有五种说法：地理环境说、氏族祭祀说、人口土地说、多利安人入侵说和生产力持平说。（前四种说法参见修海涛：《百家异说 一家之言——评〈希腊城邦制度〉》，载《世界历史》，1984年第3期；第五种说法参见左文华：《试论古代城邦产生和存在的条件》，载《思想战线》，1982年第1期。）而事实上，城邦是希腊历史多重因素共同促成的产物，“荷马社会中的polis并不是直接从原始社会末期的军事民主制演变而来的部落公社，亦非初期国家或者酋邦，而是在迈锡尼文明灭亡后、在公元前2千纪末和公元前1千纪初产生的新的国家形态。正是迈锡尼宫廷国家的崩溃、铁器的使用、小农的独立、希腊世界的孤立，造成了polis 形成的基本条件。”（晏绍祥:《荷马时代的“polis”》，载《历史研究》，2004年第4期。）

自入侵希腊大陆的多利亚人定居后、到波斯帝国入侵前的四五百年里，希腊人没有遭遇过严重的外来打击。这个时期，两河流域的好战王朝相继更迭，赫梯帝国衰落后，取而代之的亚述帝国和新巴比伦王国的权力触角未能伸展到希腊世界；在小亚细亚崛起的吕底亚王国，并没有强烈的扩张欲望，反而成了阻挡东部势力西进的缓冲带；经历了两千多年的埃及文明，已经失去往日的活力，它所亟待解决的问题是生存而不是扩张；略早于希腊崛起的腓尼基和它西方的殖民地迦太基，本质上是商业民族，更多关注的是经济利益，而不是武力征服。相对宽松的国际环境，保证了希腊自成体系地发展，致使城邦能够自然而然地产生、发展、成熟以至于在整个地中海世界拓展开来。希腊的这段历史让人不由得想起了美国19世纪的崛起历程。

爱琴文明中的迈锡尼文明消亡了，但伴随而来的不是社会的进步，而是社会的倒退，古希腊又普遍倒退回了原始部落状态。与迈锡尼绝对王权消亡形成对比的是原始部落民主制的凸显。此时，希腊人一只脚跨入了文明时代，而另一只脚还停留在蛮荒时代，地理环境对他们的生活方式起到了重要的影响。山峦纵横、水流交错，使得希腊各个地区被分割为许多相对隔绝的狭小地带，自然环境的障碍为他们早期的发展提供了保护伞。随着具有辐射性影响的迈锡尼王权的瓦解和多里安人入侵洪流的分流停滞，再加上没有跨地区性强权的崛起，所以，在此后的三四百年间，希腊各个地区除了有一些零星的冲突之外，基本上是相安无事。

在这种相对和平的环境中，希腊各地的原始部落自由自在地向前发展，逐渐建立起袖珍型的政治实体，它们普遍具有两个特征。首先，这些政治实体基本上是以一个高地上的军事要塞为中心，其势力只能覆盖其周边不大的村落和土地。后来，军事要塞逐渐具有政治、经济特征，希腊城市便从中产生，而它又与周边的农村地区构成了一个完整的统一体——城邦。其次,这片土地上的居民(奴隶除外)是自由的,人与人之间不存在主仆的人身依附关系;出身和财富不完全代表特权,还意味着责任和义务,全体人民都是这片土地上的主人。在这个基础上,希腊人称呼某个城邦的附属物时,往往是称其为“雅典人的”“斯巴达人的”或者“科林斯人的”,而不是“雅典的”“斯巴达的”或者“科林斯的”,更不会是“伯里克利的”“阿格西劳斯二世的”或者“居普赛洛斯的”,(此人为科林斯僭主,生活在约公元前657年至公元前625年之间。)尽管这些人权倾一时。

从原始部落首领或酋长演化而成的王,由于不存在建立绝对王权的基础,他们的权力也随着历史的发展而普遍萎缩,代之而起的是贵族统治或寡头统治。学界一般将寡头制取代君主制视为希腊城邦的诞生,它发生在荷马时代末期。此时,城邦重要的权力机关基本上有三个:其一,议事会或元老会,由部落贵族或社会上层的代表组成。它是当时最重要的政治机构,拥有广泛的权力,城邦内外事务皆须经它讨论批准,方可生效执行。并且,它通常是常设性机构,成员也是终身任职。其二,民众会或公民大会,由全体全称公民(能够自备武器并因此享有政治权利的成员)参加,与会者皆可发言并参与表决。它名义上是最高权力机关,而事实上却是三个机关中最被动者;它的存在,只是作为“主权在民”的象征。其三,王,希腊语称“巴赛勒斯”,他是当时城邦中最高的政治军事首领,由选举产生,但实际上往往为某一两个贵族家族(也即王族)世袭。他的主要职责是负责行军打仗、主持宗教祭祀、进行司法审判等。不过,他有些权力是与议事会一同分享的。在《荷马史诗》中,阿伽门农、阿基里斯、奥德修斯等著名英雄便是属于这类人物。这三个机构构成了城邦政治体制中的基本要素,不管后来城邦如何发展和变革,都能找到它们的历史痕迹。

在这个时期的城邦里,我们看不到激烈的阶级冲突;而城邦之间的冲突却比较多,如希腊联盟与特洛伊联盟、希腊联盟内部在一个城邦内部，各个阶层之间的关系似乎非常融洽，不管是王与臣、还是主与仆的关系，似乎都是其乐融融，不得不让人得出这样一个结论：城邦在某种意义上是家庭或家族的扩大。

的冲突。如现代学者所言，“从原始的部落联盟起，城邦便继承了这样的国家观念，国家是参与同一宗教仪式、具有共同血缘关系的族群的联合”。[A. E. R. Boak, “ Greek Interstate Associations and the League of Nations”, *The American Journal Of International Law* , Vol. 15, No. 3. (Jul., 1921), p.376.]

随着社会的发展，城邦的家族色彩逐渐消退，而它的阶级性却逐渐增强。在社会发展中，一部分变得富有起来或更加富有，而另一部分则贫穷起来或更为贫穷，加之人口激增而资源有限，以至于城邦内部的冲突也因此激烈起来。为了解决这些冲突，城邦要么进行海外移民，将多余的人口迁居别处，许多城邦都进行过海外移民；要么对外扩张，掠夺和奴役邻国来解决自身危机，斯巴达便是如此；要么进行不断的改革，调和各阶层之间的冲突与利益，雅典是这类城邦中的典型。公元前6世纪，希腊城邦进入它的成熟期，其标志为斯巴达传说中的“吕库古改革”彻底完成；雅典经过公元前594年的梭伦改革以及其后的庇西特拉图僭政之后在公元前508年进行的克里斯提尼民主改革，最终确立了雅典政治的发展方向。城邦制度的成熟，为希腊迎接公元前500年之后波斯帝国的入侵提供了制度条件、精神动力和必要的物质基础。

主权至上

希腊城邦最为突出的特征是，它是主权国家，主权是其存在的根本原则；城邦之上没有任何权威，它也不会屈从于任何外来的威权。

城邦在对外交往过程中，非常看重主权的至

上性，即使是那些小城邦面临存亡威胁之时，也不会忘记这个原则。所以，大多数城邦在必要情况下，愿意与其他城邦结成邦联式同盟。这是一种多元制同盟，各个加盟城邦拥有绝对的主权，同盟的权威来自加盟城邦，如宗教性质的近邻同盟、早期的伯罗奔尼撒同盟和提洛同盟以及希波战争期间的希腊联盟等，便属于此类。为了提高整体实力，有少数城邦进一步结成联邦式同盟。这是一种二元制体系，各个加盟城邦让渡一部分主权给同盟，同盟和加盟城邦在规定的范围内行使各自的权力，如佛西斯同盟、希腊化时期的阿卡亚同盟、埃托利亚同盟等，属于此类。然而，同盟的领袖往往有帝国主义倾向，试图将同盟转变为帝国式同盟，对其他加盟城邦实行严格控制，而给予其自治市的地位，提洛同盟中的雅典、彼奥提亚同盟中的底比斯、伯罗奔尼撒同盟中的斯巴达都这样做过。由于帝国式同盟严重损害了主权独立的原则，在希腊世界始终是众矢之的，所以，其存在也很短暂，一代人看到它兴起，而下一代人便看到它衰亡。

当城邦在主权受到威胁时，它们会做出强烈的反抗。为了捍卫民主和自由，希腊人拿出了以卵击石的勇气，并创造了神话般的奇迹。公元前490年，雅典将军米提阿德在马拉松以少胜多，一举击退波斯王大流士的“不死”铁骑。公元前480年，斯巴达国王列奥尼达在温泉关率领千名勇士热血奋战，使薛西斯的百万雄师止步于关前。同一年，智勇双全的泰米斯托克利在萨拉米斯湾略施小计，波斯海军“樯橹灰飞烟灭”。史无前例的

希波战争期间，波斯帝国向希腊各邦派出使者，要求它们献出水和土，作为臣服的象征。以斯巴达和雅典为代表的希腊城邦便将使者投入井中或扔下悬崖，让他们亲自去找想要的水和土。

“世界帝国”万万没有想到会在这个弹丸之地折戟沉沙，最终不得不放弃征服希腊城邦的念头。

希腊城邦世界不仅对外部敌人如此，对待内部敌人也同样如此。当大邦欺凌小邦之时，小邦也同样会为主权独立进行不屈不挠的斗争，从不轻易放弃。公元前519年，底比斯想通过武力剥夺普拉提亚的部分主权之时，后者向雅典求助，最终成功地捍卫了主权独立。不过，其他小邦却没有普拉提亚这么幸运，不得不遭受悲惨的命运。公元前416年，当雅典人以强大武力要求斯巴达的子邦弥罗斯臣服于雅典帝国之时，处于绝对劣势的弥罗斯人断然拒绝——他们将维持城邦独立视为正义之举，坚决以武力捍卫自“城邦建立以来享受了七百年的自由”；（修昔底德：《伯罗奔尼撒战争史》，谢德风译，商务印书馆，2007年，472页。）在坚持抵抗数月后，弥罗斯兵败亡国，但雅典也为此承担了惨重损失。因征服之故，斯巴达付出了更为沉重的代价。公元前8世纪至公元前6世纪，斯巴达在征服美塞尼亚过程中和征服之后，不得不改变原有的政治体制，采用军国主义，将整个国家变成了封闭性的兵营。征服美塞尼亚之后，斯巴达的对外政策也发生了根本性的改变，开始从具体的领土扩张转变为观念上的霸权扩张。所以，公元前404年，斯巴达打败了雅典，它并没有像对待美塞尼亚那样将这个最强大的敌对城邦从地图上抹去，而是将其实力限制在二流城邦的范围内。

同时，希腊历史上还存在着“兴亡国，续绝世”的传统。即便是有些城邦被摧毁夷平后，其他城邦往往会在若干年之后扶植这个城邦的遗民重建故国。斯巴达曾经将邻邦美塞尼亚摧毁，意大利南部的克罗顿等希腊城邦在公元前510年摧毁绪巴里斯。结果，美塞尼亚和绪巴里斯这两个城邦，在城市被毁、人口被掠之后数十年甚至上百年后，又被重新建立。

伯里克利时代，雅典人联合其他城邦的希腊人，加上一批绪巴里斯的旧民，在绪巴里斯城遗址附近的地方重建了绪巴里斯，并命名为图里伊，许多著名人士都参与了这次建城活动并获得了该城邦的公民资格，其中便包括西方史学之父希罗多德。

公元前370年，在底比斯将领伊帕米农达的帮助下，被奴役了三百多年的美塞尼亚人宣布独立，并建立了新的美塞尼亚城。

由于希腊人对城邦主权的认同，所以尽管城邦之间战争频仍，但很少有城邦在战争中被吞并或被摧毁。在罗马人到来之前，希腊城邦基本上呈递增之势。

自给自足

自给自足是希腊城邦的标准，这一观念在柏拉图的“理想国”和亚里士多德的“理想城邦”中都得到了充分反映。

柏拉图认为，一个城邦的领土“应当足以维持一定数量的最有节制的人的生活，但不要再大了”；而人口“应当能够足以保护自己，反对侵略，还要能在邻国受到侵犯时帮助邻国”，具体说来，一个城邦应该拥有五千零四十个公民，也即“五千零四十位土地所有者”，“这些人能够武装起来保护自己的财产，土地和房屋也按同样的数目划分，一人一份。”[柏拉图:《法篇》(737D-E)，见《柏拉图全集》(第三卷)，王晓朝译，人民出版社，2003年，496页。]从规划的领土大小和公民的数目来看，柏拉图的“理想国”是一个小型的斯巴达。根据斯巴达的公民与总人口的比例(1∶10)来推算，它的总人口在五六万人之间，甚至比当代中国的中等乡镇的人口还要少些。

亚里士多德同样强调城邦的自足性，“等到由若干村坊组合而为‘城市’，社会就进化到高级而完备的境界，在这种社会团体以内，人类的生活可以获得完全的自给自足”；并且，他“理想城邦”的规模要比柏拉图的“理想国”还要小一些。他主张在“目力所及”的范围内建立城邦，“关于人口方面所说‘观察所能遍及’的条件,对土地方面也一样合适”。实际上,这个城邦是一个典型的面对面社会。这一主张有军事和政治两方面的考虑,首先,“凡容易望见的境界也一定有利于防守”;其次,在一个相互熟悉的公民团体中,大家彼此了解,有利于维护城邦政治的统一和公民集体的特权。如果人口过多,“外侨或客民如果混杂在群众之间,便不易查明,这样,他们就不难冒充公民而混用政治权力”,从而扰乱城邦的政治生活。(亚里士多德:《政治学》,吴寿彭译,商务印书馆,1965年,7,357,356页。)

而希腊的自然环境,也决定着城邦必须以自给自足为标准。由于希腊的地理环境多山少土,平原被难以翻越的山脉分割成许多小块;并且,这些有限的土地还不太适于粮食生产,有限的粮食供应无法维持城邦过多居民的生存,从而限制了城邦的规模。当城邦的人口规模发展到当地物产难以维持之时,殖民也即建立新的城邦便势在必行。所以,当城邦诞生不久,希腊便进入了大殖民时代(公元前8世纪至公元前6世纪)。希腊人进行殖民之初,并不关注商业利益,而更多的是寻找适合生存的土地。并且,城邦自足的观念,又随着殖民大潮带到了海外,当殖民城邦发展到一定规模时,它们也开始殖民、建立新的殖民城邦。例如,爱奥尼亚人在小亚细亚沿岸地区建立了十二个殖民城邦之后,便拒绝建立更多城邦,而是将多余人口移居别处,建立新的城邦。希罗多德认为,爱奥尼亚人居住在伯罗奔尼撒的时候,他们是分成十二部分的。(Herodotus, *The Histories*, I, 145.)这十二个城邦,尤其是其中的米利都,仅在黑海沿岸就建立了数十个殖民地。(李天祜:《古代希腊史》,兰州大学出版社,1991年,90页。)

除了科林斯、雅典、麦加拉等少数城邦带有明显的商品经济特征外,希腊城邦基本上处于小农经济的状态,并且普遍采取重农抑商的政策,而且重农抑商的思想在社会上也非常流行。如赫西俄德在《工作与时日》中告诉希腊人,如果他足够愚蠢或者足够贪婪,那就出海吧!因为,在赫西俄德看来,经商致富“不符合人的本性”，而靠辛勤劳动、从田地里获取财富才是正道。小农经济导致一个城邦能够生产出她所需要的一切，生产不出来的便是她用不着的；这种对物质要求不高的生活态度，必然阻碍城邦间的经济交往，而地理上的相对隔绝又进一步强化了城邦的封闭性。

主权独立的原则、地理条件的不便以及自给自足的观念，最终导致城邦的规模不会很大。从地理上看，斯巴达的规模最大，其面积约为8000平方公里，相当于我国当前中等城市所管辖的区域；第二大城邦雅典的面积便只有2500多平方公里了，能与我国的中等县区相比较。而其余城邦的面积则更小，如：彼奥提亚地区的面积约为2580平方公里，却散布着十二个城邦；其中，底比斯还是希腊人眼中的“大国”。从人口上看，雅典的规模最大，在公元前431年，它的总人口约为三十万；科林斯约九万人，斯巴达约为七万人，底比斯、阿尔戈斯等大邦的人口也只在四万到六万人之间；其余者大多为五千人，甚至更少。（此段所作的统计仅包括希腊半岛上的城邦，其他地区的城邦不在统计之内。）在公元前479年的普拉提亚战役中，辉煌已成历史陈迹的迈锡尼，派出了一支由八个人组成的军队，参加到希腊联军中。迈锡尼这一行为，不仅没有招致耻笑，反而被历史学家希罗多德郑重其事地记载了下来。

所以，绝大多数希腊城邦都生活在柏拉图和亚里士多德所规定的“理想国”里，领土大小不超出视线范围，而居民则相互熟悉。大部分时间里，相邻城邦的普通公民都是鸡犬之声相闻而老死不相往来。

主权在民

从形式上看，城邦是“城市国家”，即“以一个城市为中心，结合周围地区而形成的国家”；（于可，王敦书：《关于城邦研究的几个问题》，载《世界历史》，1982年第5期。）但实质上，城邦是“公民国家”,[Oswyn Murray and Simon Price (ed.), *The Greek City: From Homer to Alexander,* Oxford: Clarendon Press, 1990, p.348.] 公民是城邦实实在在的主人。

从发展历程上看,希腊城邦都经历了一个权力中心下移和决策集团扩大化的变革。不管是实行贵族政体还是平民政体,所有希腊城邦都在不同程度上遵循着“主权在民”的原则;每个城邦都有一个公民大会,不管在形式上还是实质上,它都是城邦的最高权力机关,这是宪法赋予它的合法地位。即使是那些靠武力夺取政权的僭主,也不敢无视这一原则,因为他的统治基础往往是大多数民众的支持,所以,他对“主权在民”原则也充满敬畏。在运用权力的时候,他时常会主动考虑民众的利益,以求巩固自己的统治基础。[僭主们普遍采取打击贵族、限制剥削、发展经济、等政策,这些都符合大多数公民(平民)的利益,在某种程度上促进了民主制度的产生和发展。甚至在民主政治根深蒂固的雅典,平民们在伯罗奔尼撒战争晚期,也希望亚西比德成为雅典僭主。参见Plutarch, *Alcibiades,* 35.]在古代文明中,除了罗马之外,没有哪个地区能够像希腊城邦那样尊重民意、重视民权。

如何实现“主权在民”?希腊人的办法很简单——直接参与国家的管理活动。城邦的公民们“把权力根植于城邦乃至于共同体本身之内,并且通过公开辩论,最终以投票计数的方式来决策”。(F.I.芬利主编:《希腊的遗产》,张强,唐均等译,上海人民出版社,2004年,23页。)这种政治管理原则在雅典得到了最彻底的执行,“每个雅典人都清楚,人民是雅典的主人;并且,在处理事务的正常程序中,他们的意志便是法律。”(Josiah Ober, *Mass and Elite in Democratic Athens,* Princeton: Princeton Uinversity Press, 1989, p.299.)整个城邦体制的运作和制定,都是围绕着公民集体的利益和意志进行。在城邦中,有才能者担任城邦公职、为城邦和人民服务,而人民则通过行使最高权力来制约和规范他们的行为。

同时,“主权在民”原则不仅仅是一套政治规范,并且还是一

种意识形态，后者在雅典这一典型的民主城邦中表现得尤为明显。即使是在休闲娱乐的过程中，雅典人也往往会受到教育，“我们是城邦的主人”。

这种制度上和观念上的“主权在民”原则，使得经济上处于劣势的平民大众在政治上处于强势，而具有强大经济实力的富有阶层却在政治上处于相对弱势；并且，富有阶层的经济强势逐渐屈从了平民大众的政治强势。因为，城邦的真正领导是作为“主权在民”原则最直接体现的公民大会，它是城邦的最高权力机构，拥有最终的决定权；政治领袖在某种意义上不是真正的领导者，而更多的是建议者。政治领袖的任何建议和想法，都必须经过公民大会的表决，被赋予法律效力，方能付诸实践，否则，这些建议和想法便只能胎死腹中。

索福克勒斯在悲剧《安提戈涅》中，便向雅典人表达了这一观念。当王子海蒙为未婚妻安提戈涅之事与父亲克瑞翁发生激烈争吵时，克瑞翁咆哮道：“掌管这片土地的，不是我还有谁？”而海蒙则针锋相对地指出，“没有哪个城邦是一个人统治的。”

一个政治家，不论多么富有或出身多么高贵，他都必须遵从“主权在民”这一原则行事，只能在公民大会上通过演说向民众们进行“建议”或“说服”，将自己的影响施加在他们身上，进而实现自己作为政治领袖的权力。城邦的政治家靠演说来实现自己的领导权力，这种权力的来源非常不牢靠和缺乏持久性，除非这个人既具有雄辩的口才，又具有可靠的品德和正确的决断，否则，他不仅不能（长期）有效地领导城邦，反而会落一个不得善终的后果。

尽管时常面临被“无辜”惩罚的危险，但是，这些政治家仍然前赴后继，甘心情愿地做城邦的“公仆”。因为，拥有权力的同时，也意味着要承担义务，“服务城邦，人人有责”也就理所当然地成为“主权在民”原则的延伸。城邦和公民是一种相互依存的关系，城邦保护公民的政治经济利益和人身安全，公民也同样要为保卫城邦尽最大的努力以至于付出生命的代价。

邦民一体

在人类历史上，古希腊公民与其国家的关系是最为直接和最为密切的，如亚里士多德所言，城邦是最高级且最完备的社会团体，而“人类天生是城邦的动物”。（Aristotle, *Politics*, 1253a 3-6; 1253a 3.）“主权在民”的原则决定了公民是城邦的主人，而城邦一方面是公民的财产，另一方面又是公民的庇护所；城邦与公民之间，一损俱损、一荣俱荣。

基于民主和自由原则的城邦政治给人们提供了一个宽松的环境，生命个体可以得到最大限度的尊重。在这里，个性可以得到充分舒展，个体潜能可以得到最大限度的释放，在最少的束缚中去创造业绩，积极进取的自由人甚至奴隶都可以在这里实现他的人生价值。城邦的地理和生活空间足够小，它的成员完全可以通过个体本身来活动和社交，个人的主体性和价值在城邦生活中得到凸现，个体意愿可以获得（相对意义上）“最广泛的”倾听。城邦制度的优越性必然导致希腊人对城邦的热爱，并且“通过城邦来表达他们强烈的个人主义，而非弃之不顾”。（C. Warren Hollister, *Roots of the Western Tradition*, New York: Random House, 1982, p.78.）

从城邦林立的现实看，公民必须依靠城邦而存在，城邦是每个公民的保护伞：在这里，他的权利可以得到保障，他的人格可以得到尊重，他的心灵可以得到慰藉。由于国小人少，每个公民都生活在一个面对面的世界里，其中的一切对他们来说都是具体的、熟悉的和密切相关的；共同的祖先、独有的信仰让整个城邦变成了扩大了的、具有强烈血缘关系的家族。可以说，在城邦中，国家和个人具有非常现实的统一性，国家事务和个人事务密切联系在一起，“一个不关心城邦事务的公民是被看不起的。”（Thucydides, *The History of Peloponnesian War*, III, 4.）正是基于这个现实，亚里士多德才做出了“人类天生是城邦的动物”这个经典的判断。

同时，每个城邦又都是相对独立的封闭体系，城邦之间的界限远远超出了现代国家的边境线包含的意义。从原则上讲，一个城邦的公民在另一个城邦是不为所容的。这种城邦间的隔绝状态，致使一个公民一旦离开了母邦，便意味着他将失去作为一个“人”所赖以存在的根本，将完全被排斥在法律保护之外。城邦内的温情和城邦外的无情，必然使公民对城邦产生强烈的责任感和深厚的爱国心。

亚历山大倾听亚里士多德的教诲。

此外，城邦是一个全能型的社会，不管城邦还是公民都在扮演着多重角色。在伯罗奔尼撒战争之前，希腊的社会发展并未带来显著的社会分工和剧烈的社会分化，城市和农村虽有地理上的界限，却依然保持着密切联系。阶级界限和地理界限的不明显，容易使公民产生集体意识。同时，从相对意义上讲，尚未进入专业化时代的单个希腊人的社会关系要比一个现代人的更为复杂，他生活中的接触面要比现代人广泛，扮演的角色也比现代人多，并且角色变换的速度也非常快，农夫（或作坊主、店铺老板、商人）、士兵、将军、议会代表（或议会主席）、执政官、法庭证人（或陪审员）等，每个公民至少扮演过其中的两三种角色。幸运的话，他一生中会把这所有的角色都统统扮演一遍。开放的生活空间和身份的多重性使希腊人的心态要比现代人更为开放，他们考虑问题的视野往往不会局限于一个小圈子里，而会从多重角度来考虑问题，以使结果能够照顾到最大多数人或团体的利益。

就城邦而言，它也在致力于强化公民的邦民一体观念。城邦要求公民个人要根据自己的实际情况为城邦提供服务，同样，公民也根据个人对城邦的贡献获得相应的利益。从公民兵制度上，我们可以看到邦民一体的表现：公民们是自己出资装备武器，富有的公民装备骑兵或重装步兵，不太富有的公民装备轻装步兵辅助战斗。随着雅典海军的建立，那些装备不起任何武器的公民也有了用武之地，他们成了军舰上的水手之类的活动主体。特别富有的公民，不仅要履行这些必要的义务，并且还要承担其他的社会政治军事义务：这些公民有义务与城邦政府一同承办公共节日的庆典活动，一同承建雅典海军等。然而，在雅典人眼中，义务不是负担，而是荣誉，它是人生价值的一种体现；一个公民尽义务越多，他获得的荣誉也就越高，所以，雅典人普遍热衷于公益事业，他们的付出往往高于城邦的要求。

总而言之，“城邦观念得到结果并创造了公民这个宪法概念，这些公民的总体，不论其阶级出身如何，构成了城邦的实体”；［奥斯瓦尔德·斯宾格勒:《西方的没落》(下册),齐世荣等译,商务印书馆,2001年,615~616页。]从而使公民和城邦紧密地结合到了一起,甚至可以说是合成了一体,以至于“每一个公民都有一种感觉,好像城邦生存在身上一样”。(雅各布·布克哈特:《世界历史沉思录》,金寿福译,北京大学出版社,2007年,82页。)

就像两个人不能融为一体一样,两个各成体系的城邦也同样无法做到。在希腊存在着许多彼此相邻的城邦,如科林斯和西库昂,彼此间完全独立,但是,两者之间不存在任何大的阻隔,甚至可以说是一马平川,现代人骑车往返其间没有丝毫不便。希腊世界为何长期处在小国寡民的林立状态?这既有地理环境、国际局势的影响,更主要是城邦自成体系的特性和希腊人根深蒂固的城邦观念在其中起到了决定性的作用。

斯巴达:一座大兵营

在星罗棋布的城邦世界里,斯巴达最为奇特。疆域奇特,八千平方公里的领土使其成为袖珍型国家群中的巨无霸,每个城邦都对它怀有敬畏之心;制度奇特,艰苦朴素的作风使其成为一位恪守祖训的斗士,以纪律和集体为最高原则,誓死不屈服于外来强权。

共和体制

由于斯巴达长期无视文化艺术的价值和封闭保守,致使这个国家的历史被蒙上了一层神秘的面纱,其早期历史尤为如此。

学界普遍认为,荷马时代侵入伯罗奔尼撒南部斯巴达的多利亚人,经过长期的战争才征服了这个地方的原有居民。在征服过程中,这部分多利亚人的政治制度逐渐成熟,斯巴达城邦便在公元前9世纪末诞生。在此之后不久，斯巴达的政治制度进一步完善和定型，这一套存在了数百年的国家制度被认为是传说人物吕库古创造的，古希腊历史学家普鲁塔克便采用了这种说法。

吕库古具有斯巴达王室的血统，本有机会成为国王，但是，他更愿意侄子继承王位，而自己担任国王的监护人。根据德尔菲神谕，他对斯巴达进行了改革：为宙斯神和雅典娜女神修建神庙；重新划分斯巴达的部落和选区；建立包括两个国王在内的三十人议事会，按季节召开公民大会，议事会向大会提建议并宣布休会；全体公民皆有资格参加公民大会并拥有决定权，等等。吕库古改革标志着斯巴达城邦的最终建立，而事实上，斯巴达政治制度的成熟与完善经历了一个漫长的过程，直到公元前6世纪中期才结束。

斯巴达的政治制度有一个显著的特征——双王制。希腊城邦普遍经历一段王权衰亡的历史，而斯巴达的王权却最终保留了下来。斯巴达人为双王制编造了一个孪生子的神话故事，而实际上，它也是王权衰落的表现。因为，双王制本身便是对王权的一种分割和限制，并且，国王是由两个不同的家族垄断、世袭。尽管王权衰落，但国王在斯巴达国家中的地位仍然最为突出。国王享有宗教特权，某些重要的祭祀活动必须由国王来主持，例如阿波罗神的月祭、军队出征和战前祭祀等；并且在死后享受国葬待遇，全国举哀十日。国王享有经济特权，他们在边区（即边区民居住之地）拥有专门的地产，所产之物供其私人享用。国王拥有军事实权，是军队的最高统帅；他不仅在战场上拥有绝对的权力，而且还拥有贴身卫队。除此之外，国王便不再享有其他方面的什么权力和特权。

公民大会是斯巴达名义上的最高权力机构，每月召开一次，由三十岁以上的成年公民组成。公民大会被视为平民参与政治的机构，也是斯巴达民主制的象征，它有权对国王的继任、议事会元老、监察官和其他行政官员的人选、重要的对外政策如宣战与媾和等事宜做出最终决定。

但是，斯巴达施行的只是理论上的民主制，民主性质在实际操作过程中大打折扣。公民大会本身并不是最高决策或审议机构，所以，它没有提案权或审议权，其“最高权力”只是用欢呼的方式来认可既定的决议和事务；如果公民大会表示不满，便会被提前解散。

处在国王和公民大会之间，有两个重要的权力机构——议事会和监察委员会。议事会由两位国王和28名元老共同组成，这28名元老是来自斯巴达各个部落60岁以上的贵族公民，且任期终身。议事会不仅垄断了向公民大会提出议案和解散大会的权力，并且拥有司法职能，负责审理刑事案件。议事会同时还是限制王权的机构，在议事会的决议上，两位国王不享有任何特权，只拥有和其他元老一样的一票之权。监察委员会也是基于限制王权、伸张民意产生的，它由五位监察官组成。他们由议事会提名、公民大会欢呼选出，若不是出自贵族阶层，便是亲贵族的平民。最初，监察委员会只是负责监督吕库古改革政策的实施、社会教化和公民教育的情况。后来，它的权力逐渐扩大，有凌驾王权的迹象：他们有权审判国王和决定王位继承人，国王出征时也往往有监察官随军监督；同时，也凌驾于议事会之上，他们主持召开议事会。从议事会和监察委员会的设置和权限看，斯巴达的政治体制带有浓厚的寡头政治色彩。

总而言之，不能单纯给斯巴达的政治制度冠以君主制、寡头制或民主制，它是三种政体的混合，被波里比乌斯（Polybius）视为共和政治的起源，因为在斯巴达，国王、贵族和平民共同参与到政治中，对国家的发展起着不同程度的影响。从一系列的改革到政体的最终确定，这个过程体现了斯巴达对传统的尊重和保守精神，“当她应该从国王统治向贵族统治过渡时，她削减了王权，却将世袭的国王保留在了贵族政府内。当她应该推进民主进程时，她的确赋予人民代表(即公民大会)以巨大权力，但仍保留了世袭的国王和贵族参加的议事会。”(J. B. Bury and R. Meiggs, *A History of Greece to the Death of Alexander the Great*, London: Macmillan, 1975, p. 93.)正是这种尊重传统和保守精神确保了数百年的稳定，在公元前3世纪后半期的阿基斯四世和克里奥墨涅斯三世改革之前，斯巴达政治上没有发生显著变化。

全民皆兵

斯巴达给世人留下最深印象的不是它那带有强烈寡头政治色彩的共和政体，而是全民皆兵的军国主义。

普鲁塔克记载过这样一个故事：一次，当斯巴达国王阿格西劳斯二世率领同盟军征讨叛乱时，其盟国觉得斯巴达的军队人数少，而他们的多，便有不服之意。阿格西劳斯便下令，斯巴达军队与同盟军分开；然后，让其传令官传令，所有的陶工、铁匠、泥水匠和木匠等所有手艺人依次起立。当命令传完之后，同盟国的所有士兵全部站了起来，而斯巴达军队则无一人站起。这时，阿格西劳斯便对其盟国将领笑道：“朋友们，你们看我们派来的士兵不是远远多过你们吗？”(Plutarch, *Sayings of Spartans*, 214 A–B.)

为什么阿格西劳斯会想出如此办法来使盟国信服呢？原因在于他知道其他城邦的公民身兼多重身份，平时是工匠、作坊老板或商人，而战时则是军人。然而，在斯巴达，公民不管什么出身、什么时候、什么场合，他都是一名战士。每个斯巴达男性公民从小便接受严格甚至近乎残酷的体育训练和军事化管理。婴儿出生时，都要经过族长的严格检查，凡身体柔弱或畸形者皆会被随即弃于山谷，只有体质健强者才被准许保留下来抚养。男孩7岁前，和父母生活在一起；7岁后，则离开父母、过集体生活。集体生活是极为艰苦和严格的，年龄相仿的男孩被集中起来，禁止穿鞋，12岁之后便只准穿一件单衣；每天进行大量的体能和军事技能培训，训练时赤身裸体,训练后洗冷水澡,冬天也是如此;每年必须接受一次鞭笞,不是出于惩罚,而是出于锻炼他们的服从意识和坚韧性格,被鞭笞的人不许做声和流露出痛苦的表情,即使被打死也是如此。20岁时,他们进入成年的预备期,开始住进兵营、接受正规军事训练并提供军事服务;允许结婚,却不能成家,只能在晚上与新娘偷偷幽会,直到孩子出生才能在白天与妻子见面。30岁时,正式成年,拥有了各项合法的权利,但仍不能有正常的家庭生活,必须生活在"平等者公社",出席公餐和军事操练。60岁时,斯巴达公民才能结束军旅生活,解甲归田。集体生活培养了斯巴达人之间患难与共的真挚友谊,而艰苦的训练则铸造了他们视死如归的坚强性格:战场上,他们队列整齐,伴随着激励斗志的

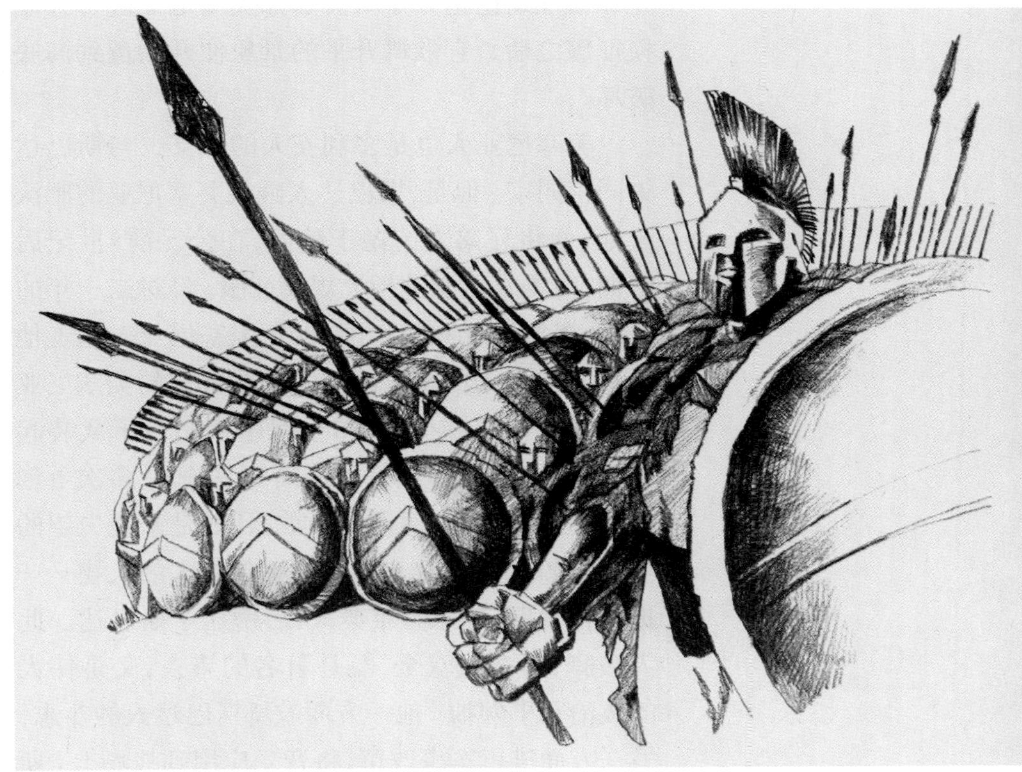

斯巴达的重装步兵军阵。

战笛声，从容赴义。

斯巴达也同样组织女孩子和妇女们进行体育锻炼，以便日后生产健壮的后代。同时，对她们进行爱国主义教育，以使这些影响延伸到其丈夫与儿子身上。

出征前，斯巴达战士的母亲或妻子往往指着盾牌，嘱托道：不能携其凯歌而还，便以其载尸而归。

然而，斯巴达的军国主义不是吕库古改革的结果，而是对外征服导致的。其实直到公元前7世纪时，斯巴达还像其他希腊城邦一样，整个土地上莺歌燕舞：不仅本地的音乐家多才多艺，使日常宴饮欢快轻松、宗教祭礼庄严肃穆，其他城邦的著名音乐家也纷至沓来，将斯巴达视为第二故乡。但是，自从斯巴达开始对其邻邦美塞尼亚进行大规模征服之后，它歌舞升平的景象便开始遭到彻底破坏。

美塞尼亚人也是多利安人的一支，与斯巴达人同祖同宗。但是，斯巴达人觊觎美塞尼亚的肥沃土地，便将兄弟之谊抛于脑后，在公元前8世纪后半期，对美塞尼亚进行大规模征服。经过二十年的征战，美塞尼亚兵败亡国，少数美塞尼亚人远走他乡，大片国土被斯巴达侵占。但被征服的美塞尼亚人不甘压迫，在公元前7世纪中期举行了武装起义。起义军在阿里斯托德慕斯的率领下，多次重创斯巴达军队；斯巴达伤亡惨重，到处是悲观失望的情绪。此时，斯巴达也出现了一位伟大的人物——提尔特乌斯，他原为雅典人，后侨居于斯巴达。此人跛脚，但文武双全，既是著名的诗人，又是伟大的政治军事领袖。他一方面鼓舞斯巴达人的斗志，另一方面进行军事改革，将音乐应用到战场上。斯巴达为军队专门配备了军笛手，吹奏节奏简单、乐声激昂的音乐，既能保持战阵整齐，又能鼓舞斗志，从而提高了斯巴达重装步兵的整体战斗力。经过十多年的艰苦作战，终于扑灭了这场起义。第二次战争结束后，美塞尼亚所有肥田沃土全被斯巴达收归国有，平分给“平等者”公民，而美塞尼亚人几乎全部沦为斯巴达的国有奴隶——希洛特；少数偏远山区和沿海地区的居民被剥夺了政治权利，成为庇里阿西人，即边区民。

彻底征服美塞尼亚之后，斯巴达的国家状态基本稳定了下来。希洛特处在国家的最底层，他们基本上是农业奴隶，生活在指定的村落里，耕种指定的份地，并将其产出的一半上缴给份地主人。战争期间，他们会随军出征，服务斯巴达公民；有时也会获得武器，与斯巴达公民并肩作战。由于希洛特的数量庞大，斯巴达人为了牢固统治他们，便对其进行极为残酷的虐待：不仅想尽办法培养希洛特的奴性，还肆意虐杀他们当中的不满者。所以，希洛特是希腊世界最悲惨的奴隶。边区民是这个国家的中间阶层，他们是无政治权利的自由人，有自己的土地、作坊和店铺，从事农工商业；他们不仅要缴纳赋税，还要服兵役，斯巴达的轻装步兵主要由边区民组成，用于辅助斯巴达公民组成的重装步兵作战。以“平等者”自居的斯巴达公民，是国家的统治者。他们最初约有九千户，每户从国家领取一份土地以及大约七名耕种此地的希洛特；各户对所得土地和希洛特只有使用权而无所有权，只能世代相传，不得买卖和转让。

希洛特和边区民的存在，一方面使斯巴达公民不必为衣食操心，而能够专门从事军事训练；另一方面，这些被征服者的反抗，又使得他们必须加强其军事化的程度，来维护统治。最终，斯巴达逐渐演变成一座大兵营和军事牢笼。而这一套体制强化了斯巴达人艰苦朴素的习惯、刚毅果敢的性格和视死如归的态度，使之成为当世崇尚和后世效法的对象。但是，这又使得他们在思想文化艺术方面的贡献乏善可陈。

兴衰成败

斯巴达的一系列军事改革提高了国家实力，尤其是军事实力，其重装步兵长期纵横于希腊世界而无敌手。斯巴达最终在公元前546年击败夙敌阿尔戈斯，确立了它在伯罗奔尼撒半岛的霸权。但是，对希洛特和边区民的高压统治造成斯巴达国内潜在的不稳定，从而又束缚住斯巴达对外扩张，导致它最终放弃了攻城略地的扩张政策，改为推行霸权主义。击败阿尔戈斯之后，斯巴达在伯罗奔尼撒半岛及其周边地区，构建了一个以自己为核心的同盟体系，被后世称为伯罗奔尼撒同盟。同盟的建立，一方面确保了斯巴达在希腊世界的霸主和领袖地位，另一方面使其获得了维持国内统治的外援，因为，协助斯巴达镇压希洛特起义是其同盟城邦的一项基本义务。

正当斯巴达的霸权事业稳步发展之时，一个改变希腊世界命运的外部势力悄然来临。公元前500年前后，在中东伊朗高原上崛起的波斯帝国开始积极入侵希腊世界。但是，几经努力，著名的波斯大王大流士却未能在希腊半岛立足，最后抱憾而亡。公元前481年，波斯大王薛西斯继承父志，率领百万大军再一次远征希腊，大有“黑云压城城欲摧”之势。为了数百年来的自由与独立传统，31个希腊城邦满怀以卵击石的勇气，在同年秋结成“希腊联盟”，推举斯巴达为领袖，来领导反击波斯入侵的战斗。斯巴达国王列奥尼达率领千余名盟军在要塞温泉关拒抵数十万波斯军队，抗战数日，为希腊联盟进行战略部署赢得了宝贵的时间。在这场战斗中，包括国王本人在内的三百名斯巴达士兵壮烈牺牲，他们为斯巴达赢得了英名，也激发了希腊人的斗志。希腊人于公元前480年在萨拉米斯的海战和公元前479年在普拉提亚的陆战中相继取得决定性的胜利，最终粉碎了波斯的侵略。

斯巴达人在战争中的英勇表现，为他们赢得了前所未有的声誉，他们的领袖地位本应该能够进一步得到巩固。但是，战争的胜利，意味着巨大财富的获得，而斯巴达人艰苦朴素的道德在物质利益的诱惑下，显现出“见光死”的脆弱本性。联盟的统帅——斯巴达国王波桑尼阿斯在战场上击败了波斯军队，同时也击碎了自己的道德品质，不仅生活开始腐化堕落、享受波斯君主的奢华，性格也开始变得专断暴戾，对同盟国大肆虐待，甚至他私通波斯、企图成为希腊僭主的嫌疑也被证实。斯巴达长久以来赢得的荣誉，最终败坏在了这些经不起“诱惑”的人手里。为了防止类似事件再出现，斯巴达被迫退回到传统的势力范围——伯罗奔尼撒半岛内，而将率领希腊人继续反击波斯的领导权让给了雅典。然而，与外界的充分接触，使得斯巴达人看到了生活的真实，回归人类本性——对财富的追求——的冲动已经成为决堤之水，难以克制。随着雅典的势力不断膨胀、财富不断增加，斯巴达在科林斯、底比斯等同盟国的撺掇下，下决心夺回本应属于自己的权势和财富；由此，引发了摧毁整个希腊世界的伯罗奔尼撒战争（公元前431~公元前404年），希波战争中的胜利成果，在这场战争中被消耗殆尽。

强行遏制人类的正常欲望，反而会激起人类本性中更大的恶。在战争一开始，斯巴达便派使者前往波斯大王的王庭，以牺牲小亚细亚希腊人的利益为条件，获取他的支持，联合打击雅典。在斯巴达与波斯帝国的联合攻击下，雅典最终战败，雅典帝国解体。随之而来的是斯巴达帝国，这个帝国比雅典帝国恶劣百倍。斯巴达几乎独吞了战争的胜利成果，到处推翻民主政体、建立寡头政治，并且派驻斯巴达的部队进行监管，搜刮当地的贡赋。所以，斯巴达成了整个希腊的“僭主”，扼杀着它的生机与活力。

斯巴达的倒行逆施，最终引来了同盟城邦的反抗，经过数十年的战争，斯巴达最终败下阵来。公元前371年，底比斯名将伊帕米农达在留克特拉采用“楔形”阵法以少胜多，击溃了斯巴达的重装步兵，粉碎了其无敌于希腊世界的神话。随后，伊帕米农达带兵突进伯罗奔尼撒半岛，对斯巴达本土大加毁坏，瓦解伯罗奔尼撒同盟，并使希洛特获得解放，帮其建立了完全独立的国家。从此，斯巴达彻底衰落，成为二等城邦，失去了在希腊的发言权，从主动进攻性城邦转变为被动防御性城邦。

早在斯巴达兵败于外之前，政便已乱于内。自从希波战争以来，随着外部财富的涌入，斯巴达引以为豪的平等者公社渐趋瓦解：一部分公民富了起来，而另一部分公民却穷了下去，最终失去了土地，而被抛出公民集体之外。据统计，在希波战争时期，斯巴达的公民人数尚有八千人，到了公元前400年左右，锐减到了一千多人。在这种情况下，一位名叫吉那冬的破产公民开始积极筹划发动起义，重新分配土地和政治权利，参加者有破产公民、边区民和奴隶。但是，消息在公元前397年泄露，起义最终被扼杀在了萌芽之中。此后，社会上层便开始采用更为严厉的措施打击不满者，秘密警察遍布各个角落，监视着人们的言行。

高压统治下，斯巴达一直稳定地“发展”到了公元前3世纪中叶。此时公民人数减少到了七百名左右，其中土地和财富集中在少数的一百多人手里，其余公民要么赤贫要么负债累累。不仅如此，斯巴达还面临着阿卡亚同盟的入侵，局势极为不稳。在这种情况下，斯巴达国王阿基斯四世（公元前245~公元前241年在位）和克里奥墨涅斯三世（公元前235~公元前221年在位）先后实行改革，取消贫民债务、打击贵族势力、扩大公民人数。然而，贵族阶层宁可看着斯巴达这辆破车驶进灾难的深渊，也不愿意让渡出一部分财富和权力来使它得以修缮而安全前进。

首先进行改革的阿基斯遭到暗杀后，克里奥墨涅斯便依靠武力推行改革；而贵族们却引狼入室，借用阿卡亚和马其顿的军队联合绞杀了这次改革，国王本人也在最后遭到了杀害。

自上而下的改革无法推行之时，斯巴达贵族再也阻挡不住自下而上的暴动洪流。一位名叫那比斯的人，在公元前207年借助贫民的支持建立了僭主统治,继续推行两位国王遗留下来的改革事业。但是,公元前192年,不能容忍斯巴达再次复兴的阿卡亚同盟,这次联合了已经入主希腊的罗马,攻入斯巴达,杀死那比斯,并将斯巴达纳入阿卡亚同盟之中,使其失去独立的地位。就这样,希腊世界的第一城邦,由于无视现实、拒绝改革,最终走到了它的历史尽头。

第二章　民主制度的演进

雅典像一位雍容高贵的绅士,积极进取,崇尚民主和自由,极力走向世界并使世界与自身融为一体。在希腊历史的长河中,雅典与斯巴达不时地激起惊涛骇浪,共同构成希腊文明的并蒂奇葩。同时,雅典人捍卫民主政治的热情以及他们对民主政治的设计为后世留下了更多的宝贵遗产。

梭伦:穷人有了话语权

雅典虽然为世界留下了宝贵的民主政治遗产,但事实上,在漫长的岁月里,雅典人民却是处在被贵族奴役的地位。神话英雄忒修斯在统一雅典之后,放弃了王位,确立的却是贵族统治;德拉古颁布的血腥立法,不仅未能缓和社会危机,反而加剧了各阶层之间的冲突;最终,梭伦的温和改革,拯救了危急中的雅典,并为雅典人民开启了民主之门。

忒修斯改革

尽管雅典以文化之都闻名,但它的早期历史也同样蒙上了神话色彩,以至于很难考证它具体诞生的时间。在神话传说中的远

古时代，阿提卡地区并没有统一在雅典的名下，而雅典则只是这个地区的一个小王国，并且，还要向当时的地中海霸主克里特国王米诺斯称臣纳贡，每九年进贡七对童男童女作为牺牲献祭给米诺斯的米诺牛，才能免去阿提卡的灾荒和瘟疫。这个吃人的怪兽，被米诺斯圈养在一个豪华的、由无数宫殿组成的迷宫里。这里回廊曲折、过道纵横，只要人被送进去，便无逃生的希望。所以，所有送去的童男童女无一人生还，雅典人为殒命的少年感到悲伤，为自己被奴役的地位感到绝望。

这一年，雅典国王埃勾斯的儿子忒修斯决定除暴安良，随同其他少年赶赴克里特。他与父亲约定：如果成功杀死米诺牛，返航时会将船的黑帆换成白帆。在到达克里特之后、被送往迷宫之前，英俊潇洒的忒修斯被米诺斯的女儿阿里阿德涅瞅见，她一见倾心、顿生爱意，送给忒修斯一把神剑和一个线团。借助公主的帮助，忒修斯成功地杀死米诺牛并逃出迷宫。由于过度兴奋和喜悦，忒修斯返航时忘记将黑帆换成白帆。翘首企盼的老国王在看到归航的船仍然挂着黑帆后，误以为爱子殒命，便跳海自杀。为了纪念国王埃勾斯，这片海便被称做“爱琴海”。

忒修斯继承王位后，开始励精图治，使雅典迅速强大起来。凭借其不可抗拒的权威，忒修斯取消了阿提卡地区各个市镇的地方政府、议事会和行政机构，将其联合为以雅典为核心的政府和议事会。在这一统一政权之下，其他地区的居民和雅典居民享有同样的权利和义务，他们之间不存在奴役与被奴役的关系。忒修斯还设立了每年一次的“统一节”，通过共同活动来促进各地民众之间的认同感，进而达到维护统一的最终目的。忒修斯的统一一般被视为雅典城邦诞生的标志。根据神话传说，这一事件应该发生在公元前13世纪前后；而学者们又同时认为，希腊城邦产生于公元前9世纪末8世纪初。显然，阿提卡的统一与雅典城邦的诞生在时间上是错位的。如何协调这一时间错位，学者们费尽心思。但是，他们推理的结论仍然需要进一步讨论。

据普鲁塔克说，为了实现统一，忒修斯放弃了王位，决定推行“民主政治”。为了防止民主政治陷于混乱，他将全体居民分为三个等级：贵族、农民和手工业者。贵族拥有“掌管宗教祭祀、担任行政官员、解释法律和传达神意”的权利，而农民和手工业者所享受的权利只剩下了劳动和被统治。（Plutarch, *Theseus*, 24-25.）实际上，雅典社会分裂成了贵族和贫民两大对立阶级，前者由原始公社中的掌权者和富有成员演变而来，后者则是原始社会中无权无钱的普通成员演变而来。

尽管这些故事都是神话传说，但是，其中包含了很多历史成分，反映了雅典公元前7世纪以前的发展情况。

德拉古改革

按照神话谱系继续讲下去。忒修斯之后，雅典并没有结束王制。只不过，王的权力逐渐被军事独裁官夺去了军事领导权，被执政官分走了大部分行政司法权，除了享有宗教特权之外，他的地位与执政官相等。最后，王放弃了王位，获得了与执政官相等的权力，成为王者执政官。

随着王权的衰落，雅典政治体现出了浓厚的贵族统治色彩。在《伊里亚特》中，我们甚至能够发现雅典的民主政治特征。但是，《荷马史诗》是在僭主庇西特拉图主持下编辑整理过的，为了讨好民意，他是否篡改了其中的相关语句，我们不得而知。似乎，雅典的历史在荷马时代便开始出现有别于其他城邦的发展迹象。

根据亚里士多德的《雅典政制》所载，“从各方面看，这个时期的政治体制都是寡头制的”，所有政治权力都被贵族垄断，高级官员全部是根据门第和财产资格选举产生。执政官是最高的官员，在公元前683年改为一年一任，并且，逐渐与军事独裁官、王和后来的六位司法官组成最高的领导层——“九执政官”，他们分别掌握着雅典的政治军事宗教司法大权。贵族议会，也即战神山议事会，是国家最高的权力机关，它由卸任的执政官组成，他们的任期为终身制。

战神山议事会被赋予了“宪法监护人”的身份，对各类官员都有监察权，对大部分最重要的城邦事务都拥有决定权，并且对刑事或民事案件都有直接的司法审判权。

与贵族相对的贫民，却是另一番景象。“贫民，不管男人、女人还是孩子，都受富人的奴役。他们被称为佃农和六一汉，租种富人的土地，按照此词字面含义缴纳地租……并且，如果这些租户没有能力偿付他们的租金，那么他们以及他们的孩子都很可能被强行变卖为奴……在人民看来，宪法中最残酷不堪的部分是，规定他们为被奴役者。不仅如此，他们对自身命运的其他方面也甚感不满，因为，总的说来，他们处在任人宰割的地位。”(Aristotle, *Athenian Constitution*, 2.)

进入公元前7世纪中后期，贫民和贵族之间的地位差距愈加悬殊，矛盾也随之越来越尖锐。像希腊的其他城邦一样，雅典也出现了有政治野心的贵族，库隆是其中著名的代表。库隆本人曾在奥林匹亚赛会的竞技当中获得过冠军，并且娶了麦加拉僭主忒阿革涅斯的女儿为妻，所以，他在雅典很有名望。在岳父的支持下，库隆纠集了一批支持者，企图武装夺取政权——在祭祀宙斯的节庆活动中，他们发动袭击，占领了雅典卫城。但是，他们的行动并没有得到民众的支持，很快便被包围在卫城里。最后，库隆得以逃脱，而他的同党多被杀死。

库隆的行动虽然以失败而告终，贫民与贵族之间的冲突却在进一步加深，新兴工商业阶层的崛起，也使得贵族内部的矛盾进一步激化。最终，贵族被迫做出政策调整。于是，德拉古站出来颁布法典。

公元前621年，时任司法官的德拉古被授权，颁布了雅典历史上第一部成文法。法典规定，公民权授予所有能够独立配备武器装备的人,并从这些人当中抽选出 401 人组成新的议会。九位执政官和财务官从拥有不少于 10 米那(这一财产资格相当于梭伦改革规定的第二等级骑士的财产资格。)资产且无欠债的阶层中选举产生,下级官员则从能够独立配备武器装备的阶层中选举产生。这些法律规定表现出了德拉古改革的进步性,它扩大了公民团体的人数,保证了这些人参政议政和决策的权利。但是,他的立法对占人口大多数的贫民来说,却又是不公平的:这些人一部分生活在贫困线上,另一部分失去了人身自由而成为债务奴隶,他们渴望的是生存权利和人身自由。这一问题是雅典所面临的各种危机的症结所在,但德拉古却恰恰没有给予解决。针对广大贫民的这些需求,德拉古不仅不给以满足,反而使用法律强制力给以压制。

尽管德拉古颁布了一套成文法,有利于司法执法的公正和透明,但事实上却非如此。他的立法是血腥的,几乎所有违法行为都适用于一种制裁,那就是死刑。小偷小摸的罪犯与渎神犯和杀人犯所受到的惩罚是相同的,甚至连懒惰也成了一项罪名,犯了此罪的人竟然有被处死的可能。当有人问道:"为什么大多数罪犯都被处以死刑?"他的回答是"轻罪理当处死,而至于重罪,我尚未找到比死刑更重的刑法。"有人对德拉古的立法发出感慨,认为它"不是用墨水而是用鲜血写成的"。(Plutarch, *Solon*, 17.)从其刑罚规定上看,它的主要针对对象是贫民,因为这些徘徊在贫困线上的人,进行小偷小摸的可能性要远远大于殷实富贵的人。

同时,德拉古的立法还具有极大的保守性。他以宪法形式规定了战神山议事会的最高权威,它掌握着雅典的行政司法大权,从根本上保证了贵族权利,使之不受损害。作为司法审判的主体,它不可能成为下层民众利益的代言人,反而会成为制裁和打击他们的暴力工具。

总而言之,德拉古改革一方面顺应了部分民众对公民权的要求,但更大程度上却是采用强制手段来压制和打击下层民众的合理要求,来维护社会上层的“合法权益”。它不仅起不到解决危机的作用,反而进一步激化了危机,所以,雅典因为愈演愈烈的社会矛盾而逐渐被拖向内战的边缘。

梭伦改革

德拉古想通过“填堵”的压制方式来阻挡雅典社会政治发展所引发的危机“洪流”,却适得其反,社会冲突愈演愈烈,达到了爆发内战的临界点,贫民和贵族之间冲突不断。就在雅典需要英雄的时候,梭伦站了出来。他在诗中写道:“我举目四望,满怀悲伤地注视着爱奥尼亚人最古老的家园被蹂躏得毫无生机。”对祖国的热爱,促使他决定以实际行动来改变祖国的命运。

雅典政治改革家——梭伦。

如亚里士多德所说,论出身和威望,梭伦都是当时最显赫的人物之一;论财产和地位,他处在中间阶层。梭伦早年曾以经商和游学为目的,游历于希腊与周边世界之间,既获得了财富，又成了饱学之士，被世人誉为希腊七贤之一。从政后，他功绩卓越，曾在雅典与邻邦麦加拉的战斗中勇立战功，为雅典收复了萨拉米岛，从而成为雅典的英雄。同时，他关注时事，经常写诗，针砭时弊，谴责社会上层的为富不仁，赢得了人民领袖的称号。凭借自身的影响和威望，梭伦最终在公元前594年被雅典人推选为执政官，并赋予"调停人"身份，全权掌管宪法改革。

尽管梭伦出身贵族，却在言行上支持平民，但是，他的政治理念却是中庸的，他所要进行的改革便是为了要调和社会上下层之间的利益，实现社会的相对公平，如他所言，"我手擎巨盾，庇护双方，不使任何一方遭受不义的凌侵"。

梭伦首先颁布《解负令》，废除债务奴隶制，解放债务奴隶。这项法令规定，公民所欠的公私债务一律废除，沦为债务奴隶的雅典公民一律获得解放，即使这些人被卖往海外也在被解放之列；同时，永远禁止人身借贷，从根源上消除债务奴隶制。《解负令》体现了邦民合一的政治理念，城邦必须保证存在足够数量的公民，不然它便失去了作为"公民共同体"的性质；它也使雅典避免了因公民团体内部贫富分化严重而陷入激烈的内战的危险，从而保证了雅典城邦的顺利发展。同时，被解放的债务奴隶重新获得了公民权，自然而然地加强了这些人对雅典的认同感，一定程度上会激发他们的公民精神，从而有助于加强雅典城邦的邦民合一性质。

其次，取消传统的公民等级划分，根据财产资格将公民分为四个等级：五百斗者、骑士、双牛者和贫民。所谓五百斗者，["五百斗者"(Pentacosiomedimnus，即five-handred-measure man或500-bushel man，其复数形式是 Pentacosiomedimni或Pentacosiomedimnoi)，显然不是一个很恰当的译法；古代西方一个常用的量度标准是"蒲式耳"，它与中国古代的量度标准"斗"并不等值。但是，在汉语中并无一个恰当的对应词。在翻译上，本书遵循了日知先生的译法。1英制蒲式耳等于8加仑，比3.6斗也即36升或0.036立方米稍多一点。]是指每年收入按谷物、油、酒等总计达500蒲式耳以上的公民；年收入300~500蒲式耳之间的阶层能养得起一匹战马,故称为骑士;年收入200~300蒲式耳之间的阶层,被称为双牛者;不及200蒲式耳的阶层,则被列入贫民,他们基本上靠从事雇佣劳动谋生。梭伦宪法规定,公民根据财产的多寡而享有不同的政治权利,前两个阶层有资格选任高级公职,第三阶层只能选任一般公职;而贫民无权担任公职,只有权利出席公民大会和民众法庭。这些规定体现了梭伦改革的中庸精神,一方面没有触及传统贵族的根本利益,一方面又使新兴的工商业者掌握了政权,同时,也使得普通公民能够分享政权。

再次,设立新的政权机构——四百人议会和民众法庭。四百人议会由全邦四个部落各选一百人组成,此外,议会成员只能从前三阶层的公民当中选出;此机构是公民大会的常设性机构,旨在剥离公民大会对战神山议事会的依附关系,打破后者对国家权力的垄断,真正实现"主权在民"的原则。民众法庭由各级公民抽选出来的陪审员组成,他们同时又是有审判权的法官,并通过投票来行使自己的权利。民众法庭的成立,被亚里士多德称为梭伦改革民主性质的一个重要体现。(Aristotle, *Politics*, 1274a 1-8.)梭伦还进一步颁布法律,规定所有公民都有权提起控诉;这两方面的措施打破了传统贵族对司法审判权的垄断,为雅典向激进民主制过渡奠定了法理基础。

最后,梭伦颁布一系列奖励实业的法令,例如招徕外国技工,并授予他本人及其家眷以公民权;雅典公民必须让儿子学一门手艺,否则儿子有权拒绝赡养其父;禁止除橄榄油以外的其他粮食出口。此外,梭伦还对度量衡和币制进行改革,以便雅典更好地发展对外贸易。这一系列促进工商业发展的措施,一方面满足了工商业奴隶主的需求,从而促进整个城邦的经济发展;另一方面从经济上为贫民提供了生活出路,从而缓解了社会危机,为城邦经济政治发展提供了一个稳定的社会环境。

综观梭伦的各项改革,中庸精神贯穿改革始终,旨在调和社会各方面的冲突和纠纷,从而保证城邦被纳入一个良好有序的发展轨道上；同时，避免使用极端手段，为维护一方利益而打击压制另一方，造成社会政治的激烈动荡。他的改革为雅典的民主政治开辟了道路，在此后的一百多年里，雅典始终是沿着这条道路发展的。

看到这种结果，梭伦本人也感到甚为失望，在设法使雅典人发誓十年内不变更其立法后，便挂冠而去，远游异国他乡。

然而，梭伦这套旨在调和各方面利益的做法，却并未令各方面满意，“人民大众期望将所有财产彻底重分，上层阶级则希望恢复他们从前的地位”。

克里斯提尼：穷人富人都是雅典人

雅典各派互不相让的现实粉碎了梭伦的理想主义，庇西特拉图依靠普通民众的支持，建立起打击贵族的温和僭政。而狮子般的父亲却生下了老鼠般的儿子，庇西特拉图的儿子们在继承政权之后，不能秉承父训，最终被雅典人民推翻。平民主义者克利斯提尼对雅典进行了根本的改革，他所确立的民主精神为雅典、希腊乃至整个世界开启了一个新的未来。

庇西特拉图僭政

自公元前594年之后的四年里，雅典的各派势力尽管对梭伦改革不满，但还是尽力地保持了克制。此后，便相互争斗。在斗争中，雅典人分成了三派，各派的名字来源于他们的居住地：首先是滨海派，由阿尔克迈翁之子墨迦克勒斯领导，他们是新兴工商业阶层的政治代表，其目标在于建立一个中庸的政体；其次是平原派，由吕库古斯领导，渴望重建寡头政治，他们代表了贵族的利益；再次是山地派，由庇西特拉图领导，他们希望建立极端民主制，这体现了普通贫民的愿望。

像梭伦一样，庇西特拉图也是一个出身贵族、屡立战功、极有声望的政治家。在看到温和改革不能解决雅典的社会政治危机之后，他建议梭伦成为雅典的僭主，来强制推行自己的政治理念，但是，遭到了梭伦的拒绝。梭伦"更愿意成为国家的拯救者和理想的立法者"。于是，庇西特拉图决定自己成为僭主，来完成梭伦改革遗留下来的历史使命。由于梭伦坚决反对僭主政治，庇西特拉图不得不在梭伦死后才开始实施自己的计划。

公元前560年，庇西特拉图制造被政敌袭击的假象，获得城邦批准，拥有了私人卫队。借助卫队的力量，他攻占了卫城并夺取政权。在公元前560年至公元前527年的三十三年间，他有19年处在僭主的宝座上，其余时间则处在流亡状态。此后，由他的儿子当政。到公元前511年，庇西特拉图僭政被彻底推翻。在这半个世纪里，庇西特拉图家族尤其是庇西特拉图本人为雅典的发展做出了重要贡献。

庇西特拉图的僭主政治，其实质是对梭伦改革的深化和发展。首先，梭伦所创立的机构一律保存下来，它们的权力也没有受到削减；尽管庇西特拉图凌驾于其上，但是他严格按照梭伦的宪法活动，没有给自己保留任何特权。当有人控告他时，他不仅没有逮捕此人，反而亲自出庭受审，这时起诉人却怯了场，最终放弃了起诉。庇西特拉图的温和统治，被希腊人视为僭主政治的"黄金时代"；更甚者，亚里士多德赞誉庇西特拉图僭政，倒"像宪法政治而非僭主统治"。

其次，打击贵族势力、扶植中小贫农的发展。庇西特拉图是依靠社会下层，尤其是中小贫农的支持，才夺取政权的，所以，他上台之后，非常重视这部分人的利益。在政治上，控制执政官的人选，把自己的亲信安插在这个位置上；在军事上，剥夺贵族的武器装备权，实行雇佣兵统治；在人身自由上，软禁敌对贵族的儿子作为人质，防止他们反叛；在经济上，没收敌对贵族的土地，将其分给贫苦农民。从各方面看，农民是僭政的最大受益者，不仅能够分得土地，并且地租也是相当低，仅为十税一，后来变成了二十税一，一些贫瘠的土地甚至是免收地租的。同时，税收所得并未装进僭主的腰包，而是用于公共开支，因为庇西特拉图本人有自己的地产和矿产，不然，他哪里会有资金维持私人卫队和雇佣军呢？此外，当农民无力维持生产或进行农业改善之时，他们可以从庇西特拉图那里获得低息甚至无息的贷款。所以，在庇西特拉图统治期间，雅典的经济得到了迅速的发展。

再次，加强法治建设。庇西特拉图经常巡视雅典各个地区，亲自解决各地纠纷。此外，他还设立了地方法庭，这为雅典城以外的雅典人提供了司法方便，他们可以在当地解决纠纷，而不必长途跋涉到雅典城进行司法诉讼，这样一来也有利于增强雅典人的法治观念。同时，雅典当时实行的法律也非常宽松，尤其是关于惩罚僭主政治这一条——雅典当时的法律规定：如果有人试图建立僭主统治或参与其中，他及其家人将被褫夺公民权，并不被施以更严厉的惩罚。

最后，重视文化建设。庇西特拉图在雅典大兴土木，重新修建了雅典卫城中的雅典娜神庙；建立泛雅典娜节，并把这个节日推广到全希腊；重视狄奥尼索斯酒神节，推动了雅典戏剧的发展与繁荣；邀请希腊各地的诗人到雅典，对《荷马史诗》进行整理编订，使其有了定本。从庇西特拉图时代起，雅典开始成为希腊世界的文化之都。

总而言之，由于庇西特拉图的努力，从梭伦改革到庇西特拉图僭政结束，雅典从一个二流城邦一跃成为一流城邦，并且具备了与当时希腊的霸主斯巴达相抗衡的实力。实力增强，为雅典在僭政被推翻之后能够按照雅典人民的意愿自由发展提供了强有力的保障。可以说，庇西特拉图僭政在雅典向民主政治过渡过程中起到了一个桥梁作用,并为民主政治的确立和发展奠定了物质基础。

倒僭运动

僭主政治并不是一种常态的政治形态，在希腊世界范围内，每个城邦的僭主政治在两代人之内必定垮台,庇西特拉图僭政也不例外。

自从公元前560年庇西特拉图建立僭主统治以来，他便遭到以阿尔克迈翁家族为首的政治势力的反对。公元前556年,阿尔克迈翁家族的墨迦克勒斯与平原派首领吕库古斯联合起来,推翻了他的僭政,并将其驱逐出境。然而,墨迦克勒斯却因政治理念问题,与吕库古斯发生冲突,而且在斗争中处于弱势。于是,公元前550年,他以将女儿嫁给庇西特拉图为条件,取得与后者的联合。

这是约公元前470年所作的瓶画。

他们在雅典周边散布假的神谕，说雅典娜女神正带着庇西特拉图回来；然后，找到一个名叫菲娥的高大俊美的女人，将其打扮得与女神相像，由庇西特拉图驾着一辆战车，带着她一同进入雅典城。雅典城的居民们便信以为真，怀着崇拜之情迎接他。就这样，庇西特拉图轻而易举地夺回了政权。但是，容易得来的东西，也容易失去。墨迦克勒斯诚心诚意地将女儿嫁给庇西特拉图，但庇西特拉图却害怕会生更多的儿子而不愿意与他的女儿行夫妻之礼。墨迦克勒斯于是大为恼怒，庇西特拉图再一次远走异国他乡。经过近十年的准备，在公元前541年前后，他凭借着强大的个人武装，再一次夺取政权。从此，确立了稳固的僭主统治。然而，被驱逐的阿尔克迈翁家族却未停止推翻庇西特拉图僭政的活动，但是，形势只是在三十年之后才发生转机。

公元前527年庇西特拉图死后，他的儿子们当政，所做的只是萧规曹随。由于庇西特拉图的威望和仁政，雅典人似乎也习惯了这种宽松的僭主统治。然而，一件意外事件却改变了庇西特拉图家族乃至整个雅典的命运。庇西特拉图有三个儿子希匹阿斯、希帕尔库斯和特撒鲁斯，希匹阿斯老成持重，希帕尔库斯儒雅博文，所以，老僭主死后，将政权托付于这两个儿子共同管理。而三儿子特撒鲁斯，年纪较小且性格乖张，他喜欢上了一个名叫哈尔莫狄乌斯的年轻人，想与他结成同性恋伙伴，却遭到了后者的拒绝。于是，他恼羞成怒，禁止后者的妹妹参加泛雅典娜节的游行表演。哈尔莫狄乌斯觉得受了奇耻大辱，便与自己的同性恋伙伴阿里斯托基冬密谋推翻僭政，并得到了周围朋友的响应。泛雅典娜节上，这些人企图刺杀庇西特拉图的三个儿子，但在杀死希帕尔库斯之后，密谋者便被杀或被擒，行动最终失败。

这件事情发生在公元前 514 年前后。从此，雅典的僭政变得暴戾起来，许多人被无辜杀害或被放逐。

与此同时，当阿尔克迈翁家族发现凭借自身武力不能推翻僭政之后，便求助于宗教力量。他们贿赂当时在希腊世界最具权威的德尔菲神庙的女祭司,使她不断地向斯巴达人宣布伪造的阿波罗神谕,说:斯巴达人有义务将雅典人从僭政的枷锁之下解救出来。最终,斯巴达人于公元前511年出兵雅典,推翻了庇西特拉图僭政。斯巴达人试图在雅典建立寡头政治,但被雅典人民挫败。雅典人向往民主的热情,为克里斯提尼的民主改革开辟了道路。

克里斯提尼改革

在与斯巴达人和雅典贵族势力的斗争中,阿尔克迈翁家族的克里斯提尼逐渐成了人民领袖,并领导雅典人民取得了斗争的胜利。为了巩固胜利的果实,防止贵族与僭主复辟,从公元前508年开始,克里斯提尼对雅典进行了民主改革。

首先,对雅典全国内的行政区域进行重新划分,取消传统的四个部落,而将全国划分为十个部落。克里斯提尼所制定的十部落制是一套全新的行政区域体系,没有任何传统因素掺杂其中。他将全雅典分为三十个区,十个在城区、十个在滨海区、十个在内地或平原区,这些区被称为"三一区";通过抽签,每三个不同地方的三一区被划入一个部落,共组成十个部落。然后,雅典人选出一百个国家英雄,交给德尔菲神庙的女祭司佩提娅,由她从中选出十个名字来给每个部落最终命名。同时,新公民不得继续沿用传统的家族名称,而应该使用政府指定的德莫(又译"村社"。德莫是雅典城邦最基本的行政单位,类似于我国农村的乡镇、城市里的街道办。)名称,生活在指定德莫里的所有人要彼此以同村人相称。

其次,设立五百人议会并增加公民大会的权力。五百人议会取代了梭伦设立的四百人议会,从每个部落的前三个等级中抽签选出五十人为议会代表,他们的任期为一年。各部落的议会代表在议会中轮流值班,每个人要在一年里用去十分之一的时间来完成他的法定职责;并且,服务期间的所有费用都由城邦支付。议会的权力也扩大了,执政官以及其他官员必须向议会递交施政方针,他们的公务活动也受到议会的监督;此外,议会还有宣战、议和与接见使节的权力。同时，公民大会也被赋予了实权，获得了与战神山议事会相当的权力，成为雅典城邦最高主权的象征。五百人议会虽然具有独立行使职权的权力，但更多的是为公民大会服务的常设机构，负责为大会准备议案、安排大会议程等事务，重要的决议需要提交公民大会复议。这两项政治改革削弱了战神山议事会的权力，在政治上打击了贵族势力。

再次，成立"十将军委员会"，由每个部落选出一人组成，一年一任，他们逐渐成为雅典军队的最高统帅，每人轮流担任一天的轮值将军。军事执政官虽然仍是全城邦的最高军事统帅，但是，他的权力却逐渐被削减，到最后便不再掌管军事权力。而十将军委员会在军事权力扩大的同时，也涉足了城邦政务，所以，他们的地位逐渐突出起来，最终取代九执政官，成为雅典城邦最重要的官职。

最后，公元前501年设立"陶片放逐法"。制定此法的目的，是为了防范具有广泛政治影响力且又有政治野心的人建立僭主政治。陶片放逐法规定，每年冬春季，雅典都要专门召开一次公民大会，讨论是否实施陶片放逐法；如果实施，便召开第二次公民大会，就怀疑对象进行投票表决，如果半数以上的人同意放逐，此人将被放逐十年，作为政治惩罚；其国内资产被封存，十年之后归还。陶片放逐法虽然并未频繁执行，但是，它在公元前5世纪的雅典却发挥着重要作用，在一定程度上维护了雅典政局的稳定。

总而言之，克里斯提尼改革不再贯彻照顾多方利益的中庸精神，而是执行偏向平民大众的激进原则。它确立了不折不扣的民主政治，为雅典创造了一个崭新的时代，其历史影响超过了九十年前的梭伦改革。

从公民和城邦关系看，克里斯提尼改革创造了一个新型的城邦国家，它促使雅典公民和城邦的关系发生了质的变化，先前以血缘家族为基础的部落在这次改革中被摧毁，公民与家族部落的关系逐渐在淡化，而公民和城邦则通过"三一区"这一桥梁被紧紧结合在一起,实现了希腊城邦所追求的“邦民一体”。克里斯提尼改革之后,雅典社会上便流行一句俗语,“请勿就部落论事。”这一句话深刻体现了雅典人心系城邦的公民精神。鉴于雅典这种邦民紧密结合的状态,恩格斯甚至得出结论:克里斯提尼改革最终促成了雅典国家的形成。[《马克思恩格斯选集》(第四卷),中共中央编译局编译,人民出版社,1995年,115~117页。]

将三个互不相邻且民众身份也不尽相同的“三一区”合成一个部落,这种做法彻底摧毁了贵族长期处于优势地位所依赖的组织基础。过去,由于氏族贵族可以凭借出身和财富成为官员,并可能世代为官,从而形成对本地区贫民的优势地位,也就很容易在此地建立本家族的势力集团;现在,本身被分割在不同的德莫甚至不同的部落,并且被加入了外部力量,这便打破了他们原来的优势地位。所以,新的十部落制为贫民势力在政治上的崛起奠定了基础。同时,这种奇特的区域划分,不仅将滨海区、平原区、城区各自细分为十个人口规模大致相当的三一区,并且还将原本有冲突的三个地方居民集合到了同一个行政单位内,成了拥有共同利益的集团,从而有利于化解他们之间长久以来的矛盾,进而改变了雅典的政治斗争形式。

经过克里斯提尼这种分化组合之后,原来的党派冲突逐渐弱化为个别政治领袖因不同的政治理念而产生的对立和竞争。先前的寡头派领袖的后代甚至也成为民主制度的捍卫者,客蒙是其中的典型例子。客蒙是指挥马拉松战役的雅典将军米提阿德之子,他在希波战争中勇立战功,迅速成为贵族派领袖,并且成为最有影响力的政治家。在埃斐阿尔特激进民主改革后,客蒙被陶片放逐。失势的他,并没有伺机重新夺回贵族的特权,而是认可了激进的民主政治。公元前457年,雅典在彼奥提亚的塔那格拉与斯巴达和底比斯联军发生激烈冲突。他在不准参加战斗的情况下,便鼓励那些企图联合斯巴达军队颠覆雅典民主制的贵族分子,英勇杀敌,以便洗脱通敌叛国的嫌疑。这批人在战斗中英勇奋战,大部分人壮烈牺牲。客蒙和他的追随者在这场战斗中赢得了雅典人民的信任。在伯里克利提议下，客蒙被召回国，与伯里克利实现政治上的合作。(Plutarch, *Cimon*,5,16-18;*Pericles*,9-10.)公元前5世纪，尽管雅典社会上仍然存在寡头思想，但它们极少能够活跃在政治层面上，除了公元前411年和404年短暂的四百人专政和三十人僭政之外，雅典所有的政治斗争都是在民主政体的界限内进行的。

希罗多德曾高度评价克里斯提尼，认为他的民主改革激发了雅典人对本城邦的热爱。城邦与公民之间的贴近，使得公元前5世纪的雅典政治氛围中充满了积极参与和高尚爱国的情绪。这就为雅典人能够在即将到来的希波战争中坚贞不屈、奋勇抗战奠定了精神基础。那个时代的政治家普遍具有高尚的品质，一般公民也同样如此。就像泰米斯托克利这样有贪污受贿、中饱私囊等劣迹的政治家，也是始终怀有一颗赤诚的爱国之心。他从不吝惜个人所得，并在关键时刻将其散发，以维持大局。像阿里斯泰德、客蒙等这些高尚的政治家，则更是如此。阿里斯泰德本身并不富裕，却依然将别人资助他的钱财用于公益捐助事务；(Plutarch, *Aristides*,1.) 客蒙则将在希波战争中获得的财富竭力用于城邦的公益事业。(Plutarch, *Cimon*,10.)在这些政治家的领导下，雅典民众精诚团结，共抗强敌。

在这场战争中，雅典人向整个世界展现了他们的高尚和伟大，赢得了世人的称赞和敬仰。雅典人这种高尚的爱国情操，几乎热情洋溢了一个世纪，不仅为雅典也为整个希腊创造了辉煌。

公元前490年，雅典人在马拉松以少胜多，一战击退波斯王大流士的数十万“不死”铁骑；公元前480年，当波斯大军压近雅典之时以及毁城之后，身处灾难深渊的雅典人并没有树倒猢狲散，而是聚集在两百多条大船上，积极投入到光复故国的战斗中。

伯里克利：繁华过后是凄凉

克里斯提尼掀起的民主浪潮在雅典一发而不可收，经埃斐阿尔特改革之后，伯里克利将其推向了高潮，实现了民主与精英的完美结合。但是，伯里克利的后继者未能做到德才兼备，加之雅典在伯罗奔尼撒战争中战败，雅典人便对民主制进行了调整；然而，进入公元前4世纪，雅典城邦的活力仍存，不过雅典公民的热情却已不在，或许它们已经在公元前5世纪被消耗掉了。

埃斐阿尔特改革

克里斯提尼改革所确立的民主精神，在公元前5世纪得到了继续发展。一个重要表现便是执政官选举方式的改变，公元前487年，执政官不再进行投票选举产生，而是从五百个候选人当中抽签选举产生。此举结束了贵族操纵执政官选举的局面，使第二等级的公民有了更多机会当选执政官。另外一个重要表现是，公元前5世纪80年代，许多著名的贵族通过陶片放逐法被放逐，如希帕尔库斯、墨迦克勒斯、阿里斯泰德等人，而平民势力的代表泰米斯托克利则在这一时期影响巨大。

但是，随着希波战争形势的发展，雅典政权出现了集中的倾向，城邦权力再一次集中到战神山议事会那里。因为战争需要花钱，贵族们就通过花钱的方式增强了政治影响力，最后竟“控制了整个城邦”。如亚里士多德所言，战神山议事会“获得这个至高权力，不是任何正式法令授予的”。与此相对，雅典平民通过提供人力，在战争中发挥了重要作用，所以，他们也有资格要求获得更多的政治权利。

此时，埃斐阿尔特开始走到历史前台。埃斐阿尔特出身贵族家庭，当选过将军一职，并且以廉洁奉公而著称。由于在政治上亲近民众,他很快成了人民领袖。在希波战争之后,埃斐阿尔特向战神山议事会发起攻击。他采取各个击破的方式,最初只攻击战神山议事会成员,而不针对整个战神山议事会。在这个过程中,他得到了泰米斯托克利的帮助,两个人一同在五百人议会和公民大会上不断谴责战神山议事会。双方的斗争非常激烈,公元前471年,泰米斯托克利被陶片放逐。之后为躲避因叛国罪遭到的惩罚而逃往波斯寻求庇护,后来,终老此地。埃斐阿尔特本人也险些遭到战神山议事会的拘捕。不过,他最终还是使得整个战神山议事会名声扫地,权力也被剥夺殆尽。

公元前462年,战神山议事会的重要特权,如宪法监护权、叛国罪审判权以及执政官的资格审查权与所有官员的账目审计权全部被剥夺,这些权力被分给了五百人议会、公民大会和民众法庭。结果,战神山议事会只有权审判故意杀人案、投毒案、纵火案以及某些宗教案件等,从此,它被排斥在了城邦权力核心之外。在政治特权被彻底剥夺之后,不甘心的贵族对埃斐阿尔特进行了疯狂的报复,将其谋杀。

公元前457年,选举执政官的财产资格进一步降低,双牛者也有资格成为执政官的候选人。

然而,贵族派的恐怖活动并不能阻碍势不可挡的民主潮流向前推进。由于雅典没有专门且严格的财产审查机构,所以,雅典四个公民阶层之间的界限并不严格,第四阶层的公民也能够冒称自己为第三等级,参与执政官的抽选,并成为执政官。所以,随之而来,战神山议事会成员的人员结构也发生了变化,其贵族色彩进一步淡化;与之相对,雅典平民的政治权利则进一步扩大。

伯里克利时代

当埃斐阿尔特被暗杀之后,伯里克利便成了民主派的新一代领袖。伯里克利本人出身于贵胄之室,父母两系皆门第高贵。父亲克桑提普斯曾在米迦勒大败波斯军队,并迎娶民主政治改革家克里斯提尼的侄女阿伽里斯特为妻。结婚不久,阿伽里斯特梦到自己生下了一头狮子。数日之后,伯里克利便来到了人间。伯里克利体态完美、风流倜傥,唯一美中不足的是,他长了一张大长脸。这个缺点使得他的肖像几乎都戴着一顶头盔,这是因为雕塑家们不愿损害他的完美形象的缘故。

伯里克利自小兴趣广泛,在达蒙的指导下学习音乐并接受体育训练,跟着芝诺研究过自然科学,爱好修辞,常能陷人于理屈词穷的困境;同时,他还热衷于哲学思考,与大哲学家阿那克萨戈拉结为至交。这些教育使得伯里克利卓尔不群,他言谈高雅、举止庄严、态度沉稳,有容人之量而无褊狭之心,有掌握权柄之能而无中饱私囊之意。

拥有一幅长脸的伯里克利。

虽为贵族子

嗣,伯里克利投身政治之后,却站在了人民大众的一边,并全身心地投入到了雅典的民主事业中。为了专心工作,他取消了一切宴饮聚会,每天往返于住宅、市场和议事厅,过着“三点一线”的生活。有人讽刺伯里克利矫揉造作,只是为了沽名钓誉而已。哲学家芝诺则对这些人进行了反讽:“你们何妨试试,也沽名钓誉一番?”(Plutarch,*Pericles*,5.)

伯里克利从政初期,是作为埃斐阿尔特的助手出现的。伯里克利之所以在很年轻的时候便已经成名,是因为他敢于抨击当时位高权重的将军客蒙:公元前463年,指控他的账目有问题。从公元前461年埃斐阿尔特被刺之后,伯里克利便成为雅典民主派的新一代领袖,他先后通过陶片放逐法放逐了贵族派领袖客蒙和修昔底德斯。(此人与历史学家修昔底德同名,皆为“Thucydides”。为了使两人名字在汉语翻译中有所区别,以便读者识别,作者遵照传统,将历史学家的名字仍翻译为“修昔底德”;而将贵族派领袖的名字翻译为“修昔底德斯”。)在从公元前443年到病逝的公元前429年这十五年里,伯里克利连选连任,一直都是雅典十将军之一,这在公元前5世纪的雅典,没有其他人有过如此经历。可见,伯里克利的权力和影响力可谓极盛一时。身处其中的历史学家修昔底德对当时的雅典政治做出过一个很有意思的评价,雅典“名义上是民主政治,但事实上,她的权力却在第一公民手中掌握。”(Thucydides,*The Peloponnesian War*,II,65.)总而言之,从埃斐阿尔特被刺到伯里克利本人病逝,这一时期被称做“伯里克利时代”,它也是雅典民主的黄金时代。

伯里克利从参政以来,为雅典的民主事业做出了极大贡献。

首先,使代表民意的政治机构如公民大会、五百人议会和民众法庭握有充分的实权。此时的公民大会已经成为名副其实的国家最高权力机关,所有年满二十岁的公民都有资格参加公民大会,并且参加公民大会的所有成员都平等地拥有讨论发言、投票表决的权利。雅典每年要召开四十次左右的公民大会,会上讨论国家安全、对外政策、粮食供应、国家债务以及官员的审核、惩罚和罢免，执政官抽签和十将军选举也必须在公民大会上进行，任何公职人员，无论职权多大，皆不能离开公民大会而擅自决定任何政务大事。雅典城邦任何公职人员都处在公民大会、五百人议会和民众法庭也即公民集体的监督之下，无论地位多高、功勋多大，如有失职，都会被依法惩办。可以说，自伯里克利时代起，雅典才真正实现了“主权在民”，所有公民不仅能够直接参加到国家权力机关之中，还对所有公职人员行使监督之权。

其次，取消各级官职的财产资格限制，除将军一职以及其他少数需要专门技能的职务外，所有官职都向每个公民团体成员开放，并以抽签方式产生。这一做法，彻底实现了公民们在政治上的平等，正如伯里克利所言，“一个人只要有能力为国家服务，他绝不会因为自身贫穷而被排斥在政治之外。”根据惯例，各种官员抽签选任的方式并不尽相同，例如，执政官抽选，须各选区按比例提名一定数量的候选人，然后再从候选人中抽签决定。其他各级官职以及五百人议会成员则按照配额从部落直接抽签选出，无需复选。

最后，实行津贴制。作为与贵族派斗争的武器，伯里克利提议通过法令向每个参与城邦公务、宗教事务的公民发放补助和津贴，其中著名的有陪审费、观剧津贴，担任民众法庭陪审员的公民可以领得一日的生活补贴，观看城邦组织的悲喜剧演出的普通公民也同样会得到一份相当不错的补助。按照城邦旧制，一切公职都是无薪水的，并且任上的一切花费皆须自己承担。由于没有薪水，那些身无余财的平民，即使有心参加公务，也会因为无力养家而不得不放弃参与政治的念头。所以，尽管克里斯提尼在公元前508年便已为雅典确立民主制，但由于经济原因，平民的参政积极性仍然没有被调动起来，所以，长期以来，活跃在政坛上的人仍然是以贵族为主体。如今伯里克利实施津贴制，便解决了平民参政的后顾之忧，甚至还使参政变成了他们谋生的手段，所以，伯里克利使雅典的民主政治彻底落到了实处。

基于他的贡献，有学者甚至认为，是伯里克利创造了雅典的民主政治。

伯里克利的民主政治改革再一次激发了雅典人的激情和潜力，它使得雅典在各方面都领先于同时代的其他希腊城邦，并为后世树立了一座魅力永不消退的丰碑。在伯里克利和雅典人创造的这个黄金时代里，民主事业更进一步发展，人民成为城邦的真正主人，实现了“民治、民有、民享”；经济景象一片繁荣，雅典成为地中海世界的经济贸易中心，货物运往八方，财富流向雅典。

文化事业全面繁荣，雅典成了“希腊人的学校”，悲、喜剧作家嬉笑怒骂、鞭挞人性，智者们高谈阔论、洞察人性，艺术家们鬼斧神工、升华人性。

四百多年后，罗马帝国时代的作家普鲁塔克在历览雅典盛世遗迹时，依然满腹缅怀之情：“省工图快的作品，不仅没有持久的力量，也不会达到完美”；然而，伯里克利时代的每一件工程尽管都是在短期内完成的，却建造得如此完美，以至于达到了“历久弥新”的程度，“像是永远盛开的鲜花，这些作品仿佛都被注入了永不衰竭的生机和青春永驻的灵魂，似乎从不受时间的消磨”。（Plutarch, *Pericles*,13.）

民主的失控

自克里斯提尼改革以来，雅典城邦的国家权力重心逐渐下移——在伯里克利当政期间，雅典实现了彻底的民主化，每个公民都是全权公民也即完全意义上的国家主人，他们积极参政，从而使雅典民主制达到了辉煌顶点。而这个辉煌时代的到来，是靠伯里克利的人格魅力和雅典民主制之间的良性互动来实现的。

身处其中的修昔底德，对伯里克利的领导进行了中肯的评价:“其所以会造成这种情况,是因为伯里克利的地位。他的贤明和他有名的廉洁,能够尊重人民的自由,同时又能够控制他们。是他领导他们,而不是他们领导他;因为他从来没有从不良的动机出发来追求权力,所以他没有逢迎他们的必要:事实上他这样崇高地受人尊敬,以至于他可以对他们发出怒言,可以提出反对他们的意见。”(修昔底德:《伯罗奔尼撒战争史》,谢德风译,商务印书馆,2007年,170页。)不管是私德还是公德,伯里克利都堪当典范。正是基于此,雅典民众才尊重他、信任他,“以国家公共的需要而论,他们认为伯里克利是他们所有人中间最有才能的人。”(修昔底德:《伯罗奔尼撒战争史》,谢德风译,商务印书馆,2007年,169页。)

然而,战争打断了雅典政治家与民主制之间的良性互动。公元前431年,牵动整个希腊世界的伯罗奔尼撒战争爆发,以雅典和斯巴达为首的两大敌对城邦同盟断断续续进行了27年的战争,直到公元前404年以雅典的投降宣告结束。战争爆发之后,伯里克利倡导坚壁清野的战略，使得斯巴达在战争中未能取得什么优势。但是,大量的人口涌入雅典城,超出了它的承受限度。很快,雅典城暴发了瘟疫，勤政爱民的伯里克利不可避免地受到了传染,于公元前429年病逝。

伯里克利的病逝,对雅典民主事业是一个极大的打击。他死后,再也没有一位德高望重、才德双修的政治家能够赢得广泛的信任,并与雅典公民团体之间形成良性互动。伯里克利的这些继承者,一方面没有伯里克利的广泛威望,另一方面也缺乏足够的政治操守,最终都成了民意的奉承者和私利的追求者:他们的政策“如果成功了的话,只会使个人得到名誉和权利:如果失败了的话,就会使整个雅典作战的力量受到损失。”(修昔底德:《伯罗奔尼撒战争史》,谢德风译,商务印书馆,2007年,170页。)

在伯里克利死后,雅典政坛上先后凸显出了三个杰出人物尼西阿斯、克里昂和亚西比德。不过，这些人虽然出身高贵，却不能做到德才兼备。

在三个人当中，尼西阿斯的名声尚好，被人誉为有君子之风，所以，雅典人民信任他，往往会将重大事务交付给他处理。但是，他是一个主和派，在战争中畏首畏尾，经常错失良机。最后，公元前413年，他本人连同四万人的雅典军队及其同盟军葬送在了西西里远征中。战争局势也由此发生根本性转变，斯巴达占据了主动地位，并且取得了波斯帝国的支持，这预示着雅典将必不可免地遭到最终的失败。

克里昂是一个战争贩子和政治投机主义者，他是雅典民主政治绅士之风的摧毁者。在此人之前，公民大会的发言者往往是言谈高雅、文质彬彬，将参与国政视为神圣高尚之事，而他性情粗野，在会场上衣冠不整、语言粗俗、狂吼滥骂，甚至被亚里士多德斥责为“民主政治堕落的罪魁祸首”。克里昂起家于投机战争，最后也在战争投机中殒命。

亚西比德自幼丧父，由伯里克利监护长大成人，是雅典历史上少有的军事天才。但是，此人有一个致命的缺陷——私德不佳，经常会传出一些家庭暴力、生活不检点的丑闻，从而使得雅典人民对他总是半信半疑：相信他有能力完成所交付的事务，同时又怀疑他是否能够忠于职责。而事实上，亚西比德并无政治野心，只是想一心建立军功来成就自己的伟大。但是，当亚西比德带兵远征之时，便会有人在公民大会上攻击他，雅典人也就相信了这些人的话，从而导致亚西比德无法成就自己的伟大，也给雅典本身带来巨大的灾难。公元前415年，在远征西西里刚刚开始时，亚西比德便被人诬告而被召回受审。结果，雅典人在西西里遭受惨败。公元前406年，他带领海军与斯巴达大将吕山德对峙时，又一次遭到指责而被免职。结果，公元前405年，吕山德在羊河海战大败雅典海军，俘获180艘舰船中的160艘，被俘的三千多雅典人全部被残酷处死。羊河海战导致雅典海军全军覆没,有生力量尽损.它为雅典帝国和雅典民主敲响了丧钟。公元前404年,雅典人宣布投降。虽然亚西比德两次被撤换,与雅典遭到两次毁灭性打击之间并不存在必然的因果关系,但是,它们在时间上却有着非常紧密的承接关系。这使得我们不可能不产生遐想:如果雅典人始终信任亚西比德,伯罗奔尼撒战争的形势会如何发展呢?

雅典在战争中的惨败不能归咎于雅典的民主制度,更多的应该归咎于雅典人没有操作好它。伯罗奔尼撒战争期间的雅典民主的确变成了乱乱糟糟的一团,使它不能发挥正常的作用。导致这种结果,主要有三方面的原因。首先,伯里克利过早地去世,雅典人失去了一位伟大的民主事业的舵手,再也没有哪位政治家能够为雅典民主的发展把握航向。其次,政治领袖之间日趋激烈的钩心斗角导致领导层不能团结,进而影响到雅典政治决策的连贯性——整个雅典在战争中似乎处于一种半迷茫状态,在战与不战、如何战的问题上左右徘徊,所以经常错失良机。再次,战争对普通民众的负面影响。战争带来的不仅是物质上的损失,更重要的是精神上的损害。伯罗奔尼撒战争不仅造成城邦之间相互敌视和猜忌,也使城邦内部人与人之间的关系变得紧张起来,相互之间也同样充满了不信任,"报复变得比自卫更重要","先发制人,以反对那些正准备作恶的人和揭发任何根本无意作恶的人,都同样受到鼓励"。(Thucydides, *The Peloponnesian War*, III, 82.)对于雅典人民来说,他们要比和平状态下更为担心民主政体被人推翻,而这种心理又往往被利用到政治斗争之中。雅典人民摇摆于各派的斗争之间,无从辨别孰是孰非,从而造成战争政策的正确性以及连贯性无法得到保证。

西西里惨败后,人民的情绪遭到沉重打击,贵族派开始活跃起来。他们鼓吹建立寡头政体,可以获得波斯帝国的认同感,从而获取物质援助,进而打败斯巴达;或者获得斯巴达的认同感,为终止战争、实现和平创造条件。公元前411年,人民听信了这些人的煽动，废除民主制，将城邦权力交给由贵族组成的四百人议事会，并将全称公民人数限制在五千人。然而，这些人既没有从波斯那里获得援助，也未能与斯巴达实现和平。四个月后，他们的统治被推翻，民主政治恢复。但是，战争仍然朝着不利于雅典的方向发展，并最终导致雅典在公元前404年战败投降。八个月后，“三十人僭政”也被民主派推翻，其中的核心人物得到了应有的法律制裁。民主制度再一次得到恢复，且一直平稳运行，直至公元前322年被马其顿将军安提帕特推翻。

在斯巴达人的支持下，雅典贵族又一次兴风作浪，他们成立了一个“三十人政府”，将全称公民人数限定在三千人，放逐了五千多名民主派；并采用高压统治，肆意更改法律以便打击异己，处死了一千五百多名怀疑对象。

重建的民主

三十人僭政被推翻之后，安定下来的雅典人开始对埃斐阿尔特以来的激进民主进行反思，普遍产生一种思旧情绪，希望回归想象中的“祖宗之法”或“黄金时代的民主”，创造一种更温和的民主。

公元前403年，公民大会颁布一项法令，雅典应该根据民主制被推翻之前的政治制度治理国家。通过抽签方式从各个德莫选举出五百名立法者，与五百人议会成员共同修订现行的各项法律，并将其在市场公布，以供民众评议；然后，再根据这些评议进行进一步修订；最后，将这些法律条文刻在市场上一个公共柱廊的墙上，公职人员一律按照这些法律行事。公元前403~公元前399年，雅典对政治体制进行了一次大的变革，它一直适用到雅典民主体制被推翻的公元前322年。

改革中，五百人议会的权力受到了极大的削弱，其中最重要的一项是，限制了五百人议会的司法裁判权，它的决议必须通过公民大会或民众法庭的批准方可生效；公民大会的权力在某些方面扩大的同时，在另一些方面却受到了民众法庭的限制；战神山议事会的地位也有所回升，逐渐获得监督官员、司法审判等方面的权力；而民众法庭的权力得到了进一步扩大，一跃成为城邦的最高权力机关。公民大会的立法权受到限制，在经历过两次寡头政变的惨痛经历之后，为了防止公民大会再次突然投票颠覆民主政治，它被剥夺了立法决定权，这部分权力转让给民众法庭。雅典还成立了一个专门性的立法机构——立法委员会，它同样是由陪审员组成。不过，公民大会的法令和立法委员会的法律，民众法庭对它们都有最终判决权：如果有公民认为其中的某些法令或法律违背了宪法，民众法庭有权对此问题做出最终判决。

公元前4世纪，雅典的津贴制发生了变化。民众法庭的津贴仍然是每天三个奥勃尔，而公民大会的津贴则从每天一个奥勃尔迅速增加到了三个，后来又变成1德拉克玛或1.5德拉克玛；五百人议会成员每天可以得到五个奥勃尔的津贴。据统计，这三个主要民主机构的一年津贴开支分别为22塔兰特~37塔兰特、45塔兰特和15塔兰特。虽然其他城邦公职人员也领取薪金，但其总额却小到了可以忽略不计的程度。（M. H. Hansen, *The Athenian Democracy in the Age of Demosthenes*, trans. by J. A. Crook, Oxford: Blackwell, 1991, p.315.）从这些变化可以看出，公元前4世纪的雅典民主，从某种程度上看，要比公元前5世纪的民主更加大众化了。自公元前403年雅典民主得到重建后，民主甚至得到了神化。公元前4世纪，在每年的彼奥德罗米翁月第十二日，雅典人对民主女神德墨克拉提娅进行献祭。

从希腊城邦之间国家实力对比来看，相对于风光无限的公元前5世纪而言，公元前4世纪是雅典的“白银时代”，因为雅典虽然有所衰落，但它仍然是当时希腊世界的一个主要大国。但是，相对于公元前5世纪的民主而言，公元前4世纪仍然是雅典的“黄金时代”。由于从过去吸取了经验教训,公元前4世纪的民主变得更合理、更精巧,雅典人更加适应了民主政治的运作。伯里认为,公元前4世纪的雅典虽然缺少了一些抱负和光荣,却多了几许幸福和自由。(J. B. Bury and Russell Meiggs,*A History of Greece to the death of Alexander the Great*,London: Macmillan, 1975,p.363.)

在个体意识觉醒的基础上,雅典公民更关心的是城邦为“我”带来了什么实惠,而不是“我”应该为城邦做出哪些贡献。

然而,他们似乎没有发现雅典存在的另一个现实——公民精神的塌陷。公元前4世纪,个人主义开始在雅典公民当中流行,“爱国主义不再是毋庸置疑的最高品德”。公民对国家的责任和他对自身作为“人”这一个体的责任发生冲突。(J. B. Bury and Russell Meiggs,*A History of Greece to the death of Alexander the Great*,London: Macmillan,1975,p.357.)公民的进取精神被享乐主义所取代,一个最重要的表现是,城邦财政收支的剩余部分,不再留存为应付突发事件的风险基金,而转作为供公民在宗教节庆中娱乐的观剧基金。在公元前349年前后,阿波罗多鲁斯建议将财政余额转作战争之用后,遭到斯特法努斯的控诉并被罚以重金。与享乐主义盛行相对应的是献身精神的缺失,此时的雅典公民不愿服兵役,甚至不愿出钱雇请雇佣兵代行自己应尽的职责,从而致使外出执行军务的将军常常为财政所困延误战机。例如,公元前355年,雅典将军查瑞斯在镇压盟邦反叛过程中不得不通过援助波斯总督阿塔巴祖斯的反叛来筹集军费;提谟特乌斯、伊菲克拉底与查布里阿斯等将军都遭遇过这种困境。更糟的是,在普通公民不愿为城邦服务而乐于从城邦获得享受的时候,雅典的政治领袖却又往往顺从民意而不去引导民意。在德谟斯提尼时代，雅典的大小宗教节庆竟然多达一百多种，[J. K. Davies，"Demosthenes on Liturgies: A Note"，*The Journal of Hellenic Studies*，Vol. 87，(1967)，p.40.]这些政治领袖们在雅典公民精神的堕落过程中起到的却是推波助澜的作用。总而言之，雅典的活力已经在伯罗奔尼撒战争的不幸中消耗殆尽，再也没有复苏，德谟斯提尼时代的雅典已经垂垂老矣，缺乏活力。(George Grote，*A History of Greece*，Vol. 4，Bristol: Thoemmes Press，2000，p. 275.)

公元前322年，自克里斯提尼时代以来的平民政体被彻底推翻，而且没有遭受什么阻挡便得以实现了。获得公民权的财产资格被规定为2000德拉克玛，这是一个熟练技工不吃不喝、连续工作七年才能积累的财富。所以，平民必然会被排斥在政治活动的大门之外。(Diodorus，*Library*，XVIII，18；Plutarch，*Phocion*，27. 5.)此举，标志着雅典民主政治的终结。从此，雅典变成了马其顿王国"监护"的自治市，其政治、经济、文化影响全面衰退。它所剩下来的，只有后世人对它的景仰和叹息。

第三章　社会群体的结构

尽管雅典城邦本质上是公民集体，但是，雅典人口却由三大阶层组成：公民、居住在雅典的外邦人即侨居民和奴隶。根据法律规定，公民集体是一个特权阶层，他们是城邦的主人，垄断着土地所有权和政治特权；侨居民是一个无特权阶层，依靠手工业、商业或从军谋生，他们是无政治权利的自由人；奴隶是一个无权阶层，法律给予其唯一的一项保护——他们不应该无缘无故地被伤害或处死，而此项规定更大程度上是出于保护奴隶主财产而非奴隶生命的考虑。尽管三个阶层之间的流动性较小，但是，并不存在不可逾越的鸿沟。公民若被剥夺公民权，也便随之失去他作为公民所拥有的一切特权，而被抛出公民集体之外；侨居民若触犯某些法律，便可能被售卖为奴。与此相反，奴隶可以通过宪法条款，寻求解放而成为自由人；侨居民可以根据公民权法令，获得公民权而成为拥有特权的公民。尽管人口由三大阶层构成，但是，公民在雅典的政治社会生活中处于核心地位，其他两个阶层的生活必须围绕公民集体展开，他们的成员也积极向公民靠拢。

公民：我的地盘我做主

喜剧作家阿里斯托芬曾做过一个形象的比喻，城邦是一穗麦

子，侨居民和外邦人只是麦麸和麦壳，而公民则是纯粹的麦仁；麦壳是整个麦子中最没有用的东西，随时可以抛弃；麦麸虽然不能与麦仁相提并论，但也有充饥之用；而麦仁则是最精华的部分，可以制成美味的食物。此中深意，不言而喻。

公民内涵

公民是那些“凡得参加司法事务和治权机构的人们”，也即“凡有权参加议事和审判职能的人”；这些人又被称为“全称公民”，也即全权公民。（亚里士多德：《政治学》，吴寿彭译，商务印书馆，1965年，111，113页。这里所说的公民，不包括“未及登籍年龄的儿童和已过免役年龄段的老人”，也不包括女性公民。）亚里士多德的这一表述成了“城邦公民”的经典定义，公民在民主雅典表现为有权参加公民大会、民众法庭和包括五百人议会在内的各种城邦公职的自由人。

公民是一个历史概念，它是原始部落氏族成员的延续；随着历史的变迁，它的内涵也在发生着变化。最初，公民是能够自备武器的战士，公民资格可以与财产资格等同。这种状况在雅典一直持续了相当长的时间，在德拉古时代依然如此，他的立法规定，“公民权授予所有能够独立装备武器的人。”（Aristotle, *Athenian Constitution*, 4.2.）此时，雅典还以出身和财产的高低多寡来规定城邦官职的选任标准，那些能够装备武器但无更多余财的人只能出席公民大会，而不能担任官职。所以，在富豪政治中，公民权对于包括普通公民在内的社会中下层并不具有非常重要的意义。随着雅典政治向着民主方向发展，公民权的内涵越来越丰富，它的意义也随之变得重大起来。公元前594年，梭伦改革取消了财产资格对公民权的限制，同时，普通公民的权利也进一步扩大，他们虽然没有资格参加城邦官职的选任，但是在能够参加公民大会的同时，又获得了参加民众法庭的权利。（Aristotle, *Athenian Constitution*, 7.3-4.）

所以，梭伦改革促成了公民资格和公民权的一次质的飞跃;然而,公民内涵的演变还没有就此终止。公元前508年,克里斯提尼又一次改革了公民权利,公民大会成为实权机构,并且是宪法中最高的权力机构,所以,参加公民大会使普通公民也成为真实意义上的城邦主人。在民主政治中,财产资格在官职选任方面的规定逐渐被削弱和淡化。到了伯里克利时代，城邦的所有官职向所有公民全部开放。此时,公民权具有最充分的内涵。

但是,财产资格不再成为公民资格的时候,血缘资格便逐渐凸显出来。自梭伦改革确立了发展工商业的国策之后，外邦人开始涌入阿提卡。此时,雅典公民和外邦人的婚姻是被默认的,他们的子女也会顺理成章地成为雅典公民。在雅典从希波战争中崛起并建立了雅典帝国之后，雅典便成了希腊世界的希望之都，外邦人更是大规模地涌来。而这个时候,雅典公民权所包含的权利成分远远超过了它的义务成分，外邦人与雅典公民结亲的愿望便变得更加强烈，从而造成了雅典公民人数急剧增加。由于雅典没有人口普查制度,公民的登记造册权力又由各个德莫掌管,所以,这一情况并未被雅典人充分认识。公元前451年,埃及国王向雅典馈赠了四万墨狄姆诺斯小麦，城邦决定将其平分给公民。此时,雅典人才意识到公民人数比预计的多了许多。为了保护本土雅典人的利益,公民大会通过了伯里克利提出的公民权法案,规定:凡父母双方皆为雅典人者方为雅典公民，父母双方中有一方为外邦人的公民资格皆被取消。

据普鲁塔克说,经过城邦核查发现，当时父母双方皆为雅典人的成年公民有一万四千零四十人，而不符合条件的有近五千人。最后,这些被查出来的“伪雅典人”被“真雅典人”变卖为奴。（Plutarch,*Pericles*,37.2–5.）

公元前451年公民权法令的颁布,使得非雅典人成为雅典公民的可能性变得越来越小,但是,也并非就此完全关闭了外邦人成为雅典公民的大门。为雅典做出重大贡献,便是一块有效的敲门砖。当雅典人特别感激这些人的时候,公民大会便会通过荣誉法令授予这些外邦人以公民权。授予公民权是最高的荣誉,只有那些对雅典做出了巨大贡献的外邦人才有资格获得。授予外邦人公民权,不仅包括其本人,还包括他的后代,雅典授予公民权的法令中,经常会出现“他将成为雅典人,并且他的子孙亦然”这样惯用的词句。通过做出巨大贡献来赢得雅典公民权,有不少外邦人都获得了成功,例如著名的奴隶帕西昂和福尔米欧等。

尽管授予公民的对象多数情况下是针对个人的,但也有针对集体的。公元前427年,普拉提亚遭到城毁国灭之灾,那些逃亡到雅典的普拉提亚人便经过雅典公民大会的法令获得了雅典公民权。这其中的重要原因是,普拉提亚人早在公元前6世纪便成了雅典的盟友,而且在公元前490年波斯大兵压境之时,普拉提亚派出了一千名士兵(这几乎是全城邦的兵力)支援雅典,并协助雅典在马拉松大败波斯军队。正是由于普拉提亚人长期与雅典人合作并做出了重要贡献,当他们流离失所之时,雅典人非常慷慨地授予了他们公民权。公元前403年,跟随特拉绪布鲁斯一同从斐勒回到雅典城的一批侨居民,在民主重建之后,也被授予了公民权。

外邦人还可以通过外交手段获得公民权。例如,公元前431年伯罗奔尼撒战争爆发后,雅典想与色雷斯王希塔尔西斯结盟,以便壮大自身实力;而希塔尔西斯则提出条件,必须使自己的儿子萨多卡斯成为雅典公民。最后,雅典接受了这个条件。此外,雅典所需的人才也能够获得公民权。公元前4世纪,随着雇佣军和专职将军在战场上发挥着越来越重要的作用,雅典也开始聘用其他城邦的雇佣军将领为雅典服务,其中一些将军便被雅典城邦授予了公民权。(Mogens Herman Hansen, *The Athenian Democracy in the Age of Demosthenes*, trans. by J. A. Crook, Oxford: Blackwell, 1991, p.270.)

伯里克利和阿斯帕西娅的私生子获得公民权是一种例外。公元前429年，雅典暴发大规模瘟疫，伯里克利的嫡生子未能逃脱劫难而全部病死。为此，伯里克利痛哭流涕地向公民大会请求废除他曾经提出的公民权法，以便他和阿斯帕西娅生的小儿子能成为雅典公民。然而，公民大会认为这项法律是由他提出，现在又由他来废除，这是一件不可思议的事情，便拒绝了他的请求。不过，在伯里克利病逝后，公民大会感激他的贡献并怜悯他的遭遇，授予了此子公民权和伯里克利的名字。然而，小伯里克利却以另一种方式延续了他父亲的悲剧。后来，他也成了雅典将军，并带兵在阿吉纽斯海战中取得胜利。但是，却因未能及时抢救落水者和溺水者而被公民大会误判死刑，遭到处决。（Plutarch, *Pericles*, 36.4–37.5.）

从伯里克利的遭遇可以看出，雅典人在公民权的授予方面表现得非常吝啬。同样是公元前403年，当特拉绪布鲁斯提议授予从比雷埃夫斯港归来者以公民权的时候，阿尔奇努斯却以这项提案违背了法律为由对特拉绪布鲁斯提出起诉。进入公元前4世纪，授予公民权的程序又进一步严格起来。自公元前370年之后，授予公民权的提案需要在公民大会进行两次投票，并且，第二次公民大会的法定人数为六千人，这是最高的法定人数要求。为什么如此严格？雅典人的回答是，为了“更好地检查候选人是否有资格获得公民权。”（*Athenian Democracy Speaking through Its Inscriptions*, Athens, 2009, p.85.）在公元前338年大败以底比斯和雅典为首的希腊联军之后，希波雷德斯提议授予侨居民以公民权、解放奴隶，让他们与公民一起保卫雅典。当局势缓和下来之后，有人便立即指控希波雷德斯的提案也违反了先前的法律。

雅典人为何会如此吝啬他们的公民权呢？身处其中的亚里士多德曾有精辟的分析：“有许多政体放宽公民身份以至于侨居民也不难入籍。例如有些民主政府竟然允许只有生母公民的男子入籍；还有些城邦，对于私生子也援用这种条例。但公民资格如此宽松地开放，大抵由于城邦内缺少纯粹的公民，不得不实行一段时期的权宜政策。这种在缺乏公民人数时暂行的法令，到了人口增殖之后，自然就会渐次废除：首先限制生父或生母的一方为奴隶者不适用此条例；继而生母虽为本籍而生父为客籍者也不得列为公民；最后公民身份又仅限于父母双方都必须是本邦公民的儿女。”(Aristotle, *Politics*, 1278a 25–33.)雅典人口状况的确符合亚里士多德的分析，它的公民人数始终都是古希腊最多的。据学者估算，雅典男性公民人数最多时达四万人（公元前431年），最少时也有二万五千人（公元前4世纪）左右。(M. I. Finley, *Politics in the Ancient World*, Cambridge: Cambrdge University Press, 1983, p.73.)而与此相对的斯巴达，公民人数最多之时只有八千人左右，少的时候竟然只有七百人左右。从这一对比中可以发现：在相对封闭的城邦体制内，雅典人对待公民权的态度还是相对开放的。

公民特权

作为城邦的主人，雅典公民在政治、宗教、经济、司法等领域内享有充分的特权，而侨居民和奴隶则在这些方面处处遭到限制和排斥。

雅典公民垄断了所有政治特权，例如参加公民大会、成为民众法庭陪审员、参加五百人议会成员与其他城邦官职的选任。所有侨居民和奴隶都被排斥在政治大门之外，无权参与这些体现城邦主人身份的活动。尽管奴隶和侨居民允许出现在民众法庭上，但是，他们只是陪审员裁决的对象而已。同时，公民们参加这些政治活动并不是无偿的，从伯里克利时代开始，参加公民大会、公民法庭或五百人议会的公民都将从城邦那里获得津贴，同时还有一些城邦官职也是有酬劳的。

除了政治特权之外，公民还享有一系列的经济特权。首先，公民有权利拥有自己的地产，而侨居民则需要公民大会通过法令授权才有资格在雅典拥有地产。其次，与地产相关的采矿权也同样专属于雅典公民，但是，雅典公民必须从城邦那里租赁。因为尽管

帕特侬神庙。

地产属于某个私人，但是地面之下的矿藏则属于城邦集体所有，公民可以通过竞拍的方式从城邦那里获得开采权。如果侨居民也想获得矿山开采权，他必须经过公民大会特别授权。这两种对侨居民的特别授权，需要经过严格的审查，而且经常会遭到公民大会否决。所以，尽管侨居民能够自由从事经济活动，但是他们仍无法获得与公民平等的经济权利。

同时，雅典公民也享有宗教特权。在古希腊人观念中，城邦不仅是人的居所，同时也是神的居所，每个城邦都有自己的公民和神祇；所以，城邦内部的宗教是非常排他的，非本城邦公民不得参加其宗教仪式。(Herodotus, *The Histories*, V, 72; VI, 81.)并且，祭祀城邦保护神的仪式必须保密，以防被其他城邦获得相关信息，进而供奉此神以获得其欢心，从而降低他保护本城邦的忠诚度。(Herodotus, *The Histories*, V, 89; Plutarch, *Solon*, 9.)雅典也同样如此，通常情况下，只有雅典人才能进入城邦的神庙和参加宗教仪式,而侨居民、奴隶是被禁止的。雅典城邦虽然在后来向侨居民和奴隶开放了某些宗教仪式,但是,他们是以不平等的地位参加的,只能在活动中充当配角和随员角色。在这些宗教仪式中,也同样体现着公民的主体地位和非公民的从属地位。

在司法审判当中,雅典城邦专门有一套偏向于公民利益的特殊规定。谋杀公民的惩罚要比谋杀侨居民和奴隶严重许多。在故意杀人罪的判决中,被害人如果是公民,那么杀人者将被判死刑;如果被害者是侨居民,杀人者若是公民将被判终身放逐;如果被害者是奴隶,杀人者若是公民则只需被判处罚金。公民出庭做证时,享有人身保护的特权,任何人不得以任何借口对具有公民身份的证人进行严刑拷打;而侨居民虽然有时候也会受到保护,但是案情重大的时候则必须经过拷打之后,他的证词才有效;奴隶若出庭做证,不管是什么类型的审判,他的证词必须经过拷打之后方能被视为有效。所有公民都有特权免受肉体惩罚,大罪则判处死刑、流放、财产充公等刑罚,小罪则判处罚金;而奴隶则经常会因为小过失而遭到鞭笞,侨居民则经常有可能面临被变卖为奴的惩罚。在梭伦改革之后,公民一般不会遭到变卖为奴的惩罚,除非他在战争中被俘、然后被赎出,但是又无力向救赎人支付赎金。如果救赎人就此事提出控告,他将有可能被判卖身为奴。

雅典城邦还专门为公民设立了一套社会保障体系,侨居民和外邦人被排除在照顾之外。例如,生活无依的残疾人可以到五百人议会那里申请城邦救济。如果符合条件,也即无劳动能力且资产低于300德拉克玛,他将可以领到一份微薄的救济金,最初每天为1奥勃尔,后来增至每天2奥勃尔。如果公民在战场上为国捐躯,城邦将承担起抚养其遗孤的义务,直至他们长大成人。雅典城邦还有一套适用于非常时期的社会保障体系,如果出现饥荒现象,城邦会向公民配额发放粮食或低价出售粮食。伯里克利公民权法的出台,很大程度上是基于这项社会保障措施考虑的。

雅典公民还享有一项特殊的社会福利——观剧津贴。观剧津贴是在伯里克利时代出现的，之所以会出现这种休闲性质的社会福利，一个重要原因是为了加强公民集体内部的团结。雅典戏剧，尤其是悲剧，是一种非常感染人的艺术，它常常被雅典城邦当做意识形态教育的工具来使用，使公民在休闲娱乐中增强彼此之间的认同感。公元前4世纪上半期，雅典城邦又专门设立了观剧基金，规定不得擅自挪作他用。

所以，在公元前4世纪，普通雅典公民参政时能得到各种公职津贴，空闲时能够得到观剧津贴，危机时能够得到城邦救济；从生活状况来说，公元前4世纪才是雅典人的“黄金时代”。

公民义务

一个不参与政治的公民，或许会像伯里克利说的那样遭到鄙视，但绝对不会因为他不出席公民大会、民众法庭或担任城邦公职而惩罚他。不过，城邦却在其他方面对公民的行为进行了规范，他们必须承担相应的义务和遵守相应的行为规范，否则，将会受到惩罚。

首先，雅典人需要履行一定的义务才能成为享有特权的公民。当雅典年轻人成长到十八岁时，父亲便会带领他到德莫登记造册，为服预备兵役做准备。这些新登记造册的年轻人被称为埃菲毕，在正式服役之前，他们需要举行一次成人礼仪式。在仪式上，这些年轻人需要进行宣誓：

“我绝不丢弃神圣的武器，无论身处战队的哪个位置，我都不会置战友于不顾。我将为所有神圣和世俗之物而战，并且，我绝不会使祖国衰落而会使她更为伟大和美好，直至我与战友们一同倒下。我将严肃地服从长官的命令和那些已经确立的或将要确立的法律。如果有人胆敢践踏法律，我将坚决与之斗争，直至与战友一同倒下。我将以祖先的传统为荣。”(Mogens Herman Hansen, *The Athenian Democracy in the Age of Demosthenes*, trans. by J. A. Crook,

Oxford: Blackwell,1991, p.100.)

宣誓过后,在部落和城邦推选出来的教官管理下,他们开始了两年的军事训练生活。这种集体生活和斯巴达年轻人的类似,不过没有他们那么严格。在教官的指导下,这些年轻人学习各种战斗技巧或技能,并且负责神庙周围和海岸线的巡逻工作。当集体军营生活结束后,他们便自动获得了正式的公民资格。

成为正式的公民之后,他们在享有权利的同时也同样需要承担义务。有一项基本义务公民必须履行:公民兵义务。与预备兵役义务一样,公民集体中各个阶层的所有公民都有义务服兵役。每个公民必须在战争期间响应城邦号召,参加保卫城邦的军事行动。根据财产标准的不同,公民参加的兵种也不尽相同:前两阶层的公民担任骑兵,城邦在平时会为他们饲养战马提供一些公共补助;双牛者阶层的公民,担任重装步兵;第四等级的贫民则只能担任轻装步兵,或者担任海军舰只中的水手。公民服兵役的义务,一直要持续到年满五十九周岁。年满五十九岁的公民无需继续服兵役,但是仍有一项义务需要他承担,他在这一年里必须准备成为仲裁人,来调停公民之间的私人纠纷。值得一提的是,不管是预备兵役还是公民兵役,都是有津贴的。

根据城邦的历来传统,富有公民因为自身的富有便必须承担更多的义务。首先是各种公益捐助活动,如协助城邦、部落或德莫承办节日庆典、筹建海军或举行部族宴会等活动,除了贫民外的前三个等级都需要承担此项义务。普通公民基本上不用纳税,只有他的财产达到一定额度时才会纳税,大概是前两个阶层的公民需要承担缴纳财产税的义务。最初,每个公民都无需缴纳财产税,伯罗奔尼撒战争中,雅典财政吃紧,城邦才决定向富有公民征收财产税,这一制度便一直延续了下来。和平时期,富有公民需要定期缴纳财产税;战争时期,他们还要不定期地提前缴纳财产税。

上面的义务都是公民在公共活动空间内应该履行的,此外,城邦为了维持公民集体的整体素质和利益，对公民的私人生活也进行了诸多规定。

城邦对公民婚姻活动有所限制，原则上是禁止男性公民和女性侨居民结婚的，此类婚姻是无效的，因而不受法律保护；并且，他们的子女无权继承父亲的遗产，因为这些人没有公民资格。在公元前451年伯里克利公民权法实施之后，这一法令便具有长久的法律效力，直到民主制被推翻，它仍然存在。所以，雅典男人通常是包养女性侨居民，而不会公然宣布同居，像伯里克利那样为了和女侨居民生活在一起而与原来妻子离婚的大胆男人更是少之又少。

除了婚姻事务之外，公民们还要在私人空间内受到其他方面的约束。例如，一个公民可以嫖娼宿妓，但是不能从事男性娼妓业，即禁止公民本人充当男妓、诱使或强迫其他公民充当男妓。如果遭人控告，他将被判处死刑或者剥夺所有公民权。公民的家庭行为也要受到相关法律的约束。如果一个公民不能对父母尽孝道，如未能在父母年老时为他们提供食物和住所、未能恰当安葬父母、未能恰当地祭奠亡故的双亲，此人都有可能以“虐待父母”的罪名遭到起诉，如果起诉成功，此人将被剥夺所有公民权。对于父母而言，他们不仅要承担养育儿女的义务，同时还要负责让儿子学一门手艺；否则，儿子有权在父母年老之时拒绝赡养父母。未能遵守这些规定的公民有可能遭到被剥夺所有公民权的惩罚，失公民权者将被抛出公民集体之外，从而处于无特权地位，无权参加任何政治活动，被禁止出现在市场和神庙。

城邦在公民的私人经济行为上也进行了一系列规定，如果有公民挥霍祖上留传下来的家产，他会因为不能保守祖业而遭到控告，进而被剥夺继承的财产和公民权。

侨居民:雁渡寒潭终是客

由于雅典的商业贸易在城邦生活中占有重要地位,许多外邦人来到这里淘金,他们便成为雅典城邦中一个特殊而又重要的群体——侨居民。与雅典公民相比,侨居民在实践中被严格地排斥于政治生活之外,没有任何政治上的特权,他们是“被统治者”;而与奴隶相比,侨居民又具有人身自由和经济自主权,他们在社会经济文化领域中扮演着重要角色。总而言之,侨居民生活在雅典社会之中而处在雅典政治之外。

“侨居民”在古希腊文中为“metoikos”(复数为“metoikoi”),英语中的“metic”(复数为“metics”)便是来源于此。(我国有些学者,将其翻译为“外邦人”“异邦人”或“外邦侨民”;在本书中,作者根据词义和个人习惯,将其翻译为“侨居民”,“外邦人”指雅典人之外的希腊人,“异邦人”指希腊人之外的其他族群。)“metoikos”由两个词根“meta”与“oikos”构成,意为“移居之人”或“同住之人”,从词义就可以看出侨居民的非公民特征。古典时期,雅典的侨居民约占男性公民人数的一半,大约在两万五千人到一万人之间变动。(Joint Association of Classical Teachers, *The World of Athens*, Cambridge: Cambridge University Press, 1990, p. 157.)雅典之所以会出现侨居民这个庞大的居民阶层,主要原因有两点:第一,雅典具有吸引力和开放性,能够招徕许多其他城邦的希腊人乃至希腊世界之外的异邦人;第二,雅典也像其他希腊城邦一样,具有严格的公民制度,非常吝啬他们的公民权,这些外来者只能是雅典的寄居者。

基本情况

侨居民的广泛存在,是雅典社会经济发展的一个重要结果和表现。在早期历史中,侨居民或许已经存在,但是在社会经济生活中并没有扮演重要的角色，所以，荷马口述的“社会”只是一个公民与奴隶并存的二元社会。后来侨居民逐渐在增多，其作用也日益凸显，以至于梭伦在立法之时便使得一些侨居民获得了公民权，使其成为雅典公民。到了公元前5世纪，雅典的经济日渐发达，侨居民的队伍进一步壮大：一方面，地中海世界的富商巨贾云集于雅典，从商业和贸易中牟利；另一方面，各地的手工业者也蜂拥而至，在建设雅典的各项工程中，也使得自身生活变得更为轻松。公元前431年伯罗奔尼撒战争爆发后，雅典的经济遭到打击，侨居民的人数也随之减少，在公元前404~公元前403年降到了最低点。公元前4世纪初，雅典经济再次复苏，侨居民又逐渐多了起来，但未能恢复到公元前5世纪伯里克利时代的水平。随着公元前322年雅典民主制被废除并沦为附庸城邦之后，雅典便不再是外邦人的“理想之国”，侨居民人口再次锐减。

在雅典法律上，那些短暂逗留在雅典的外邦人，被称为“外国人”，这些人包括出于公务而来到雅典的政治家或者使团、参加具有泛希腊性质的泛雅典娜节庆竞技的运动员或观看竞技的观众以及过路的商人等。如果这些逗留者在雅典停留一个月以上，他们必须向居住的德莫登记注册，成为侨居民。外邦人在注册成为侨居民之时，必须选择一个公民做他的庇护人，为他担保。侨居民没有庇护人，若被发现将会以亵渎雅典公民权的神圣性而遭到审判。如果罪名成立，他的财产将被充公，而本人也将被卖为奴隶。最初，侨居民主要是亚洲与欧洲的希腊人，后来弗里吉亚人、色雷斯人、加拉提亚人、吕底亚人、叙利亚人、埃及人甚至阿拉伯人等非希腊人也大量涌入。色诺芬在《雅典的收入》中提到，雅典的侨居民中很大一部分为吕底亚人、弗里吉亚人、叙利亚人以及其他异邦人。

多数侨居民生活在比雷埃夫斯，它是距离雅典城西南方向七公里的一座海港城市。如果说雅典城是雅典城邦的政治文化中心，那么，自比雷埃夫斯在公元前5世纪早期建城以来，它便迅速成为雅典城邦的经济贸易中心。其他城邦的商人、手工作坊主纷纷来到比雷埃夫斯淘金,为了方便活动,他们便向雅典政府申请成为侨居民。所以,雅典的侨居民并非皆为巨富之人,他们也分为上中下三个阶层,并且多为贫下之人。这些人居住雅典,有的或许出于经济原因,发现这里比在本城邦更容易生存下去;有的或许出于政治原因,发现雅典要比其他城邦更为安全。他们活跃在雅典经济层面的各个阶层,充当木匠、农夫、园丁、泥水匠、面包师、漂洗工、车夫等,默默无闻地为雅典的经济事业做着贡献。而与贫下的侨居民相对,富有的侨居民则活跃于雅典社会的上层,多与当时的政治领袖私交甚好。其中,著名的演说辞作家吕西阿斯的父亲凯法鲁斯就是西西里叙拉古人,受到伯里克利的邀请,来到了雅典定居。吕西阿斯和他的哥哥共同拥有一个由一百二十名奴隶工作的兵器作坊,在三十人僭政时期,他的哥哥被僭政集团杀害。

从衣着和外貌上看,侨居民与公民没有区别,但是,在正式称呼上却有着明显的不同。侨居民的正式称呼是"名字+居住地",例如"居住在比雷埃夫斯的柯菲索多鲁斯",仅此而已;而公民的正式称呼则较为复杂,它是"名字+父亲名字+居住地",例如克里斯提尼的侄子墨迦克勒斯的正式称呼是"阿罗皮克德莫希波克拉底之子墨迦克勒斯"。此外,从墓志铭中也同样可以看出一个人的侨居民身份,尽管侨居民和公民死后是埋在一起的。墓志铭中提到死者的身份,通常是这样表述的,"名字+父亲名字+母邦名字",例如"来自赫拉克里亚的安德罗克勒斯之子希罗达斯"。而公民死后的身份表述和生前是一样的。如果一个人是侨居民,他生前死后都是侨居民,他的称呼时刻在显示着他的身份。

义务与限制

成为侨居民,并不意味着权利,而是义务。每个侨居民需要每月缴纳1德拉克玛的人头税,独立居住的女性侨居民人头税减半,它被称为侨居费。缴纳侨居费是侨居民的基本义务,此外,他们还必须履行其他义务。

在紧急情况下,侨居民有义务响应城邦号召,参与军事行动;若不履行规定的军事义务,将被以叛国罪论处。在履行军事义务的时候,侨居民却要受到限制,他们只能参加步兵,而没资格成为骑兵,因为骑兵是高贵身份的一种象征,只有那些有财力能够提供骑兵装备的公民才有资格成为骑兵。同时,富有的侨居民也像富有公民一样,仍需要承担两项额外的义务。一类是战争特别费或财产税和预缴战争费或预缴财产税。公元前428年,为了应付伯罗奔尼撒战争,雅典城邦开始向富有公民和侨居民征收战争特别费,侨居民要分摊其中的六分之一左右;公元前4世纪,雅典城邦又通过了一项法令:在城邦的正常战争费用无法应付突发事件的时候,富人需要缴纳预支战争费,侨居民自然也需要缴纳。另一类是以公益捐助的形式,协助雅典城邦承担公共事务的支出,例如出资赞助节日庆典上的演出或竞技活动、装备三列桨舰等。从事商业贸易的侨居民,还需要缴纳两种税。一种是港口贸易税。雅典城邦规定:进出比雷埃夫斯港的货物需要缴纳2%的关税。另一种是市场税。侨居民在市场上摆摊卖东西需要缴纳一定的费用,而雅典公民若从事此类活动则无需缴纳。

这种进出口贸易多为侨居民和外邦人从事,而雅典公民通常是将钱或货船租借给他们,从中牟利。

尽管履行比公民更多的义务,侨居民却未能获得与公民同等的权利,他们在诸多方面都遭受着不平等的待遇。自城邦制度确立后,各个城邦的主流意识是"侨居民为潜在敌人,而外邦人则为天然奴隶"。尽管这些侨居民在雅典找到了比在母邦更多的发展机会或生存空间,但是他们却同样遭受着不同程度上的歧视。苏格拉底的兄弟、大演说家伊索克拉底曾就这种现象进行过批判,“虽然我们的祖国对所有人都一样,但是,其中一些人像老爷一样生活,而有些人却像侨居民一样活着。”(Isocrates, *Panegyricus*,105.)无疑,这是他在批判雅典公民垄断了政治权利,像“老爷”一样统治着侨居民。侨居民虽然是自由人,却不能像公民一样享有政治权利,他们无权参加公民大会、民众法庭,不能参加选举与投票,更不能担任公职。

同时,侨居民的经济利益和福利也受到一定的限制。他们不能拥有地产,因为拥有地产是主人的标志,而侨居民作为“外人”,是被禁止拥有地产的,除非得到城邦的特许。一些经济领域,侨居民是被禁止涉足的,例如矿产业,除非他们获得了城邦的特许令,才有资格租赁雅典的矿场。此外,侨居民不是雅典城邦社会保障的对象,没资格获得城邦提供的资助或补贴,在非常时期也不能获得来自城邦的低价或免费粮食。

侨居民的婚姻也遭到雅典人的排斥,侨居民和公民之间的婚姻是非法的,他们的子女没有资格获得公民权。伯里克利公民权法颁布之前,侨居民和公民之间的婚姻是自由的,许多著名政治领袖如克里斯提尼、泰米斯托克利和客蒙的母亲甚至不是侨居民,而是外邦人。但是,这一婚姻自由使得雅典公民人数激增,从而损害了父母双方都是雅典人的公民的利益。于是在公元前451年,在伯里克利的提议下,雅典公民大会通过了公民权法,规定雅典男性公民和外邦女子合生的子女不再具有公民资格,他们被视为私生子。此项公民权法的颁布,一方面维护了公民集体的整体利益,另一方面却阻碍了侨居民融入雅典城邦,为公民集体注入新鲜血液。

在宗教信仰方面,侨居民也同样受到雅典人的排斥。像其他希腊城邦一样,雅典的城邦宗教也是排外的,因为侨居民的身份是非雅典人,所以他们被禁止参加雅典的宗教活动。不过,雅典人的心态是相对开放的，同时，也是为了增加雅典人和侨居民之间的亲和力，雅典城邦也逐渐向侨居民开放了一些宗教活动。最初，侨居民可以参加所在部落对部落名祖的献祭活动；公元前421年，侨居民可以参加火神赫淮斯托斯的祭祀活动；当泛雅典娜节和狄奥尼索斯酒神节向同盟城邦开放后，这两个宗教节庆活动也逐渐向侨居民有所开放。

当在宗教上无法融入雅典城邦之时，大多数侨居民仍然保留了自己城邦的信仰。一些来自同一个城邦的侨居民甚至还建立了宗教组织，通过举行宗教活动来加强内部的凝聚力，以防迷失自我。对这种异质组织，雅典城邦采取了默认的态度，并且还允许他们在雅典人的土地上修建本城邦信仰的神的雕像和神庙。有一块碑文流传至今，它见证了当时的历史："鉴于塞浦路斯克提温的商人提出法律要求，请求人民授权他们占用一块土地，他们计划在其上建立一座阿佛洛狄忒(也即美神维纳斯)神庙；如同曾经授权埃及人建立伊西斯(古代埃及神话中的生殖女神，冥王奥西里斯的妹妹兼妻子)神庙那样，人民将决定授权克提温商人获得一块土地，用于建立阿佛洛狄忒神庙。"(Joint Association of Classical Teachers, *The World of Athens*, Cambridge: Cambridge University Press, 1990, p.189.)

虽然侨居民在诸多方面都要承担更多的义务并且受到严格限制，但是，他们也通过自身的付出获得了相关的权利。例如自由居住权，侨居民没有被指定到专门的地区居住，而可以自由选择地点居住；同工同酬权，侨居民和公民从事同一种工作，他们的报酬是相同的，甚至奴隶也有同工同酬的权利。不过，在各项权利中，最重要的一点是他们的司法权力，这是作为自由人的一个重要标志。

与其他城邦的侨居民和雅典相比，雅典的侨居民在法律上得到了更多的尊重。其他希腊城邦的侨居民通常不具有独立的司法权力，他们必须在庇护人的陪同下才有资格出席法庭。但是，雅典的侨居民似乎具有独立的司法权力，侨居民本人有权利提起私人诉讼或因私人诉讼遭到起诉。（Michael Grant, *The Classical Greeks*, London: Weidenfeld and Nicolson, 1989, p. 282.）涉及侨居民的私人诉讼一般都由军事执政官来主持审理；若是公共诉讼，则会被纳入到正常的审理程序进行。不论公私诉讼，侨居民都可以作为一个独立的行为主体出席法庭审判，并且有权带一位朋友来协助他进行法庭辩论，而这个朋友没有被要求必须是他的庇护人。侨居民在司法程序上能够享受到与雅典人同等的公正。就侨居民的权利而言，他们的人身安全与自由受到雅典法律的保护。埃斯库罗斯在《乞援女》中，借一位阿尔戈斯女侨居民之口表达了这个看法，“我们成为这片土地上的寄居者，自由自在且受到保护，没有男人的暴力。任何居民或外来人都不能囚禁我们。如果有人对我们施暴，庇护人若不相救，他将被剥夺政治权利并遭到人民流放。”（Aeschylus, *Suppliant Maidens*, 607-614.）不过，在判决标准上却是不公平的：如果侨居民蓄意杀害了雅典人，那么他将会被判处死刑；但是，如果一个公民蓄意谋杀了一个侨居民，此人仅仅被判流放而已。在其他案件的审判方面，也同样是偏袒公民而贬抑侨居民。

自卑与进取

作为外来者，侨居民在现实中不仅要承担更多的义务还要遭受同样多的限制，他们心理上有一种潜在的自卑感和谨慎态度。这种状态在欧里庇得斯笔下表现得淋漓尽致：“女猎人阿塔兰塔之子帕泰诺帕埃乌斯，英俊洒脱的少年。他从阿尔卡迪移居伊那库斯河畔，在阿尔戈斯度过了他的童年。当他长大成人之时，作为侨居异乡的外来人，他的第一要务是不要向城邦表示不满和嫉妒，成为愤世嫉俗的人，应该避免成为公民或外来人讨厌的对象……尽管在男人和女人当中有许多爱慕者，但是他还是极为小心，以免有所闪失。”（Euripides, *The Suppliants*, 888-900.）

为了摆脱处境的尴尬，大部分侨居民都极力小心翼翼地淡化甚至摆脱自己的外来身份，试图融入雅典的公民社会之中。他们有三种途径来达到这个目的，一种是接受雅典式的教育或向雅典人传授知识,从文化上融入;一种是积极从事有益于城邦的活动,进而赢取公民权,从身份上融入;还有一种是嫁给雅典公民，这常常是女性侨居民的选择。

一些富有的侨居民让自己的孩子从小便接受雅典式教育,如学习修辞术、演讲术等,从而具备了受人尊重的"文化人"地位。例如,从叙拉古来到雅典的凯法鲁斯和被释奴帕西昂便是成功的例子,他们的儿子分别是吕西阿斯和阿波罗多鲁斯,都成了当时著名的演说家和讼词作家，活跃在雅典的文化圈内。同时,也有一类本身便直接拥有文化知识的侨居民，这些人通常与政治领袖交往密切,成为他们的幕僚、家庭教师或者朋友,例如伯里克利身边就有一群富有各种知识的侨居民,他的音乐教师达蒙是来自叙拉古的毕达哥拉斯派学者，他的哲学教师分别是哲学家芝诺和阿那克萨哥拉,前者是来自埃利亚的诡辩学家,后者是来自小亚细亚克拉佐墨奈的爱奥尼亚学派学者。此外,还有一批侨居民成为伯里克利家中的座上客。

还有一些富有的侨居民通过大量捐助钱财或其他途径获得雅典公民权。

公元前330年,雅典陷入饥荒,侨居民赫拉克利德斯对雅典城邦进行了大量资助，获得城邦感激,从而获得了荣誉公民权;在三十人僭政期间,一批侨居民协助民主派夺取政权，从而获得了公民权。公元前427年,普拉提亚遭毁,一部分普拉提亚人逃到了雅典，雅典人基于他们的祖先长期与雅典合作并做出过巨大贡献，便授予了他们公民权。

在通过婚姻实现自己梦想的道路上，米利都的阿斯帕西娅是众多女性侨居民中最成功的一位。她之所以获得成功，不仅在于她风姿卓越、美貌超群，还在于她博学广识、口才出众。来到雅典之后，阿斯帕西娅建立了一所家庭学校，专门教育雅典上层的女性。她那新颖的知识、活泼的氛围，更是吸引了一批男性的加入，其中有著名的哲学家苏格拉底、雕刻家菲迪亚斯、悲剧作家欧里庇得斯，尤其是政治家伯里克利。伯里克利为她的雄辩和美丽折服，最终拜倒在这位外来女性的石榴裙下，而将自己提出的公民权法抛到脑后。为了能和阿斯帕西娅长久地生活在一起，他不惜与自己的妻子离婚。当阿斯帕西娅"俘获"伯里克利之后，她便放弃了教育事业，搬到了伯里克利家中，成为雅典不合法的"第一夫人"。她体贴入微地照顾家庭事务，伯里克利每天出门办公和办公

阿斯帕西娅的住所（前排三人依次为阿斯帕西娅、亚西比德和苏格拉底）。

归来，都会有阿斯帕西娅的香吻相送和相迎。不仅如此，阿斯帕西娅还是一个非常有政治见解的女人，伯里克利的许多政策都是经过她的策划产生的，所以被人戏谑地称为“天后赫拉”。

经过不断的努力和奉献，雅典的侨居民的确在一定程度上获得了公民的认同感。阿里斯托芬看到了侨居民的重要性，他极力宣传侨居民和公民之间的平等观念和亲密关系，“生活在我们中间的侨居民，他们和公民是一体的，就像麦秆和麦穗一样。”(Aristophanes, *Acharnians*, 507—508.)

被动与积极

侨居民并没有因为自身受到许多限制而消极被动，他们在城邦允许的范围内积极努力，在雅典的政治社会经济生活方面都发挥着不同程度的积极作用。

尽管侨居民不能直接参与政治活动，但是他们中的一些知识精英可以通过书写文字来阐发个人的政治理念，进而影响雅典人的政治意向。例如，来自叙拉古的吕西阿斯和来自科林斯的狄那库斯，他们虽然不能在公民大会上发表自己的见解，但是却可以将他们的想法写成小册子，在社会上流传；来自哈哈利卡尔那索斯的希罗多德则通过宣讲《历史》来宣扬自己的政治见解。不过，这种间接方式对雅典的政治决策影响到底有多大，是一个很难估算的问题，但能够肯定的是，这种方式绝对比不上在公民大会上发表演说的威力。同时，有些侨居民还亲身参加到了雅典的对外政治活动中，例如，公元前443年，雅典人联合其他希腊人共同到意大利南部建立殖民地图里伊，其中便有普罗泰哥拉、希罗多德和来自米利都的希波达摩斯等人。

但雅典人本身对侨居民始终怀有一定的戒心，侨居民不可能在政治上有所作为；即便是参与政治，他们的主张和行动都是为了迎合雅典政治的要求。所以，侨居民更多的精力放在了经济文化活动方面。

由于雅典城邦原则上禁止侨居民和外邦人在雅典拥有地产和开采矿产，所以，绝大部分的侨居民从事了手工制造业、商业和建筑业等。尽管公民集团垄断了一切政治特权，却在经济上并不占统治地位。例如，雅典最大的经济实体是一个拥有大约一百名奴隶的盾牌作坊，它为吕西阿斯兄弟所有，两人都是来自叙拉古的侨居民。(Lysias, *Against Eratosthenes*, 8-19.)侨居民在雅典商业方面取得了更为突出的成就。古代的海外商业既是一种收益颇丰的行业，同时也存在极大风险，所以雅典公民很少从事，这给侨居民和外邦人在这方面的发展提供了活动空间，比雷埃夫斯港成为希腊世界最繁忙和最繁荣的贸易港口。意大利、西西里、埃及和黑海的货物尤其是粮食纷纷运往比雷埃夫斯港，而希腊世界的工艺品、橄榄油等货物也从此地销往地中海世界。伯里克利时代修建的大量公共建筑，包括帕特侬神庙、忒修斯神庙以及饰有巨大柱廊的雅典卫城正门，皆融合了多里亚和爱奥尼亚的风格，至今仍是世界各国建筑艺术效法的典范。而参与这些建筑修建的建筑设计师、雕刻家、画家、工匠等大多是来自雅典之外的侨居民。从现存的一份名单中，我们发现有94人参与了雅典卫城中俄瑞克透斯神庙(俄瑞克透斯，雅典神话传说中的著名英雄；大地母神是他的生母，雅典娜女神是他的养母；克里斯提尼改革重划雅典行政区域时，第一个部落便是以他的名字命名的。)的修建工程；其中，公民20人，奴隶20人，而侨居民却多达54人。(M. H. Hansen, *Aspects of Athenian Society in the Fourth Century B.C.*, trans. by Judith Hsiang Rosenmeier, Odense: Odense University Press, 19, p.71.)虽然这只是个案，但从一个侧面反映出侨居民在雅典公共建筑领域内占有什么样的地位。

侨居民的经济活动是使雅典成为经济之都的重要支柱，而侨居民的文化成就则使作为文化之都的雅典大放异彩。

“当其他的所有希腊人都在陶醉于自身独特的语言模式、生活方式以及服装风格的时候，雅典人却采取兼容并包的态度来对待整个希腊世界乃至希腊之外的世界”,“在与来自每个地区的人交流时，他们总是会取其精华而为己用”。(Pseudo-Xenophon,*The Polity of the Athenians*,II,8.)雅典开放的胸襟和宽松的政治社会环境吸引着其他城邦的知识文化精英，并为他们发掘潜能提供了条件，使他们能够创造出优秀的文化成果。从某种程度上看,是雅典成就了他们,而他们的成就也为雅典文化景象增光添彩了许多。

伟大的历史学家希罗多德,他的《历史》开创了西方史学传统,尽管雅典本地伟大的历史学家修昔底德对他进行激烈批判,却不能撼动他作为“西方史学之父”的地位。

哲学家当中，有提出“人类是万物存在的尺度,也是万物不存在的尺度”的普罗泰戈拉、提出“飞矢不动”的芝诺和对后世影响深远的亚里士多德等人。文学家当中,有伊翁,他的戏剧作品可以与三大悲剧作家相提并论。吕西阿斯,他所写的演说辞可以与伊索克拉底、德谟斯提尼等人相媲美,与之并称古希腊十大演说家。希波克拉底,他在地中海周游,一边学习,一边行医,最后定居在雅典,因其卓越的医学成就而被尊称为“西方医学之父”,他的誓言“无论至于何处,遇男或女,贵人及奴婢,我之唯一目的,为病家谋幸福,并检点吾身,不做各种害人及恶劣行为,尤不做诱奸之事。凡我所见所闻，无论有无业务关系，我认为应守秘密者,我愿保守秘密。尚使我严守上述誓言时,请求神祇让我生命与医术能得无上光荣,我苟违誓,天地鬼神实共亟之”,(http://en.wikipedia.org/wiki/Hippocratic_Oath, 中文译文引自:http://baike.baidu.com/view/7667.htm.)成为后世行医者的规范。总而言之，侨居民在文化事业的各个领域取得了辉煌灿烂的成就,缺少了他们,雅典作为文化之都的光芒将会暗淡许多。

奴隶：会说话的工具

亚里士多德称："奴隶是有生命的工具。"

的确，奴隶的存在与工作让公民和侨居民这些自由人从体力劳动中解放出来，从事他们的高尚事业。既然"有生命"，奴隶便有活动能力；而活动能力的强弱，又决定了他们必然会沿着不同的命运轨迹生活。有的从事下贱的工作，有的从事体面的工作；有的终身为奴，有的最后赢得了自由；更甚者，有的不仅赢得了自由，还获得了公民权，从社会底层爬升到了顶层。

奴隶的种类

虽然雅典的奴隶制不像罗马那么典型，但奴隶在雅典社会也是广泛存在的，他们约占总人口一半，大概在十万到五万之间变动。(Jiont Association of Classical Teachers, *The World of Athens*, Cambridge: Cambrdge University Press, 1990, p. 157.)奴隶的存在对雅典城邦的存在和发展在不同程度上起着支撑作用，政治经济文化各个层面的活动中都能看到奴隶的身影。(关于雅典公民拥有奴隶的问题，学界存在着争论，大致分为三类：一是大部分公民无力拥有奴隶，只有社会上层才有能力拥有奴隶；二是公民普遍拥有奴隶，甚至第四阶层的贫民也是如此；三是社会中上层拥有奴隶，而没有奴隶的公民也大量存在。第三种观点比较流行，笔者也同意第三种观点。)

从来源看，奴隶一般分为两种，即战争奴隶和贸易奴隶，前者是战俘或者从战争中掳掠来的非战斗人员，后者则是从奴隶市场购买而得；而战争奴隶往往会被卖到奴隶市场，成为贸易奴隶。其

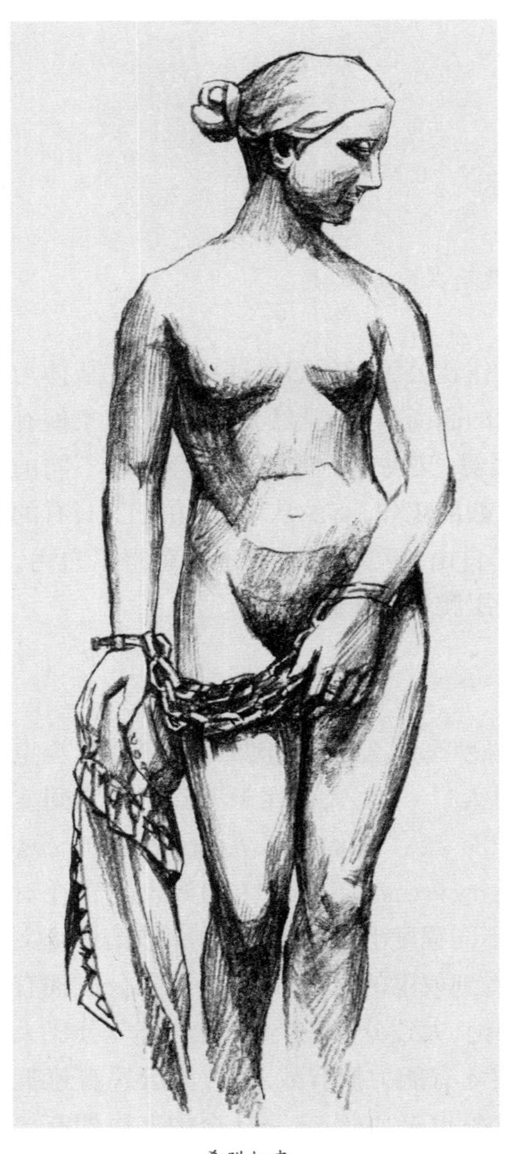
希腊奴隶。

中，当战俘变为奴隶之后，他们的命运是各种奴隶中最悲惨的，往往从事一些重体力劳动。此外，还有一种家生奴隶,也即奴隶的儿女,他们天生便是奴隶。从所有权看，奴隶又可以分为公共奴隶和私人奴隶，前者是城邦的公共财产，后者是公民或自由人的个人财产。

在奴隶贸易市场上，奴隶们通常排成一个圆圈,胸前挂着牌子,上面写着他们的籍贯、年龄、性格、特长之类的个人信息和出售价格。奴隶的价格相当便宜,普通的成年奴隶为150德拉克玛左右，少年奴隶100德拉克玛,儿童奴隶在100德拉克玛以下。当时一个熟练工人的工资是每天1德拉克玛左右。购买奴隶时,买主像购买牲畜一样,检查奴隶的牙齿等身体细节,并命令他行走、俯卧,或对其进行击打,以检验这个“商品”的质量。并且,包括雅典在内的许多城邦都对奴隶交易进行过相关立法,如果奴隶卖主以次充好,也即伪造奴隶信息而借此获得高的价钱，将会被起诉而遭到惩罚。

雅典的公共奴隶与私人奴隶除了在所有权方面有所区别外，在其他方面也有区别。例如，首先，城邦会通过专门的行政官员来管理公共奴隶；其次，公共奴隶都是专业性的工作人员，他们专门从事于某项指定的工作，而私人奴隶往往是什么活都干的“杂役”；再次，公共奴隶的待遇相对优厚，城邦会按时发给一定数量的薪金和实物补助；最后，公共奴隶享有更多的自由空间，甚至可以选择自己喜欢的地方居住、拥有财产或积蓄等。（Aeschines, *Against Timarchus*, 54-68.）

根据从事工作的种类，公共奴隶可以分为四大类，即治安奴隶、文职奴隶、行刑奴隶和劳力奴隶。治安奴隶负责维护雅典城市里街道、市场、公民大会、民众法庭等公共场合的秩序，其中以斯基泰弓箭手最为著名。这些弓箭手还负责跟随指派的公职人员执行逮捕嫌疑犯和看守犯人的任务；如果参加公民大会的人数过少，他们还负责将市场上的闲散公民驱赶进会场参加公民大会。由于所从事的工作类似于现代警察，常被人称为雅典的“警察”。而事实上，他们人微言轻，甚至是公民们讥讽和嘲笑的对象。文职奴隶既参与政治事务也参与经济社会的管理，公民大会和陪审法庭的召开，往往有文职奴隶做会务工作，如发放薪金、宣读材料等；另一些文职奴隶则是在公职人员的领导下从事城邦的财会工作、监管城邦财产的流向；还有一些文职奴隶负责检验货币的真伪与纯度，杜绝货币欺诈行为。文职奴隶尤其是从事财会和货币检验工作的奴隶，他们享有比其他公共奴隶更为优越的待遇，生活得更为体面一些。行刑奴隶常用于司法审判领域，负责拷问嫌疑犯和处决死刑犯。这些奴隶因杀人而被雅典公民鄙视，他们所受的待遇要比斯基泰弓箭手差许多，不仅不能居住在雅典卫城内，甚至还要远离公民居住区居住。劳力奴隶是各种公共奴隶中最没有技术资格的，他们主要负责维修道路、掩埋尸体、维护城市卫生，在国家工场工作或被租赁给私人矿场主、作坊主工作。这些奴隶基本上是公共奴隶中待遇最差的，不能享受到斯基泰弓箭手和文职奴隶的待遇。

私人奴隶与公共奴隶的区别较大，他们通常从事经济社会领域内的工作，一般可以分为两大类：生产型奴隶，主要包括农业奴隶、手工业奴隶、财经奴隶；服务型奴隶或家务奴隶，主要指的是从事奴隶主家庭日常事务的奴隶，可以称之为杂役。尽管可以分类，但是大部分私人奴隶都或多或少地带有杂役的特征，往往不是专职于一项工作。农业奴隶主要负责主人的葡萄或橄榄的种植、管理和收获。由于阿提卡的地形特点和地中海的气候特征，雅典并未出现大规模的农业奴隶，而是小规模的、季节性的农业奴隶。手工业奴隶是私人奴隶的主体，他们在奴隶主的手工作坊和租赁的矿场工作，有的也从事奴隶主从城邦那里承包的公共工程的建筑工作。雅典的经贸活动发达，所以，财经奴隶便必不可少。由于职业技术要求比较高，财经奴隶具有比其他奴隶更高的技能和素质。随之而来，他们的待遇也是私人奴隶中最好的。这些奴隶过着相对独立的生活，甚至能够积攒下巨额的财富。家务奴隶主要负责主人的生活起居、教育或照顾主人的子女、负责筹备主人的宴饮和接待客人、陪同主人外出活动等，一些家务奴隶会因为长时间跟随主人，而在主奴之间建立深厚的私人情感，他们在心理上会得到比其他私人奴隶更多的慰藉。

奴隶主们经常是将经营权委托给具备财经技能的奴隶，自己则只是定期视察，这就使得财经奴隶拥有巨大的自由和权利，甚至成为主人在业务上的代理人，全权负责产业的经营。

奴隶的境遇

尽管奴隶在雅典社会发挥着巨大作用，但是，作为身份等级中的最底层，奴隶受到最多的限制、最少的保护和最严厉的惩罚。

奴隶的法律地位受到严格的限制。首先,作为奴隶主财产的奴隶,不具备自由活动的能力,所以,他在司法领域中基本上不具备发言的权利。一般情况下,奴隶没资格提起法律诉讼或被人起诉。如果奴隶受到了侵害,他只能通过自己的主人提起诉讼;如果奴隶本身犯了罪,被起诉的对象也是他的主人,奴隶本人要受到制裁,而主人也同样负有连带责任。奴隶只有在特殊情况下才在司法领域内有发言权,例如,奴隶可以控告任何人犯有叛国罪、渎神罪等。在一些案件如杀人案的审判中,奴隶在经过拷打之后才有资格出庭做证;公共奴隶受到侵害,则有权提请公共仲裁。其次,奴隶受到的法律制裁也要比自由人严重。偷窃或无故损坏他人或公共财产,奴隶都会遭到严惩。例如,从神庙偷取小物件被抓后,奴隶不仅要遭到鞭打,脸上和手上还要被刺上小偷的印记以便背负终身的恶名;如果一个奴隶在路上捡到一个非常不值钱的物品并匿藏起来,任何一个三十岁以上的路人都可以将其痛揍而不用承担任何法律责任。奴隶发现了殴打长辈、私吞财物等行为,知情不报,若被发现,他将受到鞭打。如果发现重大犯罪而知情不报,这个奴隶可以被判处死刑。如果奴隶被自由人杀死,杀人者只需赔偿被害奴隶的主人相应的金额,即可了事。而奴隶伤害自由人尤其是自己的主人,他将会遭到严惩,甚至有可能被判处死刑;若是杀死自由人,不管是故意杀人还是正当防卫,都要被判处死刑;如果杀死的是奴隶,并且是出于正当防卫,杀人者才有可能被豁免。

奴隶特别是私人奴隶的经济利益受到了严格限制。作为物品本身,奴隶可以被奴隶主自由转让或买卖。但是,奴隶本身却无权拥有自己的财产。即使那些从事财经活动的奴隶,在奴隶主授权下可以拥有个人财产。但是,若不经过主人的允许,他们无权擅自使用。奴隶没有订立遗嘱的权利,奴隶死后,所有财产都由他的主人来支配。

奴隶没有家庭生活的权利。首先，奴隶没有婚姻权。虽然主人会允许两个男女奴隶生活在一起，但这种生活只能算是同居，奴隶主有权利随时把他们拆散。并且，奴隶的所谓婚姻还是调动奴隶积极性的一种筹码，男奴隶为了能够娶得喜欢的女奴隶，他们往往会积极表现，以便赢得主人的同意。其次，奴隶没有生养孩子的权利。色诺芬在《家政学》中说过："没有我们的允许，奴仆不得生养孩子。因为，忠实的仆人如果有了家庭总会变得更为忠实，而那些坏家伙如果结了婚反而会更容易做坏事。"(Xenophon, *Oeconomicus*, IX, 5.)所以，不经主人同意，同居奴隶不得生育孩子。即便是生了孩子，他们也同样是主人的财产，奴隶主同样有权利自由支配。这些奴隶的儿女，只能从父母那里继承奴隶身份，却无权从他们那里继承财产。最后，奴隶在与自由人之间的爱情和婚姻问题上是被动的。奴隶必须被动接受自由人的性示好或性侵犯，却不能够自由地向自由人表达自己的爱意。并且，奴隶和自由人之间的爱情和婚姻是城邦不予保护、甚至排斥的。柏拉图在他的《法律篇》中表达了这种观点："如果自由人和他的女奴生了孩子，或女自由人和她的奴隶生了孩子，并且确切无误，那么，女官员应该把女自由人的孩子和他的父亲一同遣送到其他国家去，而法律监护者也同样必须将自由人的孩子和他的母亲一同遣送出去。"(Plato, *Laws*, XI, 930 b.)

尽管奴隶的待遇非常悲惨，但是，出于对城邦制度的维系，雅典人还是对奴隶主的行为进行了某些限制，以便协调奴隶和奴隶主之间的关系。

首先，奴隶有免受他人无故侮辱和伤害的权利。伪色诺芬《雅典政制》中的那位老寡头曾说道："在雅典，奴隶和侨居民享有太多的特许权，殴打他们便属于犯法，并且奴隶不会在街上给你让道。"(Pseudo-Xenophon, *The Polity of the Athenians*, I, 10.)奴隶若遭到伤害，他可以通过自己的主人提起起诉，大多数结果是施暴人被判以罚金。若是在特殊情况下，公民也会因为对奴隶的无故凌辱而被判处死刑的,例如,有一个名叫特米斯提乌斯的公民在埃琉西斯秘仪庆典上侮辱了一个罗德岛的竖琴手,最终被陪审法庭判处了死刑。不过,判处死刑的原因很大程度上是因为他犯了渎神罪而不是故意伤害奴隶罪。

其次,奴隶有免遭任意杀戮的权利。尽管奴隶地位低下,但是他们却不同于无生命的物件,所以,雅典人对奴隶的生命也同样给予了重视。这种重视奴隶生命的观念在戏剧中经常得到宣扬,例如,悲剧作家欧里庇得斯在《赫卡柏》中强调:“在你们中间,对于自由人和奴隶同样适用,那关于流血的禁令。”(Euripides, *Hecuba*, 291-292.)杀害奴隶者是要受到法律追究的,一般情况下,被害奴隶的主人会提出经济赔偿的起诉,要求杀人者赔偿高额的罚金;如果性质恶劣或者主奴关系密切,被害奴隶的主人也会提起杀人诉讼来控告杀人者,案件需要在帕拉狄温法庭审理,被告将遭到比罚金更为严厉的制裁,甚至是死刑。

最后,奴隶有请求庇护的权利。如果奴隶受到了虐待,他们可以逃到这两个神庙里,寻求神的保护。在神庙期间,奴隶可以通过神庙祭司提出更换主人的要求。若有人愿意购买他,他便可以更换主人。如果没有人愿意购买他,他还可以回到原来主人那里,且有不受惩罚的权利保护。

在雅典,复仇女神的神庙和忒修斯神庙都具有为无路可逃的奴隶提供庇护的功能。如果不愿意回到原来主人那里,他也可以留在神庙,做神的奴仆。

总而言之,雅典的奴隶主和奴隶之间的关系是双向的,主人对奴隶是恩威并用,而奴隶对主人的感情是敬畏与憎恨并存。在通常情况下,主奴关系还是相当融洽的,特别是家庭奴隶和主人之间的关系。不过,也有一些奴隶会搞一些小破坏,甚至逃跑。但是,集体逃跑的现象非常少见,即使有,也只是发生在劳里昂矿场的劳力奴隶身上。奴隶集体起义的事件,似乎未曾在雅典发生过,倒是经常听说奴隶参与保卫城邦的战斗。

奴隶的释放

雅典绝大多数奴隶的归宿是被人役使了一辈子,最后走进了坟墓。但是,也有一些幸运的奴隶,在末日来临之前,便获得了呼吸自由空气的机会。这些奴隶被主人释放,成为类似侨居民的自由人。并且,在这些被释放的奴隶当中,还有一些人通过个人努力获得了公民权,受到城邦各界的羡慕和尊重。

在罗马帝国时期,被释放的奴隶往往会自动成为公民,而在雅典,奴隶和被释放的奴隶之间的变化虽然没有这么剧烈,但也是一次质变。简而言之,奴隶主释放奴隶,意味着使会移动的物品变成了自由活动的人。因为,在古希腊人看来,奴隶意味着作为人的基本要素——自由——遭到了剥夺,所以,“奴隶是有生命的工具,工具是无生命的奴隶”,(Aristotle,*The Nicomachean Ethics*,VIII,11.6)这是古希腊一个普遍流行的观念。

奴隶如何才能获得自由呢?其中,忠实能干是奴隶获得自由的最重要手段。不管奴隶的主人是个人还是雅典城邦,只要他终于主人并为其尽心尽力,便有机会获得自由。我们在古典文献中会经常发现这样的例子:年老的奴隶主会立下遗嘱,在死后释放自己的贴身奴隶,以奖励他的辛劳。有时候,一些人也会将释放奴隶作为彰显自身美德的表现。其中,公元前480年萨拉米海战之前,雅典著名政治家泰米斯托克利在战略主张得不到认可的时候,他的家奴西辛努斯在他授意下,挺身而出,来到波斯海军的大营里传递虚假信息,从而使得战事的发展最终按照泰米斯托克利的构想顺利进行。为了奖励西辛努斯的忠勇,泰米斯托克利给了他自由,不仅使他成为特斯佩亚的公民,还赠送了大量钱财。(Herodotus,*The Histories*,VIII,75.)总体来说,私人奴隶的被释,更多的是奴隶通过个人的踏实能干使他和奴隶主之间建立了相对深厚的情感,从而使奴隶主背负上释放奴隶的道德责任。在这种情况下,奴隶主为了获得道德上的慰藉,往往会主动释放忠实能干的奴隶。

在非常时期,如果奴隶能够为保卫城邦做出巨大贡献,也能够获得自由,并成为公民。如公元前490年,一些雅典奴隶也参与了保卫雅典城邦的马拉松战役,这些奴隶被授予了人身自由的奖励。公元前406年,雅典为了应付日益紧迫的战争形势,决定"凡年满兵役要求的人,皆可服役,无论奴隶还是自由人",响应号召并在战争中生还的奴隶,不仅获得了自由,同时也获得了公民权。(Xenophon,*Hellenica*,I,6.)但是,这种机会往往是非常难得的。同时,由于雅典法律的限制,奴隶即使是在非常时期为城邦做出了贡献,也不一定会获得自由。例如,公元前403年协助推翻三十人僭政的一些奴隶和公元前338年被组织起来参加抵御马其顿侵略的奴隶,原本能够获得自由或公民权,但是,有人提出赋予他们公民权或自由的议案是违法的,结果使那些有功于城邦的奴隶并未享受到公正的待遇。

与此对比,雅典城邦另一种做法又有些过激。雅典法律同时还规定,举报叛国、渎神、谋杀等罪行或出庭做证的奴隶,都有可能得到被释放的奖励。然而,这种做法往往会导致奴隶们为了自由而恶意举报和做伪证。在公元前415年的赫尔墨斯神像遭毁案中,举证的奴隶便是扮演了这种角色。

此外,奴隶还可以通过金钱赎买的方式获得自由。当奴隶年老体弱之后,他们的使用价值就贬低了许多。此时,他们往往会有一定的积蓄,可以通过支付给奴隶主高于市场价格的金钱来赎回自己的自由。这种赎买方式,对奴隶主也是有益的,他可以拿着赎金到奴隶市场上购买一个年轻力壮的奴隶。并且,雅典的法律还规定,被释奴有义务和原来的主人继续生活在一起,为他服务。所以,中小奴隶主多数愿意采用赎买的方式释放奴隶。同时,奴隶也可以通过第三方的赎买获得自由，不过，这种情况经常是发生在漂亮的女奴特别是妓女身上。一些富有的雅典公民被某个妓女的美貌迷倒后，他便会出资从老鸨那里将其赎出，然后赋予自由人的身份，将其包养或者娶为妻子。

释放奴隶，需要履行一定的程序和仪式。一般情况下，首先是奴隶主和奴隶签订释放契约，并需要一名或几名证人签名做证；然后在神庙中举行释放仪式，不仅有签约双方和证人参加，还需要邀请担保人参加；最后，将释放一事刻在石头上，以做备案。不过，私人奴隶尤其是那些家用奴隶的释放，往往没有这么复杂的程序。多数情况下是奴隶主在家中召开一个小型集会，邀请亲朋好友出席，他在会议上宣布释放奴隶一事，列席者可以做一个见证；然后，举行一个简单释放仪式。

为了进一步确保社会知晓这件事，以免误会被释奴的身份，奴隶主有必要在公共场合如大街上、神庙前、法庭上和剧场里公开宣布此事。

被释奴的状况

被释奴享有四项基本“权利”：作为人的尊严、免受非法掠夺或逮捕的权利、自由选择工作的权利和自由活动的权利，而这四项权利恰好是判别是否是奴隶的四个标准，获得了这四项权利便证明他成了一个自由人。

尽管被释奴成了自由人，但是，他的地位要比侨居民低，受到的限制也比侨居民多一些。例如，侨居民可以任意选择自己在雅典的保护人，而被释奴只能选择原来的主人作为他的保护人；在每年缴纳12德拉克玛（女性减半）的人头税之外，被释奴还要比侨居民多缴纳3奥勃尔的特殊税；同时，还有其他方面的一些限制。不过，被释奴儿女的处境得到了改善,他们不具有被释奴身份,而是变成了侨居民。

绝大部分被释奴虽然身份发生了变化,却仍然过着类似以前的社会中下层生活。他们或者谋求了独立的职业,与雅典社会中下层民众打成一片,或者仍然与原来的主人生活在一起,继续从事从前的工作。不管怎样,被释奴仍然与原来的主人存在着某种程度上的依附与被依附的关系,如果他未能履行相关义务或履行不力,则仍有可能重新变为奴隶。同时,被释奴的社会认同度仍然有些欠缺,他们先前的奴隶身份和现在的被释奴身份、甚至是祖辈或父辈的被释奴身份,常常会被当做人身污点进行讽刺。在现存的雅典讼词中,我们常常发现诉讼当事人会一再提起对方的这种背景,以便激起陪审员对他的恶感。为了改变身份上的被动局面,被释奴常常会比其他人更尽力于雅典公益捐助事业,通过这种途径赢得雅典人民的好感,进而获得公民身份。在这些被释奴当中,最成功的应该是帕西昂和福尔米欧两人。

帕西昂(公元前430~公元前370年),他最初是一个奴隶,由主人从奴隶市场上买得,由于天资聪敏、精于计算,被主人安排到了比雷埃夫斯的银行工作。他勤勤恳恳、努力工作,为主人赢得了巨大财富,也为自己赢得了好运。主人在年老的时候,感激帕西昂的忠诚和努力,释放了他,他便成为自由民。帕西昂不仅从此获得了自由,并且还从主人那里接管了银行。后来,富有经济头脑的他又建立了一个兵器作坊。在财富增多的同时,他也积极从事雅典城邦的公益事业,承担了诸多公益捐助项目,其中,最重要的是一次性向城邦捐赠了一千面盾牌和独立捐助建造了一艘三列桨舰。因此,帕西昂与当时活跃在雅典政坛的重要人物私交甚好,其中包括卡里斯特拉图斯和提谟特乌斯这两位雅典第二帝国的创建者,帕西昂经常为这两位将军的军事活动提供贷款和物质资助。基于他对城邦的诸多贡献,雅典公民大会通过决议,授予他最高的荣誉——公民权。帕西昂去世的时候,留下了20塔兰特的不动产和40塔兰特外放的债券,因此被人称为雅典最富有的人。

帕西昂年老时，将自己的银行托付给自己的奴隶福尔米欧管理，并且也像当年他的主人对待他一样，给予福尔米欧以自由，使他成为一个自由民。最后，福尔米欧根据老主人的遗嘱，娶了他的遗孀为妻。福尔米欧与帕西昂同样精明，不仅同样是当时雅典最富有的人之一，也同样获得了雅典公民权。

不过，像帕西昂和福尔米欧这样富有传奇经历的奴隶，雅典的确非常少见，甚至可以用罕见一词来形容。但是，他们为雅典的奴隶塑造了一个典型的“雅典梦”，就像19世纪的总统林肯和钢铁大王卡耐基塑造了“美国梦”一样。

在当时，他们或许是许多雅典奴隶的偶像，这些奴隶也在努力地成就着自己的“雅典梦”。

第四章　民主的三大支柱

雅典民主之所以被称为最民主的制度,是因为它实行了最广泛的直接民主,这也是吸引雅典公民积极参与政治活动的魅力所在。公民大会、五百人议会和民众法庭并列为雅典民主政治的三大支柱,它们共同撑起了雅典民主政治的大厦。公民大会是公民参与政治最直接也是最重要的场所,所有政治决策必须在这里转化为人民意志才能得以实施;五百人议会是公民参与政治的常设性机构,它是雅典政治的中枢,既为公民大会准备议案又有独立的决策权;民众法庭是最高的权力机关,它是公民行使司法审判权的最重要场所,并且负责监督其他权力机构的活动,扮演着宪法监护人的角色。

公民大会:来开会,就发钱

公民大会或许是雅典历史最为悠久的政治组织形式,我们可以从原始部落的氏族成员大会那里看到它的影子。早在荷马时代,公民大会是能够装备武器的公民兵大会或战士大会,并且它已经制度化,大会成员通过呼喊来表达自己肯定与否定的意见。后来,德拉古立法再一次确定了公民大会是能够装备武器的公民的大会，这一规定直到公元前594年梭伦立法那里才被废除。至此，公民大会真正成为全体公民的大会。公元前508年，克里斯提尼为雅典确立了民主政治，而公民大会被赋予了最高权力机关的地位。从此，它逐渐成为公民们参政议政和政治领袖们献计献策、斗智斗勇的最重要舞台。

公民大会成员

据亚里士多德称，古典时期的雅典，凡年满十八岁且在德莫登记注册的公民，在履行了两年的兵役义务之后，也即二十岁之时，方可有资格参加公民大会。(Aristotle, *Athenian Constitution,* 42.1-5.)至于其他方面的资格要求，尚未发现。似乎参加公民大会的资格，只需年龄够即可，而无其他限制，如等级资格或者是否有欠债等情况，甚至品行是否端正也不在考虑之列。

公民大会的人数是一个很难确定的问题。学者一般认为，公民大会的法定人数为六千人，尤其是在实施陶片放逐法、授予公民权等重大问题上，公民大会的法定人数必须是六千人。而事实上，讨论普通问题的公民大会人数，只需两三千人即可。喜剧作家阿里斯托芬在《阿卡奈人》当中进行了一次戏剧性的描写：

> 虽然早已经到了开会的时间，但是，整个会场却是空空如也、门可罗雀，主持会议的官员不得已便命令斯基泰弓箭手用涂有赭石粉的绳子到市场上去圈人进场。如果谁衣服上沾到红色而没有参加大会，将要受到处罚。(Aristophanes, *Acharnians,* 21-22.)

这显然是极为夸张的描写，不过，它也从一个侧面反映出，公民大会的人数有时的确会很少。据历史学家修昔底德记载，在伯罗奔尼撒战争这段非常时期，参加公民大会的人数也通常不会超过五千人。(Thucydides, *The History of Peloponnesian War,* VIII, 72.)现代学者考证，在公元前5世纪至公元前4世纪，公民大会的人数通常为两千到三千人。(Josiah Ober, *Mass and Elite in Democratic Athens*, Princeton: Princeton Uinversity Press, 1989, pp. 128-129; G. Glotz, *The Greek City and Its Institutions*, London: Routledge, 2006, p. 153.)

为了鼓励公民积极参加公民大会,雅典城邦便对公民大会成员发放津贴。以后,津贴从1奥勃尔迅速增加到3奥勃尔,到了亚里士多德时代,参加普通会议的津贴为1德拉克玛,参加最高会议的津贴为1.5德拉克玛。据估计,仅公民大会津贴一项支出,就要花费雅典城邦45塔兰特,这可不是一个小数目。(M. H. Hansen, *The Athenian Democracy in the Age of Demosthenes*, trans. by J. A. Crook, Oxford: Blackwell, 1991, p.150.)

与民众法庭3奥勃尔的津贴相比,公民大会的津贴不再只具有象征性意义了,1德拉克玛大体相当于一个公民一天的收入。当时,一个普通劳工工作一天可以得到1.5德拉克玛,熟练技工可以得到2德拉克玛或2.5德拉克玛。(R. K. Sinclair, *Democracy and Participation in Athens*, Cambridge: Cambridge University Press, 1988, p.226.)所以,津贴制的实施,很可能在一定程度上提高了公民们参加公民大会的积极性。但是,与会人数总是能达到公民大会法定人数的说法,似乎也有点过于乐观了。因为公民的活动还要受到地理环境的限制,生活在阿提卡东北部或南部的居民,可能需要花上一整天的时间才能赶到雅典城,即使在雅典附近的地区,大概也有6公里~12公里的路程。所以,外地人到雅典城参政的经济成本依然相当的高,这也必然影响他们参加公民大会的热情。总的说来,普通的公民大会基本上会有两三千人参加,如果讨论重大政治事务,一定会有更多的公民参加,人数也往往会超过六千;如果未能达到法定人数,便只好命令斯基泰弓箭手去圈人入场。

在古希腊语中,人民和公民大会几乎是等同的,并且,公民大会的决议通常冠以“议会和人民决定”或“人民决定”之名。

(Meiggs and Lewis, *A History of Greek Historical Inscriptions*, p. 90.)这一做法明显表明,公民大会的决定即为人民的决定。而事实上,公民大会的具体人员构成又是如何呢? 或者说,哪个阶层在公民大会成员中占据多数地位? 有人认为,公民大会成员的主体是富有公民,因为他们没有衣食之忧,过剩的财富为他们提供了充足的时间来从事政治活动。只有在紧急状态下,普通民众的政治警觉才会被调动起来,在公民大会上,普通民众的人数才有可能超过富有公民的人数,而占据主体地位。但是,在平常情况下,还是富人占多数,甚至绝大多数。但是,从古典著作反映的情况看,这种观点站不住脚。在《回忆苏格拉底》中,色诺芬指出,公民大会成员主要由擀毡工人、鞋匠、铜匠、农民和批发商组成。(Xenophon, *Memorabilia*,III,7. 6.)伪色诺芬《雅典政制》中的老寡头也提到,雅典城邦的政权由平民和水手掌握。(Pseudo-Xenophon, *The Polity of the Athenians*,1.2.)而亚里士多德则对此进行了深刻分析,尽管农民们终年忙于耕耘收获,没有闲暇参与政治,而工匠、商贩或雇工却乐于如此,但由于参加公民大会可以获得津贴,所以,穷人因能得到补助而愿意从政。而那些殷实之家,却因需要忙于产业经营,而无暇参与政治,因此,普通大众在公民大会上具有数量优势。(Aristotle, *Politics*,1319a 21-30;1293a 1-10.)

同时,历史事实也为这两个观点提供了相互对立的证据。公元前411年,当雅典海军驻防于萨摩斯之时,富有公民便利用这个机会,在公民大会上成功推翻民主政体,建立寡头统治,由于雅典海军的绝不合作和威慑,寡头统治便迅速垮台。而沿此事前推五十年,也即公元前462年,由于客蒙带领四千重装步兵援助斯巴达镇压希洛特起义,从而使平民在公民大会的人数占了优势,埃斐阿尔特便借此机会,剥夺了战神山议事会的核心权力。(Plutarch, *Cimon*,15. 2.)将这两个历史事实进行对比,我们可以看出,雅典各个阶层在公民大会上所占的比例似乎是势均力敌。这种力量对比会根据形势变化而有所波动,甚至会使平民势力或贵族势力处于绝对优势。总而言之，公民大会代表着全体公民的利益，是全体公民共同参加的政治机构。在雅典，富人和穷人之间的冲突和对立不像后世学者想象得那样严重，所以，公民大会做出的决定，势必能够反映当时情况下的民意。

大会程序

按法律规定，雅典每年要召开四十次公民大会；五百人议会主席团的每个任期内，应该召开四次。不过，如果遇到突发性紧急事件的时候，在任议会主席团有权力召集紧急的公民大会。公元前338年，马其顿国王腓力二世率兵压境之时，雅典便紧急召开了一次公民大会。德谟斯提尼生动地记载了这次紧急大会的召开，“傍晚，传令官向议会主席报告，腓力已经占领埃拉提亚。主席便

公元前5世纪雅典的示意图：1.帕特侬神庙。2.公民大会会场。3.监狱。4 铸币厂。5.水井坊。6.南柱廊。7.民众法庭。8.将军官邸。9.议会主席团官邸。10.五百人议会议事厅。11.赫淮斯托斯神庙。12.未建成的民众法庭。13.泛雅典娜大街。14.十二主神祭坛。15.宙斯柱廊。16.王者柱廊。17.画廊。

立刻起来清理市场上的货摊。同时,其他人也赶紧去找将军和号兵,城市顿时混乱一团。第二天黎明,主席要求议员到议事厅、公民到会场,在议会开始提出大会议程之前,公民们都坐在会场等待。然后,议员们进入会场,主席报告了接到的消息,传令官接着问道:'谁想发言?'但是,没有一个人站起来。"(Demosthenes,*De Corona*,169–170.)

最初,公民大会由王或后来的执政官主持,也可能由战神山议事会的专门成员负责。但是,到了古典时期,公民大会的召开则是由五百人议会主席团负责。大约在公元前403年之后,交由从议会成员中抽签选出的九位会议主持负责。会议主持们负责议程安排,指定要讨论的各项事务,确定投票结果,从总体上指导会议进程。同时,他们也有权力解散会议。议会主席团应在公民大会召开的前四天,公布大会召开的时间、地点和议程,以便公民能够充分准备,尽可能避免草率决议。(Aristotle,*Athenian Constitution*,43.3;Aristophanes,*Clouds*,1131,1221; Demosthenes,*Agaisnt Macartatus*,75.)公民大会一般从清早开始,到中午结束,会期仅为一上午的时间。如果遇到特别重大的问题,则需要连续召开两天的会议来解决,一般是第一天用于讨论,然后休会,给大会成员留出时间思考,第二天进行投票表决。

在通常情况下,公民大会都有固定的日程安排。不过,每一个议会主席团任期内,都会安排一次陈情性质的公民大会,允许任何与会公民就任何问题自由发言。只要他将被发给的橄榄枝放在会场的祭坛上,即可进行发言。(Aristotle,*Athenian Constitution*,43.4.)同时,在四次公民大会中,还有一次是最高会议。在此次大会上,与会成员将对城邦官员进行任职检查,商讨粮食供给、国家防御等事务。在具体的主席团任期内,还特别安排了特殊的议程;如在第六个主席团任期内,最高会议还要讨论是否援用陶片放逐法,将军的选举也是安排到这一任期后的某次大会上。

与会代表的座位是如何安排的,至今仍无确切答案。公民大会似乎没有给与会代表指定固定的座位,他们可以随意选择自己的座位。修昔底德记载,在讨论西西里远征的问题时,亚西比德是和他的支持者坐在一起的;而普鲁塔克记载,贵族派领袖修昔底德斯则禁止贵族和平民在公民大会上坐在一起,以便能够团结起来。从这两则材料可以看出,在公民大会上,与会代表不是根据部落出身来选择座位的,而是根据政治见解的异同来选择座位的,与会代表往往是与自己所支持的政治领袖坐在一起。公元前346年,雅典通过一道法令,规定在每一次公民大会上,都要通过抽签选出一个部落的与会代表,一起做到前排,来维持大会秩序。至于其他九个部落的与会代表如何安置,则不得而知。似乎他们仍然是自由选择座位,否则就无需指定专门的人员来维持会场秩序了。

参加公民大会的公民,他们的主要职责是听取大会上的演说和辩论,然后再投上自己神圣的一票。公民大会的决议被称为"psephismata",这个词来源于"psephos"(鹅卵石)。(M. H. Hansen, *The Athenian Assembly in the Age of Demosthenes*, Oxford: Basil Blackwell, 1987, p.41.)若将其作为证据来证明公民大会最初可能是通过秘密投票的方式进行表决的,似乎有点欠妥。从现存的瓶画上,我们可以看出,鹅卵石的确是早期公民大会用于投票的材料,但它与秘密投票并没有必然联系。在公民大会上,通常是用举手的方式来进行表决的。公民大会表决的票数是由九个从五百人议会成员中临时抽选组成的会议主席团成员来确定的,点票程序一般分为两步。当对一个提案进行表决时,首先是对支持者的票数进行清点,然后才是反对者的票数;并且,以简单多数即谁的票数多来决定结果。(Demoshenes, *Agaisnt Androtion*, 5-9; *Agaisnt Timocrates*, 20; *Agaisnt Neaera*, 4-5.)如果是对两种建议进行表决,主席则首先要求支持第一个建议的人举手,然后是支持第二个建议的人举手;同样,也是根据简单多数的方式来决定结果的。通常情况下,不用逐一清点票数,而是大概估计一下。除非支持和反对的票数比较接近时,才会进行逐一清点。

由于计票缺乏科学准确的手段,所以,有时候计票员也会出于个人私心而漏报或多报票数。

纷繁复杂的议程安排与简单化的表决方式,在现代人看来,似乎有些荒唐,不知道古代的雅典人是何种想法?

公民大会整个会议过程是一个群体决策的过程,而它本身所带有的非专业性,常常是被人诟病的对象。柏拉图曾对此提出过严厉的批判,“在公民大会上,如果讨论的是兴建一个工程或建造一条船,他们只会听从专家的建议。如果没有专业知识,发言的人不管长得多么漂亮、多么富有和高贵,人们都不会听他的。但是,如果讨论国家大事,任何人都可以站起来发言,不管他是木匠、铁匠还是商贩、船主,不管他富有还是贫穷,没有人会因为他不具备专业知识而反对他。”(Plato, *Protagoras*, 319 D-E.)柏拉图从精英治国的政治理念出发,来批判雅典政治的群策群力。他的观点的确有合理的一面,但是,事实证明,他的政治理念却成为后来极权主义的源头。播下了正义的种子,却生长出了一个邪恶的怪胎;如果他老人家看到自己的政治思想在后世产生了如此巨大的负面影响的话,他又会做何感想呢?

亚里士多德在对雅典民主进行评价时,要比他的老师更为理性和中肯。他认为,“把治权寄托于少数贤良,毋宁交给多数平民,这里虽存在着一些疑难,其中也包含着某些真理,看来这是比较可取的制度。就多数而论,其中每一个别的人常常是乏善可陈,但当他们合而为一个集体时,却往往可能超过少数贤良的智慧。”(Aristotle, *Politics*, 1281a 40- b3.)不仅多数人的智慧加起来要优于少数人,而且多数人要比少数人更难以滋生腐败。“物多者较难腐败。大泽水多而不朽,小池水少则易腐;多数群众也比少数人不易腐败。”(Aristotle, *Politics*, 1286a

32-33.)

官员的选任

作为“主权在民”原则的最直接体现,公民大会掌握着城邦官员选任的决定权。亚里士多德时代,一般情况下,除了五百人议会成员和城邦护卫在忒修斯神庙通过抽签产生外,其余七百位城邦官员皆在公民大会上通过举手表决或者抽签形式产生。

在这七百人中,大概有一百人是通过举手表决的形式产生,所涉官职包括所有的军职、财政职务等,这些官职对专业技能要求较多。军职主要包括十位将军、十位部落将军、两名骑兵统领、十位部落骑兵统领等;财务官主要包括一位军事基金司库官、十位观剧基金司库官、一位公共财政监察官等。其中,将军的选任最为重要。十将军制在公元前501年左右产生后,每个将军的选任权是保留在各个部落公民大会手中的,自公元前487年的改革后,将军的地位超越了执政官,将军的选举权便从部落公民大会转到了城邦公民大会上。将军的选任时间设在第六个议会主席团任期后首先出现吉兆的那个主席团任期内的某次公民大会上,(Aristotle,*Athenian Constitution*,44.4.)选举前,首先由各个部落提名若干候选人。城邦有可能对候选人的资格进行了比其他官职更为严格的规定,大概需要拥有一定数额的无欠债资财,至少生有一个十岁以上的合法婚姻子女等。除此之外,候选人若想胜出,还必须具备良好的军事才能和社会声望。所以,参选将军的公民通常都是当时的社会政治财富精英。选举仪式上,候选人到场,由专门人员介绍一下他们的基本情况;然后,公民大会成员对他们进行投票即举手表决,每个部落得票最多的候选人当选。一般情况下,每个部落都能有一名候选人当选。但是,偶尔也会有一个部落中的两个候选人当选。至于是何种原因导致这种特殊情况的,尚无定论。当选的候选人还须经过民众法庭的资格审查,然后才能宣誓抽签选举的官员主要有九执政官、雅典娜神庙司库官、公产交易官、税务官、城市监督官、市场监察官、会计员、谷物监督官，等等，其中九执政官的选任最为重要。

就职。

执政官产生之初，他们的选任是由战神山议事会一手操纵的，并且也不是抽签选出的，而战神山议事会的选举结果在何时才需要公民大会确认，也同样是一个有争议的问题。至于九执政官是何时开始实行抽签选任的，也是一个颇具争议的问题。亚里士多德提到，公元前487年，雅典人第一次通过抽签方式，从各个德莫推选出来的五百名候选人中，选举出九位执政官，而在此之前，执政官都是通过投票选举产生的。(Aristotle, *Athenian Constitution*, 22.5.)并且，此时还增加了一位与九执政官平级的司法官书记，以便执政官的名额能平均分给每个部落。而希罗多德则记载，参加马拉松战役(公元前490年，比亚里士多德所说的时间要早）的军事执政官卡里玛库斯是由抽签选举产生的。(Herodotus, *The Histories*, VI, 109.）公元前457年，九执政官的选任方式又一次发生变化，不仅财产资格从前两等级降到了第三等级，而事实上第四等级也可以参加；并且，各部落执政官候选人的选举也由投票产生改为抽签产生了，人数也从五百人减少到一百人。

公元前4世纪引入抽签机后，公民大会上的执政官抽选程序如下。抽签机有纵横各十个凹槽，总共一百个，一百名候选人的牌证以部落为单位规则插入其中；每次向抽签机投入十颗小球，九黑一白，白球代表当选。第一轮抽签选出十位候选人之后，还要进行第二轮抽签，用于确定各个候选人的职司。第二轮抽签是用两台各有十个凹槽的抽签机进行的，一台放置十位执政官候选人的牌证，另一台则放置十个写有各执政官具体职位的牌子。根据轮流执政原则，当第一台抽签机选定一个候选人时，另一台抽签机则在排除其所在部落曾经担任过的具体职位之后再释放小球选定该候选人应该担任的职务。（E. S. Staveley, *Greek and Roman Voting and Election*, London: Thames and Hudson, 1972, pp. 68–69.）十个执政官候选人的具体职司通过抽签确定后，整个执政官的抽签活动便到此结束。在接受五百人议会和民众法庭的双重资格审查之后，他们方能正式宣誓就职。

尽管这种由人民决定城邦官员的做法并非科学的方式，尽管遭到许多精英思想家的批判，但是，作为“主权在民”的直接体现，它一直贯穿雅典民主政治始终。

公民大会不仅有官员选任权，同时，它还对官员具有监察权。选出的官员就职后，他们需要定期接受公民大会的任职审查。一般来说，在每届议会主席团任期内，公民大会都要举行一次最高会议，会上的一个固定议题是检查官员的任职表现，与会成员通过举手来表决受查官员是否留任。如果被确定不称职，该官员将被立即停职，移交民众法庭处理；若判有罪，则要接受相关惩罚；

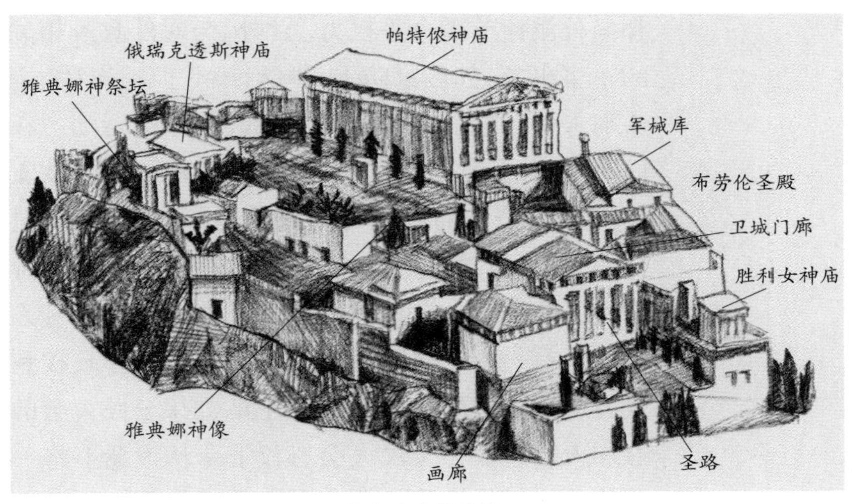

雅典卫城复原图。

若判无罪，可以继续任职。

立法与司法

公民大会除了拥有官员选任权和监察权之外，它还有两项重要的权力：立法权和司法权。公元前5世纪，公民大会在立法和司法领域内的权威高于民众法庭，它所通过的法令便具有法律效力，雅典公民也习惯于将它通过的法令和具有普遍约束力的法律等同起来。但是，自公元前404年之后，它的立法权和司法权受到了民众法庭的监督和制约，并且，在某些方面的权力还进一步受到了限制和缩小。

公民大会的法令一般被保存在纸草上并存入作为档案馆的地母神庙中，有时候，重要的法律也会刻在石碑上、立在市场上。

从法令内容上我们会发现，公民大会在外交、内政事务上拥有最终决定权。相关事宜必须提交公民大会，经过讨论，最后以法令形式进行授权某个部门来执行。除了公民大会之外，任何权力机构都无权在这些事务上拥有最终决定权。公民大会在外交事务上，有宣战、媾和、结盟、遣使、代表城邦向外派使节授命等权力。此外，与对外政策相关的军事事务，如国家防卫、军队征召、调遣军团、军旅财务等问题也需要公民大会授权方可行动。在内政上，如公共政策、工程建设、宗教活动、财政支出、法律、法令的修改与废止等问题，都需要经过公民大会的讨论；同时，公民大会有权力保障符合资格的公民参加公民大会和通过抽签成为五百人议会成员、六千名预备陪审员等方面的参政权利或者履行相关的政治义务。例如，如果公民大会的参加人数过少，公民大会有权下令从市场上将一些公民强行赶进公民大会会场参加会议。

对荣誉法令的颁布，公民大会拥有最终决定权。不管是否是城邦官员，只要公民对城邦做出了杰出的贡献，就会在公民大会上被授予每年一次的荣誉表扬。有时候，带有被表扬者姓名的荣誉法令还会被刻在公共场合的石碑上，长久保存。公元前403年，民主制得到重建之后，为了表彰特拉绪布鲁斯及其跟随者，公民大会颁布荣誉法令，授予特拉绪布鲁斯一顶金冠，其他七位突出的跟随者则获得了到市政厅就餐和在前排观看演出和比赛的荣誉。

荣誉法令的内容不仅包括口头和书面的语言表彰，同时还有实质性的奖励，如：授予冠冕（常春藤冠、月季冠、橄榄冠甚至金冠等）、被邀请到市政厅与五百人议会主席团一同就餐、被安排到剧场、竞技场的前排贵宾席观看戏剧演出和体育竞技、树立塑像等。

在古典时期，树立塑像是至高无上的荣誉，只有那些为城邦做出了极大贡献的人才有资格获得树立塑像的荣誉。这个传统起源于何时，尚不能确定。哈尔莫狄乌斯和阿里斯托基冬两人因刺杀僭主而成为捍卫民主政治的英雄，公元前508年，雅典确立民主政体之时，雅典人便为他们树立两座铜像。而有突出贡献的侨居民，除了不能被树立塑像之外，也能与公民享受同样的荣誉，他们享受的最高荣誉是授予公民权。同时，其他城邦的公民也会因为对雅典做出相应贡献而获得雅典城邦的荣誉嘉奖。授予外邦人荣誉，其实是一种变相的外交手段，以便维持雅典与其他城邦的友好关系或在这个城邦的影响。

同时，公民大会有权决定城邦法律的修改与废止。每年第一次公民大会的固定议程便是对现行法律进行逐一的审查，由与会成员举手表决它们是否适用。如果有某个或某些法律条文未能通过审查，公民大会将从全体公民中选举产生五位代表，由他们在陪审员组成的立法委员会上为废除法律辩护。法律最终修改或废止与否，需要根据陪审员的投票结果决定。

公元前5世纪和公元前4世纪上半期，公民大会在政治案件中具有重要的司法审判权，主要它体现在它对叛国罪、颠覆民主罪和贪污罪的审判方面，而案件的指控对象则是那些城邦将军和活跃在政坛上的演说家。不过到了公元前4世纪50年代，公民大会的这项审判权力遭到了分割，它需要与战神山议事会和民众法庭共同分享；并且，在整个司法审判的程序中，它只是扮演一次要角色，如提出起诉、审查并向陪审法庭提交战神山议事会的案件调查报告。为什么公民大会的这项司法审判权会受到限制呢？丹麦著名古典学者汉森认为，公民大会审理此类案件的开支太大，最终导致雅典城邦不得不削弱它的这项权力。（M. H. Hansen, *The Athenian Assembly in the Age of Demosthenes*, Oxford: Basil Blackwell, 1987, p.119.）事情是这样的：对此类案件的审理，都需要公民大会达到六千人的法定人数标准，致使这一次公民大会的开支要到达1塔兰特。公元前355年，雅典在镇压同盟城邦反叛的战争中遭到失败，并且为此背负了巨大债务，以至于财政开支吃紧。而陪审法庭的审理费用则相对低许多，它最大开支即由六千名陪审员参加，也只能抵得上公民大会的一半。因为每个陪审员的津贴为3奥勃尔，而公民大会成员的津贴则是他们的一倍即1德拉克玛。出于节约财政开支的考虑，而不是为了限制公民大会的权力，雅典城邦才决定将这项司法审判权一分为三，由公民大会、战神山议事会和民众法庭共同掌握。

五百人议会：大管家

公元前508年，克里斯提尼进行民主改革，设立五百人议会，取代了原来的四百人议会。两者似乎具有前后继承性，但是，前者的权力和影响远远超过了后者。从各方面的材料看，它在雅典民主政治中扮演着核心角色。正因为如此，亚里士多德在《雅典政制》中列述雅典当时的政治体制结构时，用了四分之一的笔墨来专门谈论五百人议会的设置、运作情况。

五百人议会虽然是一个由一群公职人员组成的权力机关，但是，它又明显不同于其他由公职人员组成的机关。在人数上，它由五百人组成，而其他机关人数则基本在十人以内。在产生上，其他城邦官职基本是在公民大会上通过抽签或举手表决产生的，所以它们在某种意义上成了公民大会的派出机构，没有独立的决定权；而五百人议会成员则是在忒修斯神庙抽签而成，他们似乎是神意选择的结果，所以它既是公民大会的预备会议，同时又有独立的权力，在内政外交活动中发挥着重要作用。

议会成员

公元前5世纪，城邦官员的选任分为三类，一类是以全体公民为单位的，从中进行抽签选出或者举手表决选出，如十将军，不过它仍带有以部落为单位的选举特征；（最初，十将军也是按照部落为单位进行选举的，但至少是到伯里克利时代，这种选任方式发生了变化，一个部落经常会选出两个将军。）另一类是以部落为单位的，由各个部落选出，如九位执政官；第三类是以德莫为单位的，根据人数比例直接从各个德莫中选出，如五百人议会成员。到了公元前4世纪，除了五百人议会成员和护卫仍以德莫为单位选任外，其余官职则都以部落或全体公民为单位选任。（Aristotle, *Athenian Constitution*,62.1.）

五百人议会成员的选任，首先从德莫开始，由各个德莫提出候选人，然后按照部落为单位集中到忒修斯神庙里进行抽签，此举是为了决定谁是正式议会成员，谁是候补成员。最初，原则上规定只有前三个等级有资格参加选任，但是，随着民主制度的进一步发展和人民主权意识的增强，这个规定在实际操作过程中基本失效，所有年满三十岁的公民，都有资格参与议会成员的选任。

在每个议会成员的背后，都有若干个候补人员，同时，一个候补人员可以接替多个议会成员的职务。如果议会成员未能通过任职资格审查、在任期内死亡或被除名，则由这些候补人员及时补上。所以，在选任中，每个德莫必须提供足够的议会成员候选人，如果本德莫凑不够法定的人数，则需要将相应的名额无偿转让给同部落的其他德莫。(P. J. Rhodes, *Athenian Boule*, Oxford: Oxford University Press, 1972, p. 9; M. H. Hansen, *The Athenian Democracy in the Age of Demosthenes*, trans. by J. A. Crook, Oxford: Blackwell, 1991, p. 248.)

抽选是以德莫为单位进行的，主持官员将数目与该德莫分配名额相等的白豆和数目与候补人员相等的黑豆放在一个瓮里。然后，由候选人依次从中取出一颗豆子，凡是取到白豆者即为议会成员，凡是取到黑豆者即为候补人员。

公元前5世纪，用于抽选的工具可能是黑白豆子。(Thucydides, *The History of Peloponnesian War*, VIII, 69.4.)但是，由于是匿名抽签，很容易出现买卖议席的弊端。公元前4世纪，证明身份的牌证和抽签机的推广，最大限度地避免了这种弊端的出现。抽选时，每个部落都配发一台抽签机，根据德莫先后顺序，依次进行。每个德莫的所有候选人都将自己的牌证放进抽签机的凹槽中，然后，按照放豆子的方式，将黑白不同的小球放进抽签机左边的管子里。主持官员依次释放小球，对应白球者为议会成员，对应黑球者为候补人员。

五百人议会成员就任时须履行一项就职仪式，并且在就职仪式上进行宣誓，宣誓的一项重要内容是恪尽职守、遵守法律、不滥用职权，绝不预谋将任何公民投入监狱，除非此人是叛国者、民主制度的敌人和税务员。就任后的五百人议会成员通常是免服兵役的，他们在任职的一年里必须留在阿提卡，除非有突发的紧急事件，他们才可以参加军队，保卫城邦或随军出征。

最初，五百人议会成员是没有津贴的。大概在给陪审员发放津贴之后，也对议会成员发放了津贴，具体时间很难确定。但是，至少在公元前411年之前，议会成员已经开始享有津贴了。因为，建立四百人独裁的时候，他们的津贴被取消了。最初享有的津贴金额，我们尚不能得知。不过，在亚里士多德时代，他们每天的津贴为5奥勃尔，接近于陪审员津贴的一倍。但是，与当时工人的工资水平仍有一定差距。所以，对那些有体力或者有技术的公民来说，这个金额对他们的吸引力不是很大。尽管每个议会成员每天的津贴并不起眼，但是雅典城邦每年却要为整个五百人议会支出15塔兰特的费用。

有学者估计，公民第一次担任议会成员的年龄在四十岁左右。或许，这个估计是很有可能的。(M. H. Hansen, *The Athenian Democracy in the Age of Demosthenes*, trans. by J. A. Crook, Oxford: Blackwell, 1991, p.249.)因为，五百人议会似乎成了"老年人"的政治活动场所。如果说公民大会和民众法庭是公民们获得政治经验和知识的主要场所的话，那么，五百人议会则更多的是他们运用政治经验和知识的场所。因为，五百人议会的主要工作是为公民大会准备议案和监督各项政策的实施。(Aristotle, *Athenian Constitution*, 45-49.)因此，议会成员需要具备更为丰富的政治经验和知识，而十多年的公民大会和民众法庭的经验有助于公民们积累这方面的经验和知识——到了四十岁的时候，公民们基本上便具备了担任议会成员的素质要求。而五百人议会成员的年龄结构正好符合亚里士多德的构想：青年人拥有力量，老年人富于见识；于是，青年人应该保卫国家，而老年人应该治理国家。(Aristotle, *Politics*, 1329a 15; 1332b 35-41.)

从人员构成上看，五百人议会成员大多数来自社会中上层。过长的任职时间和经济上潜在的损失，很可能会使得第四阶层的贫民对出任此职感到心有余而力不足：他们常年需要为家庭和个人生计而奔波，因而无法保证按时出席例会。在公元前336年的一份议会成员名单中，三列桨舰执事及其亲戚构成了名单的主要部分。(P. J. Rhodes, *Athenian Boule*, Oxford: Oxford University Press, 1972, pp. 5–6.)由此，我们可以得知，富人或许在五百人议会中起了更大的作用。但是，我们能因此得出“五百人议会不是民主政治的重要机构”的结论吗？当然不能。首先，一个关键问题是雅典宪法赋予了每个德莫中的公民都有参加五百人议会的权利，这体现了这个机构的民主性。至于参加到五百人议会的是哪些公民，这很大程度上是社会因素、家庭因素乃至个人因素造成的，与政治制度的关系不是很密切。其次，参政不完全是基于自愿原则的，它同时还是公民义务。当志愿者人数未能达到法定标准的时候，城邦会从公民名单中抽选出若干公民来履行他们应尽的义务，这一措施尽可能地防止五百人会议被富人把持。再次，因为行业的不同会导致经济利益的差异，使富人之间不会是铁板一块，再加上政治观念也会因人而异，所以尽管富有公民在五百人议会上可能占多数，但并不能说明贵族政治观念便在其中处于优势。最后，随着克里斯提尼改革确立了“主权在民”原则以来，民主观念已经深入人心，富人和穷人基本上可以团结在“公民集体”这个范畴里。所以，尽管五百人议会成员中，富人会时常占据主体地位，但是他们与穷人同样是公民集体的代表者。

运行机制

五百人议会是雅典城邦的常设性机构，除了每年一度的节庆和忌日，它每天都要开会。据统计，雅典每年一度的节庆约有75天、禁忌日约为15天。所以，五百人议会每年要工作260天左右。(R. K. Sinclair, *Democracy and Participation in Athens*, Cambridge: Cambridge University Press, 1988, pp.225–226.)

议事厅和主席团办公厅设在市场西南角，会议通常是在这里召开的;若涉及海军事务,会议则在海港比雷埃夫斯的海军船坞召开;若遇到秘仪节日的庆典,其后的会议在埃琉息斯神庙召开;有时,会议还会在卫城召开。

为了便于顺利开展工作，五百人议会又进一步细化。五百名成员以部落为单位分成十组,每一组在一年的十分之一天内负责议会的日常工作,它是五百人议会的常设性执行机构，被称为主席团,其任期被称为“布列塔尼”,也即一年的十分之一时间。主席团的任职顺序由抽签决定,前四个主席团的任期为36天，而后六个主席团的任期为35天;(Aristotle,*Athenian Constitution*,43.2.）如果遇到闰年,则分别增加为39天和38天。十个主席团的任职顺序并不是由一次抽签决定的，在每个布列塔尼即将结束的时候，才通过抽签决定下一任主席团由哪一组担任。

每天太阳落山的时候,主席团要通过抽签选出一位总主席,他的任期为一天一夜,不得延长,亦不得在一年内任职两次。

总主席相当于现代国家的“元首”,他掌管着存放国家财富、公共档案的圣殿钥匙和国玺;作为雅典城邦的“元首”,他还要接见其他城邦的传令官和使节;此外,总主席还有权独立主持主席团会议。最初,主席团负责五百人议会和公民大会的召开与闭会。所有主席团成员都在议事厅一起就餐,其中的三分之一成员经过抽签需要与总主席一同住在主席团办公厅值夜班。

大概到了公元前403年之后,五百人议会又引入了一项新制度。当召开两会之时,由总主席从其他九个部落代表中各抽选出一位会议主持人,再由他负责从这九个人当中选出一位会议主席,会议主持人与会议主席将共同负责当天两会的召开与闭会。他们的主要职责是保管议程表、检查议程安排、确定需要讨论的各项事务、清点投票结果等。九位会议主持人的出现，在一定程度上是对议会主席团权力的制衡，或者说是对它的补充。一方面可以减少议会主席团的工作压力，另一方面也打破了权力垄断，避免主席团的专权。不过，每个会议日，会议主持人都需要重新抽选。相对而言，议会主席团则相对稳定，它在处理两会事务上，要比九位会议主持人更具有影响力。

五百人议会采用两种投票方式，一种是秘密投票或抽签，一种是举手表决。在大部分事务上都是通过举手表决来决定的。举手表决的程序也分为两步，首先是赞成者举手，然后是反对者举手。票数由九人组成的会议主席团负责清点，多数票决定结果。若有人提出异议，可以重新进行投票。（M. H. Hansen, *The Athenian Democracy in the Age of Demosthenes*, trans. by J. A. Crook, Oxford: Blackwell, 1991, p.147.）不过，在至少三种情况下是必须秘密投票的：关于罪与罚的判决、对五百人议会内部成员的审查和对年老体弱者发放救济金的审查的判决。（崔丽娜：《古典时期雅典的投票选举制度》，首都师范大学出版社，2007年，125页。）

有一次，德谟斯提尼在征募城邦海军所需装备的时候，遭到提奥菲姆斯的拒绝和殴打，于是，德谟斯提尼便在五百人议会上对他提出控告："议会授权我提出控告，议会主席团提前两天通知提奥菲姆斯审讯事宜。我提出的控告有如下几条：践踏法律；推迟海军的出发时间；更恶劣的是，他不仅拒绝缴纳海军装备，并且抢走了我已经收集的物资，还在我履行城邦赋予的职责时殴打我。然后，议会根据我提出的控告对提奥菲姆斯进行审讯。双方都发言之后，议会秘密投票，宣判被告有罪。"（Demosthenes, *Agaisnt Evergus and Mnesibulus*, 42.）至于此案是如何秘密投票的，我们不得而知。但是，在公元前5世纪，五百人议会是用鹅卵石进行秘密投票的。投票箱是两个前后摆放的罐子，前面的罐子盛放支持原告的鹅卵石，后面的罐子则盛放支持被告的鹅卵石。（Aristophanes,

Wasps,332,349,887; Xenophon,*Hellenica*,I,7.9.)不过，在审理内部成员的裁决中，首先使用橄榄叶投票决定他是否有罪。如果有罪，则再通过其他方式秘密投票来决定是否将他除名。

公元前410年以前，议会成员可以随意选择自己的座位。这样一来，政见相同或相近的容易坐到一起去，其结果会导致一些成员迫于周围人的压力而不得不亦步亦趋，做出非本身所愿的决定。自公元前410年之后，座位由抽签决定，并且议会成员必须坐到抽签指定的座位。这样的话，某个人或某些人的意见便不易左右他人的决定，从而使得投票结果能够趋于公正。

五百人议会是一个准决策机构，议会成员没有在五百人议会上发表演讲和提出议案的权利，他们只有表决权。而除了五百人议会成员外的其他任何公民，只要经过会议主持人授权，他便可以在五百人议会上发言或提出议案；将军等具有特殊身份的官员则无需授权，便可以直接在五百人议会上发言或提出议案。

立法与司法

在决策过程中，五百人议会有独立的决策权。同时，它在受到公民大会制约的同时，也对公民大会有一定的制约。

五百人议会决策权的核心部分是为公民大会拟定会议日程和对提交给公民大会讨论的事宜进行一下预先讨论。五百人议会拥有独立颁布法令的权力。与公民大会的“人民法令”相对应，五百人议会的决议被称为“议会法令”。五百人议会的决议分为两种，一种是决议草案，这些决议是准备提交给公民大会进行审议表决的；另一种是独立决议，这种决议无需进一步提交给公民大会批准。决议草案和独立决议的比例不是固定的，公元前5世纪的独立决议占的比例大一些，因为五百人议会在当时掌握着重要的城邦权力，例如：对处以罚金、监禁和死刑的审判拥有最高决定权。但是，公元前5世纪末的政治改革剥夺了五百人议会的大部分最终决定权，它的决议几乎全部变成了决议草案，根据性质的不同，需要分别由公民大会和陪审法庭做出最终裁决,方可生效。尽管五百人议会的决议大部分变成了决议草案,需要在公民大会进一步讨论,但是,由于五百人议会成员也出席公民大会，并且会占到不小的份额，五百人议会成员也同样有权在公民大会发言，从而会影响到公民大会的最终决议。所以,通常情况下,公民大会的最终决议只是对五百人议会决议的一种继承、增删修改一下而已,很少有被彻底否决的。

在决策程序上，尽管公民大会制约着五百人议会，但同时五百人议会也制约着公民大会的决策权。一个重要的表现是公民大会必须讨论五百人议会准备的议题。雅典宪法规定,所有提交公民大会的议题需要由它预先认定，如果五百人议会不首先讨论且主席团又不纳入议程，公民大会不能对任何事宜进行投票表决；若有人在公民大会上直接提出议案，此人将以违规操作而被处以罚金。(Aristotle,*Athenian Constitution*,45.4.)

同时,五百人议会除对公民大会负责外,它也对立法委员会负责,也同样是后者的准备机构。从五百人议会的设置上，我们也能看到它在立法领域有决定权。亚里士多德记载,法律书记员出席议事会的所有会议,对所有法律进行备份。显然,他不可能是在对所有现行法律进行逐字抄录，而很有可能是将提交到五百人议会上的法律提案进行抄录备份。并且,他的抄录并不是用于存档,而是要公布在市场上,供普通民众评议,以便他们在公民大会上表决前就经过了认真思考。每年的第一次公民大会上，由专门的公职人员对现有的法律

五百人议会除了设有总书记员一职外,还分别设立了一位法律书记员和一位法令书记员。

提出评议,然后由公民大会做出表决。除此之外,如果有人对现有法律提出异议,认为某些条款应该修改或废止,他的提议首先要经过五百人议会的审议,然后才能提交公民大会进一步讨论。如果公民大会决定有必要召集立法委员会讨论相关立法事宜,则由五百人议会负责召集和主持立法会议;在新的法律通过后,五百人议会总书记员将其公布于众。尽管立法权掌握在代表公民集体的民众法庭手中,五百人议会却参与到了设立新法、修改或废止旧法的程序中,甚至发挥着比公民大会更为积极的作用。

五百人议会在公元前5世纪曾经拥有强大的司法审判权,对处以罚金、监禁和死刑的审判拥有最高决定权。但到了公元前4世纪,民众法庭成为最高权力机关,五百人议会的任何法律判决,都需要送交民众法庭审核。(Aristotle, *Athenian Constitution*, 45.4.)尽管权力受到了诸多限制,但是,它仍在司法审判领域内扮演着重要角色。第一,五百人议会有权关押犯有叛国罪的嫌疑犯,有权将未能及时偿清款项的税务员收押。第二,五百人议会有判处罚金的权力,最高金额为500德拉克玛,但是需要上报民众法庭审议。从罚款金额和程序上看,五百人议会在这方面的权力受到了严格的限制。第三,五百人议会与十一人(由十一个雅典公民组成的狱警机构)在一些特殊的案件审理中,如奴隶绑架、偷窃、抢劫、通奸、故意杀人等案件,他们有权直接将罪犯处死,无需民众法庭审理。第四,五百人议会有审判失职官员的权力;如果有公民举报某位官员存在渎职现象,五百人议会便转变为司法机构,对该官员进行审判,并通过秘密投票的方式来决定他是否有罪。如果判处罚金,金额超过500德拉克玛,则需交由民众法庭进一步审理。第五,五百人议会有权对本机构有问题的成员进行审判,如果审判结果确定他有罪,此人不仅被除名,还会被交由民众法庭进一步审判。

行政与外交

五百人议会在享有立法权、司法权的同时,还有享有广泛的行政管理权。五百人议会与城邦官员共享雅典城邦的行政管理权，这些官员主要是在五百人议会的监督和协助下，与后者一同处理军事、财政、宗教、工商、市政等方面的事务。

五百人议会监管着雅典和阿提卡地区所有的神庙与圣地，并且与相关城邦官员一同筹划宗教庆典活动。它有权监督公共工程，尤其是雅典城和比雷埃夫斯城的城防工程。此外，五百人议会拥有城邦官员任职资格审查权，绝大部分的城邦官员，不管是选举产生的还是抽签产生的，在就职之前，必须经过五百人议会的任职资格审查。通过后，方可宣誓就职。在公元前4世纪，它的资格审查结果需要民众法庭进行最终审议。

公元前4世纪，在雅典财政收入最匮乏的时候，每年收入为130塔兰特，而平常为400塔兰特。在公元前338年之后，由吕库格斯担任城邦财务官之时，他努力将城邦的收入提高到了每年1200塔兰特。而财政收入的管理权，则由五百人议会掌握。而竞拍活动必须在五百人议会上进行，由城邦公产交易官主持，并且需要王者执政官出席竞拍现场。竞拍的租金便成为城邦每年固定收入的一部分。阿提卡地区地下的所有矿藏都属于城邦所有，东南部的银矿非常丰富，其中著名的是劳里昂地区。由于雅典城邦没有类似现代国家所谓全民所有制的企业，所以，城邦所有的矿藏也需要租赁给私有企业主开采。出租矿藏的活动也是在五百人议会上举行，同样由城邦公产交易官主持，并且军事基金财务官和观剧基金委员会需要亲临现场。矿藏的租期一般为十年，而租金是按议会主席

雅典城邦的神庙和圣地都拥有大量的财产，这些财产中的许多份额都是通过竞拍方式租赁给出价最高的竞拍者，租期通常为十年。

团任期缴纳的。

货物的进出口税也是雅典城邦的一项重要财政收入。雅典城邦规定，所有进口或出口的货物都需要缴纳百分之二的税费；而收税工作是由非公职人员来完成的，仍然是在五百人议会上采取竞拍方式租赁给最高竞价者。该活动仍然由公产交易官主持，军事基金财务官和观剧基金委员会出现现场。同时，五百人议会还掌握着侨居费、娼妓从业执照费、财产税、诉讼费、罚金等税费的征收权力，财产充公的工作也由它来管理。

五百人议会掌握着重要的外交权力，虽然重要的外交事务需要提交给公民大会讨论决定，但是雅典城邦与其他城邦之间的日常交往活动则由五百人议会来管理。在外邦的传令官或使团来到雅典时，首先是由议会主席团负责接待和款待；并且，传令官或使团所提交的信息或事宜，需要在五百人议会上讨论过之后方可提交给公民大会。甚至，五百人议会有权拒绝接受传令官或使团提交的信息或事宜，不将它进一步提交给公民大会。例如，公元前371年，底比斯传令官向雅典传达他们在留克特拉大败斯巴达的消息时，便遭到了五百人议会的拒绝，所以没有把消息带到雅典的公民大会上。五百人议会不仅在接待来使方面具有优先权，在接受雅典外派使节返回述职时也同样具有优先权。外派归国的使节，首先要到五百人议会进行述职，然后由五百人议会将相关事宜提交公民大会讨论，等到大会做出决议后，这个决议的执行仍由五百人议会负责。在一些紧急情况下，公民大会通常会将外交大权委托给五百人议会来代行，如军队和使节的派遣。机密性外交事宜的商讨，通常也是只在五百人议会上进行的，为了确保机密不外泄，每个与会成员都必须发誓保守秘密。这种机密会议经常出现在公元前4世纪后半期，例如，在公元前323年拉米安战争爆发前，雅典将军里奥斯提尼便是通过与五百人议会举行秘密会议赢得他们在物质或财政上的支持的。

与外交非常密切的事务是军事事务，五百人议会在军事事务上同样掌握着重要权力:它不仅拥有调遣军队、监督建设防御工程等权力，同时还负责陆军与海军的筹建工作。最初,公民集体中的一、二阶层单独承担饲养战马的义务，但到了公元前4世纪时,城邦对每家的战马实行补贴制,供给定量的谷物,于是,监管城邦战马的权力便交由五百人议会掌握。五百人议会也掌握着挑选骑兵的权力，他们通过公开举手表决的方式来决定骑兵名单。在海军方面,五百人议会监管着雅典海军与海军船厂,负责新军舰的建造、人员配备等工作。同时在一定程度上,五百人议会还影响着城邦军事将领的选任。例如,将军、骑兵统领和其他所有军事官员的选举虽然都在公民大会上按照人民决定的方式进行,但是这些选举事宜应由议会预先讨论。

如果马主人被发现没有尽心饲养他的战马，他将不再享受城邦的补贴；如果有马匹经不住训练、生性胆怯或站立不稳，它们将被取消战马资格。

民众法庭:人人皆可当法官

在阿里斯托芬的喜剧《云》中,有这样一个故事：一位名叫斯特勒普西阿德的雅典人拜访苏格拉底学园,有人向他展示了一张世界地图,并指着地图对他说:“看,雅典在这里。”但是,斯特勒普西阿德的回答却是:“算了吧,你！那里是雅典？那些法庭在哪里呢？”(Aristophanes,*Clouds*,206-208.)从这个故事里,我们可以发现,法庭在雅典是标志性建筑！那么,雅典人的标志是什么呢？阿里斯托芬又在另一部喜剧《鸟》中给出了诙谐的答案。“你从哪里来？”“我从建造豪华舰船的国度来。”“那你一定是陪审员吧！”(Aristophanes,*Birds*,108-109.)

喜剧中所说的"法庭"指的是雅典的民众法庭,"陪审员"指的是出席民众法庭进行听讼判案的雅典公民。"民众法庭(People's Court),在古希腊语中为'dikasterion',它的确切含义是法庭(a court of law),但是,作为民主的标志性机构,它在雅典主要是执行大陪审法庭的职能。"(Mogens Herman Hansen, *The Athenian Democracy in the Age of Demosthenes*, trans. by J. A. Crook, Oxford: Blackwell, 1991, p.178.)严格说来,雅典存在着多个不同的民众法庭,在古典文献中,其复数形式比单数形式更为常见。但是,即便是使用复数形式的时候,雅典人也是将它们作为一个不可分割的整体来看待,他们将其视为与公民大会和五百人议会同等重要的国家机构,甚至是凌驾两者之上的国家最高权力机构。

民众法庭特征

有些学者将雅典的民众法庭翻译为"陪审法庭",并认为从雅典民众法庭那里能找出现代法庭尤其是现代陪审法庭的渊源。其实,雅典民众法庭与现代法庭,在性质上和职能上有着显著的不同。

在现代社会,法庭的主要职责是处理私人之间的法律纠纷和审判刑事案件,它们通常也有权力监督行政管理、审查议会决议是否符合宪法规定。但事实上,法庭在现代国家政治体制中的地位相对次要,起主导作用的是议会、总理或总统。法庭之所以拥有上述权力,是为了使其保持民主国家所谓的司法独立。在雅典,则是另一番景象。民众法庭有无限的权力,有权管辖或监督公民大会、五百人议会、公职人员和政治领袖,其中,政治审判是其最重要的职能。许多私人之间的法律纠纷常常是通过仲裁解决,如果一方对仲裁人的裁决不满才可上诉到法庭;许多刑事案件也可以不经过法庭便可审判,战神山议事会等其他机构就有判处死刑的权力。

与现代法庭相比,雅典的民众法庭具有更为强烈的主权在民的色彩。雅典民众法庭的另一个显著特征是业余化或者非职业化,它完全排斥专职人员或专家的操作。这样做的目的,无疑是希望司法审判权掌握在人民手中而非少数的专业人员手中。作为民主社会，所有公民都有权力参与其中，整个法律体系必须设计得让普通民众能够操作；同时，所有公民在原则上都有同等的司法决定权，这就有必要抑制职业律师等相关专业化队伍的增长。因为，如果普通公民和职业人员一同进行司法审判，职业人员总是会获得决定权，从而也就使民主政治变成了寡头政治。在雅典的诉讼或审判中，非职业化是一项普遍适用的基本原则。不管诉讼案件是关于私人纠纷的还是损害公共利益的，从提起诉讼的公民、主持法庭日常议程的管理人员到进行审判的陪审团，一律都是普通公民。而现代民主社会的法庭体现更多的是职业化。在法庭上，专门律师、法官等职业人员成为活动的主体，而原、被告和陪审团这些非职业人员则显得相对被动。尽管西方社会有陪审团制度存在，但也不能改变这种状况。以美国为代表的海洋法系主要采用“陪审制”，陪审团负责认定事实，法官负责认定法律；以德国为代表的大陆法系主要采用“参审制”，法官与陪审员之间没有明确的职能分工，他们共同组成合议法庭，共同评议和投票裁决案件。在雅典则不存在职业化的法官和法律，法庭裁决的结果与法律的规定也时常有较大出入，陪审员往往是在原告和被告的提议中选择一个作为审判结果。针对雅典法庭和现代法庭，我们可以做一个恰当的比喻：在雅典，诉讼是一场业余比赛；而在现代社会，诉讼则是一场职业比赛。

历史沿革

公元前594年，梭伦在对雅典城邦进行改革过程中，设立了民众法庭。由于缺乏足够的材料，民众法庭当时的具体情况至今仍无法清楚了解。有学者认为，梭伦设立的民众法庭与公民大会是一体的，当公民大会行使司法审判职能的时候，它便被称为民众法庭。也有学者认为，民众法庭在最初的时候便是独立的国家机构，并且能够被分成多个子法庭审理案件。

不管怎么说，民众法庭的设立打破了贵族垄断司法的局面，使得处于弱势的平民可以通过法律手段来维护自身权益。同时，梭伦还规定了向民众法庭申诉的制度,这是“主权在民”原则在司法范畴中的体现,它使平民获得了力量。然而,由于平民作为一股政治力量的自我意识尚未觉醒,所以,这项立法在当时的实际作用并不大。作为贵族势力堡垒的战神山议事会掌握着重要的司法、政治权力,它仍然是雅典城邦的权力核心。但是,这项立法却在后来发挥了非常重要的作用,因为,它从法理上规定,事无公私,所有纠纷都要提交民众法庭解决,从而使司法审判的最终裁决权落入了人民手中。所以,民众法庭的设立,为雅典城邦从温和的民主制向激进的民主制即平民政治过渡奠定了司法基础。

梭伦之后,尽管雅典出现了庇西特拉图的僭主政治和克利斯提尼改革，但民众法庭的权限和形式直到公元前462年才发生大的变化。从公元前462年开始,埃斐阿尔特和伯里克利对雅典的政体做了又一次重大调整,其中一项便是赋予民众法庭以更大的权力,它从战神山议事会失去的权力中获得了对叛国罪、死刑和超过500德拉克玛判决的终审权、对官员违法乱纪案件的审理权和对所有行政官员进行任职资格审查的权力,包括对九执政官任职资格的复审。这一改革,使民众法庭在雅典城邦的政治司法生活中的地位凸显出来,成为仅次于公民大会的权力机构。民众法庭司法权力的扩大,是雅典政治进一步民主化的一个重要标志。

民众法庭权力扩大的同时,其组织形式也发生了变化,旧的民众法庭(Heliaia)转变为十个新的民众法庭(Dikasterion)。每个新民众法庭专司审判同一类案件，并由一名固定的法官主持、五百名陪审员组成。

陪审员从来自十部落的六千名预备陪审员中抽选产生,从伯里克利时代起,他们开始享有津贴。

民众法庭数量的增多和司法审判的专门化，是雅典城邦生活变化的一种反映和适应。一方面，希波战争以来的不断胜利，刺激了雅典社会经济政治各方面的发展和繁荣；另一方面，以雅典为领袖的提洛同盟成员数目不断扩大，并逐渐演变成了雅典帝国，同盟城邦的司法主权被部分剥夺，移交给雅典的民众法庭。这内外两方面原因，最终促成了雅典民众法庭的变革。

随着民众法庭的变革，其性质也有了改变。长期以来，民众法庭一直是一个只审理公民上诉（或申诉）的法庭，此次权力扩大之后，使民众法庭既是上诉法庭又是一审法庭。随着性质的转变，民众法庭一跃成为雅典城邦最高的司法机关，标志着传统贵族所享有的法律特权体系彻底崩塌，他们在司法审判上拥有的权利与普通公民是同等的。

雅典在伯罗奔尼撒战争中战败，公元前411年和公元前404年，雅典的贵族派势力先后两次推翻民主政体，民众法庭在此期间失去了它应有的作用，成为篡权者打击民主势力的恐怖工具。公元前403年，民主政治得以重建，雅典人不得不对自身的政治体制进行深刻反思，并进一步改革。其中，最为重要的是对五百人议会、公民大会和民众法庭进行了改革，五百人议会和公民大会的权力受到了限制，它们失去的权力被赋予了民众法庭。

在公元前4世纪，民众法庭的权力进一步扩大，成为雅典城邦最高的权力机关。其主要表现为：公民大会和五百人议会所颁布的法令和决议需要经过民众法庭的审核与批准；公民大会的司法审判权逐渐被剥夺，所有重大的政治案件都交由民众法庭审判；立法权被民众法庭垄断，由陪审员专门成立一个立法委员会，负责废止旧法、颁布新法的最终裁决；公民大会选出的所有官员和五百人议会成员，都必须接受民众法庭的任职资格审查和账目审计，通过这两个程序，民众法庭获得了对雅典所有官员的监察权。

陪审员

雅典法律规定，“凡年过三十岁、不欠国家债务且未曾失去公民权者，皆有资格担任陪审员一职。”（Aristotle, *Athenian Constitution*, 63.3.）但是，若有人不具备资格而担任了陪审员，他将被起诉，并接受民众法庭的审判。若有罪，民众法庭将给予此人以与其罪相抵的刑事处罚或经济处罚；如果被处以罚金，此人将被投入监狱，直至他偿清所有被揭发出来的欠款和法庭判处的罚金。

所有有资格成为陪审员的公民在年初进行抽选，从每个部落抽选出六百名公民，总共六千名公民，他们组成陪审员名单。陪审员名单形成之后，这六千人需要进行集体宣誓；誓言大致如下：“我将根据法律和公民大会或五百人议会颁布的法令，进行投票；如果无法可依，我将根据自己的良知不偏不倚地投票。我将仅就当庭的诉讼进行投票并公正地听取起诉人和被起诉人双方的辩论……以神王宙斯、太阳神阿波罗和谷物女神得墨忒耳的名义宣

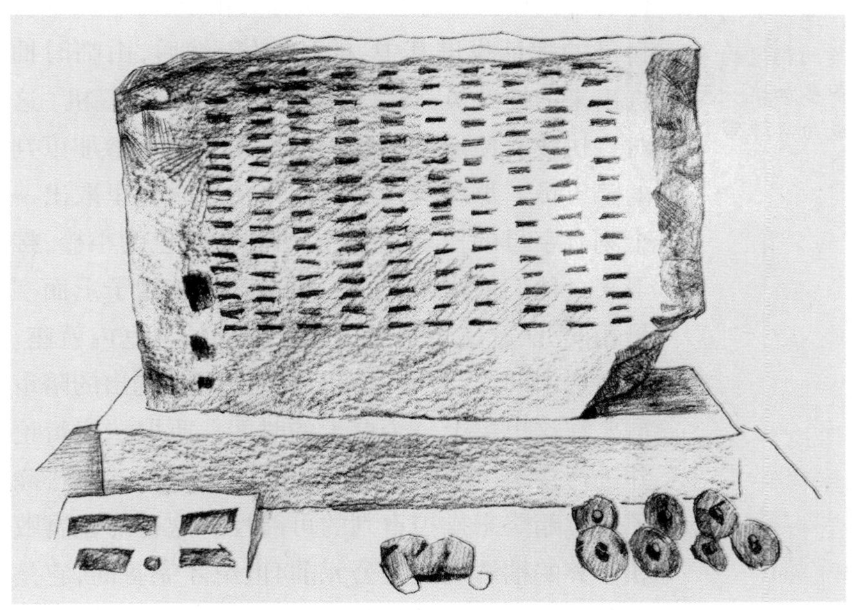

民众法庭实物：抽签机（后）、投票球（前右）、陪审员牌证（前左）。

誓，如若违背誓言将遭报应。”(Mogens Herman Hansen, *The Athenian Democracy in the Age of Demosthenes*, trans. by J. A. Crook, Oxford: Blackwell, 1991, p.182.)而公民大会成员则无需宣誓，相较之下，民众法庭的判决要比公民大会的决议更具有权威，这也是民众法庭在后来能够超越公民大会成为最高国家权力机构的因素之一。在宣誓之后，每人将被颁发给一个证明陪审员身份的牌证。这是一个由黄杨木或青铜制成的长方形牌子，11厘米长、2厘米宽和2厘米~3厘米厚，上面写着本人的全名，印有猫头鹰像或戈耳工头像，并刻有自己所在部落的希腊字母代码。由于雅典只有十个部落，所以代码也是“κ”以内的一个希腊字母。

雅典的民众法庭有十个入口，分别指定给每个部落。待到民众法庭开庭日，这些人一大清早便聚集到指定的入口处，准备参加这一天的抽签，成为具体审判中的陪审员。

尽管这六千人拥有了陪审员的证件，但他们仍然只是预备陪审员，并不是所有人都参与到具体的审判中。法庭入口处放有大箱子，每个人都将自己的牌证投进其中、摇乱顺序；然后，由临时抽选出来的插票员，将这些牌证任意插入抽签机。这时，执政官便通过掷骰子的方式来决定参加审判的陪审员。那些被选出的人再从一个瓮里取出一个刻有字母的橡子，并被发给一个带色的小棒；接下来，他们便进入入口门楣上刻着与橡子上面字母相同、法庭颜色与小棒颜色相同的法庭内就座。未被选中的人，只能返回干别的事情。选出的陪审员要在这里待上一个白天的时间，听取法庭辩论并进行投票。通过复合抽选的方式，民众法庭排除了通过贿赂来操控审判的可能性。这种防止腐败和作弊的抽选制度是公元前4世纪才完备的，它是雅典民主政治逐步成熟的一个表现。

完成当天的各项工作后，陪审员们可以领取3奥勃尔的薪金。3奥勃尔大约相当于当时工人基本日薪的三分之一，基本上可以维持他们一个小家庭的日常开支。有学者认为，由于薪金较少，对大部分公民来说不甚具有吸引力，他们往往会去谋求更高的收入。所以，参与民众法庭活动的以社会中上层为主，因为这部分人不在乎薪金的高低。而事实上，这点钱对于那些年老体弱的公民也是一种养家糊口的资本，或许是唯一可靠的生活来源，所以，陪审员当中上年纪和身体不好的公民会多一些。但是，从整体上看，还是普通民众占据着陪审员的大多数席位，民众法庭仍然体现着它的民众性，而不会被少数人操控。另一方面，这种观点还忽略了另一个非常重要的因素——雅典人参与政治的热情：一大清早必须赶到指定地点，经过一个多小时的抽选程序，然后是近十个小时的听讼和投票，即便是如此，民众法庭的门前仍是人头攒动，我们不能不为雅典公民参与政治的积极性感到惊讶。

法庭议程

在雅典的一年中，民众法庭大概有两百天的工作日；在公民大会日、忌讳日（如战神山议事会审判杀人案的日期）和年庆日里，它是休庭的。但是，在月庆日里，它仍然照常开庭。有人会说，在一年中近三分之二的时间里，雅典人都在忙着打官司，他们是如此好讼。实则不然，首先，它是社会发展的间接反映，社会交往量的增加不可避免地导致纠纷和冲突的增多，这就需要更多的法庭来解决这些问题；其次，它是司法民主进步的一种表现，社会弱势群体能够有更多的机会利用法律手段来维护自身权益；最后，它是民众法庭权力增大、地位提高的一种表现，通过民众法庭来解决问题，说明它有实际权力，而非虚设。

民众法庭根据每天的案件数量来决定开放法庭的数目，并且根据案件的重要性来决定法庭的规模和诉讼时间。审理私人案件时，如果涉案金额不超过1000德拉克玛，由两百个陪审员组成的法庭审理,诉讼时间基本上在一小时以内;如果超过,则由四百个陪审员组成的法庭审理,诉讼时间在三四个小时之间。审理公共案件时,至少需要五百个陪审员组成的法庭审理,如果特别重大,则由一千、一千五、两千或六千个陪审员组成的法庭审理,审理的时间为整个法庭工作日。

在雅典，没有代表城邦提起诉讼的公诉人或公诉机构,无论私人案件还是公共案件,都由公民个人提起诉讼。起诉人和被起诉人都必须亲自出席审判并进行发言与辩论，而不准有人代理。不过,如果是政治案件,法庭则允许诉讼当事人可以有一名朋友或亲戚参与到法庭的发言与辩论中。但是,城邦禁止专业的打官司人员参与其中,除非他本人牵涉到了官司中;如果有人揭发,诉讼当事人和他的“朋友”或“亲戚”之间不是友情关系或亲情关系而是金钱关系,他们都要遭到严惩。尽管雅典不存在类似现代社会的律师职业，但是却有讼辞写手，这些人在法庭外为诉讼当事人的法庭演说出谋划策,但不能亲临现场进行指导,更不代其发言。此外,雅典还存在着被称为职业起诉人的一类人,他们的名声极坏,远远超出了讼辞写手,这些人利用每个公民都有上诉权利的这一宪法规定,经常谋求个人私利而非城邦公益,将起诉视为勒索手段。所以,如果有人提起公共诉讼,他必须声明自己不是为了谋求个人私利而是城邦公益,以防被误解。

如果是性质严重的政治案件，可以由两个以上的公民提起诉讼，如控告苏格拉底引进新神、毒害青年心灵的案件就是由墨勒图斯、安尼图斯和吕孔三人联合起诉的。

同时，被起诉的对象必须是具体的个人而非某个团体或机构。例如,公元前406年六位将军因未能及时救起落水士兵和打捞尸体而遭到审判,当时有人主张对这六个人一起审判。作为轮值主席团成员之一的苏格拉底却以违背惯例为由而予以否决,最终还是对这六个人逐个进行审判的。(Xenophon,*Hellenica*,I,7.1−35.)此外,雅典的案件只有私人案件和公共案件的区分,而无民事案件和刑事案件的区分。私人案件和公共案件主要区别在于,私人案件涉及的是个人之间的利益补偿问题,属于现代社会的民事案件;而公共案件涉及的是社会或城邦利益的补偿问题,它的惩罚不仅包括罚金,同时还包括财产充公、剥夺公民权、流放和死刑等。

值得一提的是,与城邦利益有重大关系的公共案件的诉讼是免费的,但有些过于私人化的公共案件是需要原告缴纳保证金的。私人案件是需要缴纳诉讼费的,但如果涉案金额低于100德拉克玛的话,其诉讼也是免费的。在大多数私人案件中,诉讼双方在开庭之前必须缴纳诉讼费:涉案金额在100德拉克玛~1000德拉克玛之间的案件,诉讼双方需各自缴纳3德拉克玛;若超过1000德拉克玛,各方需缴纳30德拉克玛。在私人案件中,如果原告无力承担诉讼费,他将不能提起诉讼;同时,在法庭上败诉的一方则需要承担全部的诉讼费用,他必须补偿胜诉一方所缴纳的诉讼费。

审判程序

在雅典,案件审理有着两个严格规定的阶段:大多数案件在未被提请民众法庭之前便得以解决,若要进入法庭审判,这个案件需要经过好几道程序。

首先,起诉人提起诉讼,由两名当值的传唤员陪同去传唤被起诉人,定下日期。到了这一天,双方将起诉书和辩诉书提交给当值的司法官员,由他们根据相关规定决定是否立案。如果立案,便可进行预审;公共案件和涉案金额在10德拉克玛以内的私人案件由当值的司法官员亲自审理,涉案金额超过10德拉克玛的私人案件则由抽签选定的仲裁人进行审理。在司法官员主审的预审中,涉案双方认可判决,便可结案;如果被起诉人不同意判决,可以对起诉人提出抗诉，使自己的身份在进入法庭审判前由被告变为原告。在仲裁人主审的预审中，仲裁人先进行调解，如果不能调解成功，便做出判决；如果双方有任何一方不满意判决，仲裁人便将涉案材料如证据、诉状和援引法律条文封存，作为法庭审理时的唯一参考材料。

民众法庭开庭审判这一天，六千名预备陪审员聚集在法庭门前，抽选成为各个法庭的陪审员；当他们就座之后，便开始抽选各个法庭主持官员；然后，在主持官员的主持下，从陪审员中抽选出掌管水漏计时器的计时员。当这些预备工作完成后，法庭的审判工作才正式开始。首先是陪审员宣誓，然后是法庭传令官宣读原被告的讼辞，接下来是原被告的第一轮发言。一般的私人案件都有两轮发言，公共案件和一些私人案件则只有一轮发言。发言时间的长度与案件的重要性成正比，诉讼人的发言不能被打断，工作人员宣读相关法律、法令、契约和证人证词的时间不计算在发言时间之内。在发言过程中，诉讼人向对方提出的涉案问题，被提问人必须给以回答，而所用时间算入提问人的发言时间之内。

法庭发言结束后，便是陪审员行使司法审判权的时间。这时，发票员将黄铜制成的投票球发给各位陪审员，每人两个；两个投票球都有个中轴，一个为实心的，一个为空心的。投票球都是在所有诉讼人监督下进行分发的，以确保没有人收到两个一样的投票球。然后，传令官宣布，“空心的投票球代表支持起诉人，实心的投票球代表支持被起诉人。”法庭内设有两个瓮，一为铜瓮、一为木瓮；它们被放在突出的位置，以防有人秘密投进投票球。铜瓮盛放有效投票，木瓮盛放未用投票；铜瓮有一个穿孔的盖子，以使从此处仅能一次投进一个投票球，以防有人一次投进两个投票球。

传令官宣布完毕后，陪审员走上放瓮处，用手遮掩中轴，以使诉讼人看不出他拿的投票球是空心的还是实心的，然后将其所选择的投票球投进铜瓮中，另一个无效的投票球则投进木瓮中。

全部陪审员投票完毕后，服务人员取走盛着有效投票的瓮，并将投票球放在计票版上；计票版上面的凹槽与投票球的数目相等，以使空心的或实心的有效投票能够清楚排列并便于计数。然后，指定的唱票人员将穿孔的排列在一处，实心的排列在另一处。接着，唱票人宣布票数，得票多者胜诉；如果票数相等，则被告人胜诉。

如果被告被宣布无罪，他就可以离去；若被宣布有罪，就要依法惩办。如果对被告的惩罚无法可依，法庭就要按照第一轮的程序进行第二轮发言与投票，来裁决对被告的判罚。供选择的惩罚有两个，一个是由原告提出的严厉惩罚，另一个是被告提出的从轻惩罚，陪审员只能在两者之中选择其一，公元前399年苏格拉底就是在第二轮审判中被判处死刑的。

在公共案件上，城邦对判决表现出了很强的执行能力，而比较轻视对私人案件判决的执行。在公元前4世纪之前，胜诉的原告可以请求相关机关拘捕被告，以便被告执行法庭的判决。但是，到了公元前4世纪，这种做法遭到了禁止，这就给被告制造了逃避制裁的机会；同时，又会因此引发了新的官司，如重新将败诉方再次告上法庭，也有因抢劫并殴打败诉方而被告上法庭的。这是雅典民主过于尊重公民个人自由，带来了一个司法上的负面影响。

立法与监察

与现代法庭的职能不同，民众法庭除了具有司法审判权外，同时还具有立法权和强大的监察权。

在公元前5世纪，公民大会行使着雅典城邦的最高权力，它所通过的法令便具有法律效力，甚至雅典公民习惯于将法令和法律等同起来。但是，公元前403年立法委员会的成立却改变了雅典公民的这个习惯，法令不再像法律那样具有普遍的和长久的约束性。

立法委员会像民众法庭一样，在由六千名预备陪审员中抽签选出组成，1001人大概是它的标准规模，有时候会是501人，有时候会是1501人或者更多。立法委员会本身并不负责制定新法和修改旧法，它只负责最后裁定是否废除旧法、颁布新法。在进入立法委员会审议之前，还有多个程序需要完成。每年第一次公民大会的固定议程便是对现行法律逐条进行审查，然后由人民举手表决是否继续适用。如果某项法律被表示不满，公民大会将选出五名公民到立法委员会上进行辩护。九位执政官中的司法执政官每年都对现行法律进行审查，如果发现有相互冲突或不再适用的法律，便将其在市场上公布。然后，这一草案被纳入公民大会议程进行讨论。如果需要废除旧法、制定新法，公民大会则宣布成立立法委员会来最后定夺此事。同时，任何公民都有类似于司法执政官的权利，可以公布自己拟定好的法律草案，使之进入法定程序。立法会议的程序和民众法庭的程序基本相同。首先是提议人和辩护人之间的辩论，然后是立法委员会成员进行投票表决。提议人如果获得大多数投票，他的法律草案将被通过变成法律；反之，现行法律仍继续沿用，而提议人或许要遭到处罚。

立法委员会的出现，标志着雅典立法程序的进一步完善。它的出现，使立法程序中的动议权和决议权分离，这一方面可以防止立法权的集中，另一方面也可以防止法律条文的无秩序变更，从而避免了人民在法律面前陷入无所适从的困境。

同时，民众法庭对五百人议会和公民大会的决议和法令具有审查权。如果有人就两者的决议或法令提出违法法令诉讼，那么，它便需要接受民众法庭的审查。不管决议或法令是否已经被通过，公民都有权利对其提起违法法令诉讼。并且，民众法庭的判决是最终的。如果提交给民众法庭审查的决议或法令被判违法，它将被取消，而无需复议。

此外，民众法庭对所有城邦官员和五百人议会成员都具有监察权，不仅负责他们的任职资格审查和账目审计，同时还负责监督他们的任内行为。在任职资格审查中，不论是否有人提出质疑，所有受审查人皆须逐一地被民众法庭进行质询和投票表决。如果被否决,此人将失去任职资格。并且,五百人议会所拥有的任职资格审查权也受到民众法庭的辖制。如果有人对它的审查结果表示异议,他可以上诉到民众法庭复审。同时,五百人议会对九位执政官的任职资格审查结果只是初步的,无论是否被质疑,它们皆须提交给民众法庭复审。民众法庭的审查结果为最终的,它可以推翻、也可以支持五百人议会的审查结果。

民众法庭对官员任内行为的监察,是与公民大会联合执行的。每个官员在任期内都要定期接受公民大会的审查,如果有官员被认定渎职,他将被立即停职,并交由民众法庭审判。若被判有罪,将遭受相应惩罚;若被判无罪,则当庭释放、官复原职。同时,任何公民都有权对官员的失职提起公诉,民众法庭也将会对此进行审理。

所有届满卸任的官员与五百人议会成员,其所有与公务相关的账目皆须经过会计员审计并记录在案;无论是否有问题,都需交由民众法庭审查。如果被发现有经济问题,相关人员则将被判以罚金。

总而言之,民众法庭在公元前4世纪掌握了雅典城邦的最高司法权、立法权和对所有官员以及五百人议会成员的监察权,从而在宪法中成为最高的权力机关。民众法庭地位上升,公民大会这个最能体现人民主权的机构的权力也受到了其制约和监督,这体现了雅典民主与法治之间逐渐紧密结合。

法律的作用

然而,民众法庭是否是依法判案呢?这是一个复杂的问题。不容否认,法律在民众法庭司法审判程序中的确起着至关重要的作用,但是,非法律因素也影响着判案结果。

雅典政治演说家——德谟斯提尼。

民众法庭的存在，体现了雅典民主与法治（或法律）的结合。首先，与政治体制的性质相对应，法律也有君主制、寡头制和民主制之分。（Aristotle, *Politics*,1289a 6–15;1289a 13.）所以，民主政体下的法律也是民主的。其次，民主性质的法律旨在维护民主政体的存在，民主制的法律体系被推翻也就意味着民主制的颠覆。最后，当雅典人深刻体会到两者的关系之后，便加大了民众法庭的权力，使民众法庭成为法律活动的主体，并通过它来维护民主政体。

尽管陪审员宣誓，要依据法律判案，但事实上，法律的作用主要在法庭辩论过程中得以体现，它是重要的证据和诉讼双方利用的重要武器。诉讼双方谁依据的法律越多或越贴切，他胜诉的几率就越大。公元前345年，当德谟斯提尼和提玛库

本人意志的附庸。所以,有人向战神山议事会提出对庇西特拉图的控告,但此人却不敢出庭进行指控。

公元前508年的克里斯提尼改革,没有在名义上触动战神山议事会的权力。但是,设立的十将军一职却在实际上逐渐削弱执政官的权力,从而在事实上造成战神山议事会权力的缩小。尽管战神山议事会的权威在希波战争期间得到了短暂的提升,但是很快便遭到抨击和打击。

随着战神山议事会和执政官的权力的逐渐削弱,其成员构成也在发生变化,雅典城邦的下层公民,逐渐能够跻身其中。自公元前457/456年开始,其成员中出现了第三等级双牛者,甚至也会有第四等级的公民能够混迹其中。由于雅典没有专门的财产审计部门,公民财产只是一个大致的估算,因此在选任公职之时,候选人的财产资格限制就不是那么严格,所以,第四等级的公民成为战神山议事会成员的可能性也是存在的。尽管战神山议事会逐渐平民化了,但是,这个机构直到雅典古典时代结束之时,仍然被视为贵族机构。公元前4世纪后半期,狄那库斯在一次反对德谟斯提尼的演讲中说,“当着这里所有人和整个雅典的面,你,德谟斯提尼建议:根据祖先之法,战神山议事会应该掌握权力,惩罚那些违法乱纪的人。并且,你将城邦交给了这个议事会,然而,不多时,你就会告诉我们:它是一个寡头制组织”。(Dinarchus, *Against Demosthenes*, 62.)

战神山议事会地位下降的趋势一直持续到了伯罗奔尼撒战争后期,当雅典人感觉有必要将权力集中起来的时候,他们想到了战神山议事会。在

公元前462年,经过埃斐阿尔特的努力,战神山议事会的核心权力,如宪法监护权、叛国罪审判权以及执政官的资格审查权与所有官员的账目审计权全部被剥夺,只有审判故意杀人案、投毒案、纵火案以及某些宗教案件等权力被保留下来。

公元前404年，三十人僭政建立之时，他们首先废除了埃斐阿尔特等人限制战神山议事会权力的法律，恢复了它先前的权力，这些权力大概包括监护法律、监察官员与公民大众的行为等。然而，我们并不清楚具体的情况，因为雅典很快便陷入了内战。公元前403年，僭政被推翻，民主得到重建，战神山议事会的权力再次被剥夺，恢复到了公元前462～公元前404年间的状态。

从公元前403年民主重建后和整个公元前4世纪，战神山议事会逐渐活跃起来，这是雅典人对激进民主反思的结果。公元前403年民主政治重建后，基于伯罗奔尼撒战争的惨败，雅典人开始反思自身的民主政治，普遍希望回归想象中的黄金时代——那个时代，战神山议事会有着突出的地位。于是，战神山议事会在重建后的民主中受到了重视。

公元前403年，包括雅典宪法在内的法律体系进行了彻底的大修订，修订后的法律赋予战神山议事会监督官员执法的权力。(Andocides, *On the Mysteries*, 84.)公元前352/351年，公民大会颁布法令，规定战神山议事会有权与五百人议会和其他相关机构共同对雅典城和阿提卡地区的圣地进行监管。(*IG*, II^2 204.16-33)公元前4世纪40年代，雅典的司法审判中引进了一项被称为“三司共审”的程序，这一程序首先要从战神山议事会审理开始。后来，战神山议事会的司法权力扩大且权威也进一步提高，它有权对审理的违法犯罪案件做出最严厉的惩罚，它的判决也是最终判决，无需提交公民大会或民众法庭复议。此外，战神山议事会在公元前4世纪后半期似乎有权干涉公民大会的某些选举活动。例如公元前343年，公民大会选举出埃斯奇涅斯为雅典的代表，参与关于提洛岛城邦间的法律诉讼。但是，战神山议事会宣布这次选举无效，而是用希波雷德斯代替了埃斯奇涅斯。在公元前338年喀罗尼亚战役之后，战神山议事会又一次干涉公民大会对将军的选举，最后确保福基昂而非卡利德莫斯当选。据说，在公元前338年雅典陷入危机之时，战神山议事会又发挥了关键作用，它成功地实现了与腓力二世的和平，才使得雅典度过了这一段危机时期。在此期间，它被公民大会赋予了审判叛国者的权力，并且处死了一批叛离者。不仅如此，经过德谟斯提尼提议，公民大会还赋予战神山议事会监督公民行为的权力，使其有权对任何公民的违法乱纪行为进行惩处。

战神山议事会这种权力和地位递增的趋势一直持续到希腊化时代和罗马统治时代，它进一步成为雅典的重要权力机关，甚至超过了公民大会和民众法庭的地位。

程序与贡献

众所周知，战神山议事会成员全部由卸任的执政官组成。当执政官卸任时，顺利通过民众法庭的任职审查之后，便可自动成为战神山议事会的一员。但是，如果未能完成任内任务，即便卸了任，执政官依然不能成为战神山议事会成员，例如，执政官卸任后仍未能完成征收橄榄油的任务，他就必须在将足量的橄榄油交给财务官之后，方能成为战神山议事会成员。

根据雅典宪法规定，只有年满三十岁的公民才有资格成为执政官，并且对执政官的任选有严格的资格审查，所以，公民们一般在三十多岁的时候尚不具备成为执政官的资格。据学者推测，战神山议事会成员的平均人数在一百五十人左右，并且有六十人也即总人数的五分之二年龄可能在六十岁以上。这就使得战神山议事会明显具有“老龄化”的特征。不过在古希腊人看来，虽然人的体力会随着岁月的流逝而减退，但人的智力却会随着年龄的增长而增加。在公元前462年被剥夺了核心权力之后，又在公元前457/456年被平民化，战神山议事会不再是雅典民主政治的潜在威胁，于是，这个由“老人”组成的权力机构还是赢得了雅典人的普遍尊重——公元前4世纪，雅典人对它普遍存有好感，致使它赢得了“雅典人最好的法庭”的赞誉。

公元前4世纪之前，战神山议事会的开会地点一直是战神山东北坡，到了公元前4世纪，它也在市场西北角的王者柱廊那里召开会议。不过，战神山仍是它的正式会议地点。

战神山议事会虽然在两个地点召开会议，但执行的权力是相同的，都可以审理杀害雅典公民案件和行使其他职权。（汉森同时还认为，在不审理杀人案的时候，战神山议事会也在王者柱廊那里召开。参见M. H. Hansen, *The Athenian Assembly in the Age of Demosthenes*, 1987, Oxford: Basil Blackwell, p.224.）战神山议事会成员不仅享有权利，同时还必须履行义务。如任何议事会成员未能出席议事会或公民大会，都将被课以罚款，五百斗者出身的罚3德拉克玛，骑士出身的罚2德拉克玛，双牛者出身的罚1德拉克玛。

在公元前4世纪，相对于公民大会、五百人议会和民众法庭，战神山议事会的基本权力很小。涉及雅典公民的故意杀人案和伤人案才由战神山议事会审理，此外，投毒案和纵火案也由它审理，这些是战神山议事会所审理的仅有的几类案件。先前，战神山议事会还能对那些挖掘或砍倒橄榄圣树的人处以死刑，后来这个权力也被剥夺了；其他杀人案件，如过失杀人案、杀人未遂案和杀害奴隶、侨居民以及外邦人的案件则在帕拉狄温法庭审理。

战神山议事会的权力被剥夺殆尽之后，雅典城邦似乎并未让其成员清闲下来。原则上，雅典宪法规定公职人员不能一身兼两职，但是，这一限制似乎对战神山议事会成员并不适用，他们可以兼任另一职务。史籍有载，优伯鲁斯是公元前370/369年的司法执政官，然后成了战神山议事会成员；但在公元前4世纪50年代之时，他又成为观剧基金委员会中的一员。一些具有强烈参政欲望的公民，往往会走这条捷径，先成为执政官，然后顺理成章地成为战神山议事会成员。这样，还可以再兼任一个其他职位，从而能够扩大自身的政治影响力。不过，在公元前403~公元前322年间，我们共能确定三十六位执政官的身份姓名,其中只有五位兼任了其他职位。在这五个人当中,优伯鲁斯最著名,他是当时著名的财经专家,其显著的经济贡献,使他在公元前4世纪中期成为雅典政坛上一个颇具影响力的政治领袖。

在此之前,战神山议事会成员是否有此"特权",我们不得而知。似乎那时的许多政治家在成为战神山议事会成员之后,依然在政治上非常活跃,比如泰米斯托克利。泰米斯托克利在公元前494/493年曾任过雅典的执政官,然后便成为战神山议事会成员。在此之后,他的政治影响力反而增强。公元前5世纪80年代,他通过陶片放逐法将多个政敌放逐,而自身却免于放逐。在此期间,他成功地倡导了发展雅典海军的计划,为希腊联军能够在公元前480年的萨拉米海战中大败波斯海军和为雅典人建立海上帝国奠定了基础。

由于战神山议事会由具有智慧的"老人"组成,所以,每当雅典面临危急之时,都会信赖这些"老人",让他们出来主持国政——在希波战争期间如此,在伯罗奔尼撒战争后期如此,在公元前338年马其顿国王腓力二世取得喀罗尼亚大捷之后依然如此。长期以来,尽管战神山议事会是雅典贵族维护其特权利益的坚固堡垒,但是,在危机时期它也曾为雅典做出过巨大贡献。

三司共审

公元前4世纪40年代,雅典的公共审判中引进了一项被称为"三司共审"的司法审判程序,它专门用于审判政治领袖们企图颠覆民主制度、叛国活动以及收受贿赂等重大罪行,由战神山议事会、公民大会和民众法庭共同负责审理此类案件。"三司共审"的希腊文(Apophasis),字面意思是"报告",指的是战神山议事会将对案件的调查结果以报告的形式上报给公民大会;但事实上,它指的却是案件的整个程序。(Mogens Herman Hansen, *The Athenian Democracy in the Age of Demosthenes*, trans. by J. A. Crook, Oxford:

工匠神赫淮斯托斯神庙。

Blackwell,1991,p.292.)三司共审程序的出现,是战神山议事会的政治地位在公元前4世纪得到提高的表现,它又一次涉身于雅典重要的司法审判程序之中。

三司共审,首先从战神山议事会开始,有时候需要公民大会预先授权。战神山议事会负责案件的调查和初判。调查包括寻找证人、搜集证词以及通过逼供从奴隶那里得到证词等,根据调查的结果,战神山议事会有权对案件做出判决。不过,不管是有罪判决还是无罪判决,都不是最终的,它必须提交公民大会复议。

战神山议事会的报告提交到公民大会那里,由公民大会进行审读和讨论。如果战神山议事会的判决是无罪判决,那么这个案件将被流审;如果是有罪判决,那么公民大会将进行举手表决以进一步确定。如果表决通过,那么公民大会将选出一个公诉人团,并将案件移交给民众法庭审理。由此可以看出,三司共审的另一个独特之处是起诉人的身份发生了改变,起诉人不再是公民个人,而是一个公诉人团体;并且,他们的起诉已经从自愿变成了一种义务。这是与雅典一般的公共诉讼或私人诉讼的重要差别。公诉人团由公民大会(有时由战神山议事会)选举产生,他们集体对涉案人员提起公诉。

在民众法庭上,按照正常程序,公诉人与被起诉人首先进行法庭辩论,然后陪审员进行投票表决。如果判决无罪,被起诉人当庭释放;如果有罪,则需进行第二轮审判,来裁定惩罚的结果。由此可见,民众法庭仍然掌握着司法审判的最高权力,它可以支持、也可以推翻战神山议事会的最初判决。

自三司共审出现以后,它便被频繁地实施。在三司共审的案件中,哈尔帕罗斯行贿案是最为轰动的案件。哈尔帕罗斯是亚历山大大帝的财务官,由于渎职而害怕遭到惩罚,公元前324年6月,当他听说亚历山大从印度回兵之后,便席卷了当时亚历山大帝国首都巴比伦金库中的5000塔兰特,带着三十艘舰只逃窜。经过一段流离失所之后,哈尔帕罗斯来到了雅典的比雷埃夫斯,此时,他身上只剩下了700塔兰特。马其顿大将安提帕特和亚历山大的母

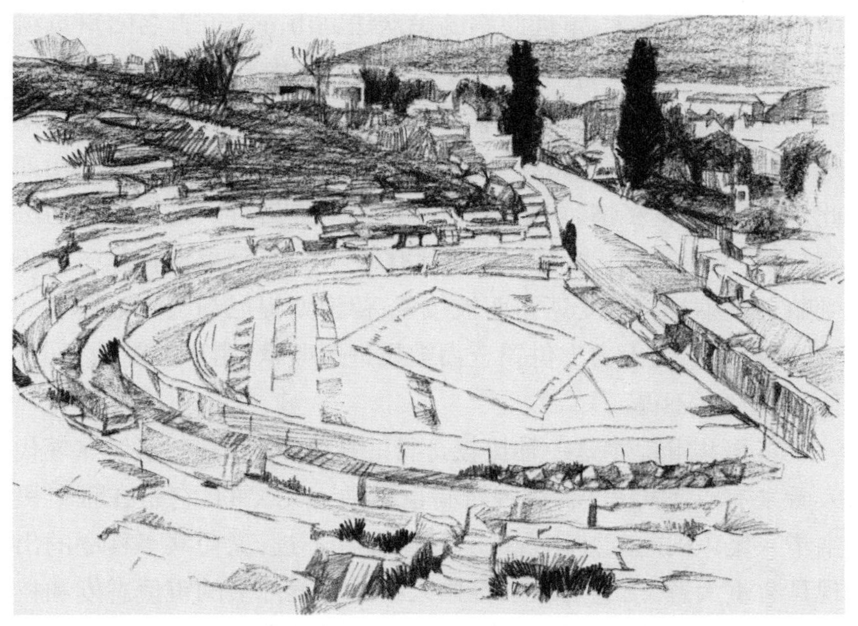

雅典卫城东南端的狄奥尼索斯酒神剧场。

亲奥林匹娅斯得知此事后，便要求雅典立即将此人引渡，由他们来进行审判。但是，当时的德谟斯提尼却建议雅典应该将哈尔帕罗斯投入监狱，并将他的700塔兰特存入雅典卫城。然而，哈尔帕罗斯很快便逃离了雅典，并且身上的700塔兰特也变成了350塔兰特。很显然，那消失的350塔兰特肯定用来贿赂了雅典的有关人等，不然，他怎么能轻而易举地逃脱呢？

于是，哈尔帕罗斯行贿案便进入了三司共审程序。经过战神山议事会六个月的调查，发现涉案人员达到九个，其中大部分都是当时著名的政治领袖，例如：德谟斯提尼，他是雅典民主政治晚期的一个英勇的民主斗士，道德高尚的爱国者；德玛德斯，他是一位八面玲珑的政治家，曾先后四次将雅典从危机之中拯救出来；阿里斯托基冬，他是当时著名的平民派领袖，常常以“人民卫士”自居；斐洛克拉斯，他时任派驻比雷埃夫斯港的将军，是他允许哈尔帕罗斯进城的。公民大会复议时，认为他们有罪，将此案交由民众法庭审理，并选出十个人组成公诉人团，对这九个人提起公诉。由于此案案情重大，审理此案的民众法庭由一千五百名陪审员组成，而绝大多数情况下，案件的审理只需交由五百名陪审员组成的民众法庭即可。在民众法庭上，作为公诉人之一的希波雷德斯是与德谟斯提尼长期站在一个政治立场上斗争的“战友”，即便如此，他依然不徇私情，慷慨陈词，与德谟斯提尼等人进行激烈的法庭辩论。最终，九个被起诉人被判有罪。不过，阿里斯托基冬由于受贿金额不足以遭受惩罚而被赦免；德谟斯提尼却被判处罚金50塔兰特，并因为无力支付罚金而被投进了监狱。由于文献缺失，其他人的判决不得而知。

三司共审程序是一种比较奇特的司法审判程序，不仅在现代人看来有点不可思议，在古希腊也是独一无二的，它是在雅典民主步入尾声的时候才出现的一种制度。不过，三司共审程序的出现具有重大意义，它反映了雅典人在重大案件上的审慎态度和权力制衡观念。战神山议事会、公民大会和民众法庭这三个司法审判机关在案件审理过程中的不同阶段发挥作用,将司法审判权进一步分割,尽可能确保司法审判的公正。如果做不到理想状态的公正,那就退而求其次。尽管这样做仍可能错放过一个或多个坏人,却是在尽可能做到不冤枉一个好人。这也正好体现了雅典民主的优越性,任何公民都有权利接受法律的保护,而任何公民同时又必须尊重法律对他人的保护。

政治家:无权决策的领袖

在历史长河中留下深刻足迹的人往往不是普通的人民大众,而是那些在政治上有突出表现的政治家。不过,古希腊语中和雅典文献中都没有“政治家”一词,那么,是什么样的人活跃在雅典政坛上?他们又遭遇什么境况、发挥什么作用呢?

业余或专业?

雅典没有现代意义上的政治家或政治领袖,任何人都可以为雅典政治活动献计献策。对那些在政治上活跃的公民,雅典人称之为“Demagogos”,也即“人民领袖”;但是,由于雅典政治家不负责的内斗,导致这个词在公元前5世纪晚期变成了一个贬义词,成为“政治煽动家”或“政治蛊惑家”等。到公元前4世纪,演说家和将军这两类人逐渐具有政治家的特征,因为他们也同样长时期地活跃在政治舞台上。尽管两类人的身份不同,但是他们有一个共同点:热切地参与政治。

在雅典,政治领袖是一个特殊的人群,有时候他们是城邦官员,有时候他们又是普通公民。雅典民主历来实行的都是轮番执政、短期任职的政策,政治领袖总体上不可能总是或长期是城邦官员;同时,城邦官员又不全是政治领袖,那些出于义务担任城邦公职而无意于在政治上有一番作为的城邦官员不能算是政治领袖。这些政治领袖既来自公民集体又与普通公民不同，普通公民大部分都是政治的消极参与者，到公民大会或民众法庭听听辩论、然后投上一票；而政治领袖则是政治的积极参与者，他们不仅积极向城邦提出各种建议，同时还要亲自出席五百人议会、公民大会，阐述个人主张，并与不同观点展开辩论，尽力使个人意愿变成城邦意志。所以，在雅典，政治领袖的重要特征是积极参与政治，无论他是城邦官员还是普通公民。

雅典民主原则规定，所有公民都有同样平等的权利参与政治，然而，现实条件却限制了中下层的公民，因为他们为了维持家庭而不得不四处奔波忙碌，从而无暇长期参政。所以，从公元前7世纪企图建立僭政的库隆，到与雅典民主制同终的德谟斯提尼，数十个我们熟知的政治家几乎皆来自社会上层，只有极少数来自中层，根本没有来自社会下层的。其中，与泰米斯托克利同时代的阿里斯泰德、与客蒙竞争的伯里克利、与尼西阿斯同时代的德拉马库斯，可能财产明显不及政治对手多，但是这并不表明他们贫穷，只是富与更富之间的差别而已。

有财富且愿意投身政治的人，也不一定就能成为政治领袖，他还需要具备其他素质：才能和形象。

公元前5世纪，政治领袖通常是“通才”。他必须掌握演讲术，这是在公民大会上阐明观点赢得支持的重要工具；军事策略，这是一个处在战争频仍、和平难觅时代的政治家必备的素质；治国之道，尽管战争不断，但内政仍然是城邦政治生活的主题。所以，这时候的政治领袖基本上都是将演说家、军事家和政治家集于一身的。

随着社会发展，参政的专业化要求也越来越高。到了公元前4世纪，政治领袖往往变成了“专家”，他们要么精通演讲术，成为职业的演说家；要么知晓兵法，成为专职的将军。只要公民个人能够成为演说家或者将军，他基本上就能够成为政治领袖。公元前4世纪的雅典将军仍然是最有权力的城邦官员，他们不仅是城邦军队的统帅，并且也有权参与城邦政策的讨论，他们有权利主持审理特别案件的民众法庭，有出席五百人议会并发言的特许权，并与五百人议会共享外交权力。同时，公元前4世纪将军连续当选的现象要比公元前5世纪更为频繁，伊菲克拉底至少担任过十三任将军、卡布里亚斯十四任、提谟特乌斯十二任、查瑞斯十九任；其中最引人注目的是福基昂，他担任过四十五任将军，要比伯里克利担任将军的次数多一倍。所以，雅典将军在公元前4世纪要比在公元前5世纪更容易成为政治领袖。

而演说家如何成为政治领袖呢？他们频繁出入五百人议会和公民大会，积极向人民献计献策。这批人只要具备良好的口才、精明的头脑就行，并且，他们没有公职事务缠身，比将军有更多的自由时间出入政治场合。所以，演说家能很快具有政治影响力，甚至超过将军。特别是公元前4世纪后半期，雅典政策几乎完全是经过优布鲁斯、德谟斯提尼、德玛德斯、希波雷德斯、吕库古斯等人策划而成，而这些人却从未当选过将军。

公元前400年前后，雅典政治领袖的来源发生了重大变化。在此之前，政治领袖们多出身于既富又贵的阶层，也即传统贵族中的富有者，库隆、梭伦、庇西特拉图、克里斯提尼、泰米斯托克利、客蒙、伯里克利、尼西阿斯、亚西比德等，都是如此。此后，这些富贵子嗣基本上在政治上销声匿迹，我们听说过的有名人物也不过只有财政官吕库格斯、将军伊菲克拉底和提谟特乌斯等极少数的人来自传统贵族，其余绝大多数活跃在政坛上的人物都没有显赫的家庭背景，而是工商阶层这些“新富之人”。据统计，公元前4世纪的四百名演说家和将军当中，有一百多位是雅典城邦中一千二百名最富有公民中的成员，或者他们的亲戚。(Mogens Herman Hansen, *The Athenian Democracy in the Age of Demosthenes,* trans. by J. A. Crook, Oxford: Blackwell, 1991, p.273.)

此外,政治领袖必须有一个完美的道德形象,从而赢得人民的信赖。如何才能做到这一点呢?那就是进行公益捐助,主动捐出个人财富并积极投身于相关的公益事业。按照一般人的思维,热衷于公益事业的人必然是道德高尚的人。所以,政治领袖都或多或少地参与过雅典城邦的公益捐助。

领导或被领导

雅典政治领袖的领导作用不是通过担任城邦公职来实现的,而是通过在五百人议会和公民大会上发表演说、提出议案并说服人民认可来实现的。当代社会的政治家们往往是政府的高级官员,是政策的策划者、提出者,同时也是决策者。而雅典的政治活动家却没有这么大的权力,他们通常的角色是向五百人议会和公民大会提出建议,由后者来裁决这些建议是否可行,而建议者本人没有表决权。因为,现代社会实行的是代议制民主,而雅典实行的是直接民主。公元前5世纪,像泰米斯托克利、阿里斯泰德、客蒙、伯里克利、尼西阿斯、亚西比德等人,不仅经常被选为将军领兵打仗,同时也时常到公民大会发表自己的政治演说、提出政治决策。到了公元前4世纪,演说家要比将军们更容易活跃在政治舞台上。提玛库斯曾在公民大会上提出过一百多个议案,德谟斯提尼提出过三十九个,阿里斯托丰提出过七十五个,有一个叫克法罗斯的人自称他提出的议案数目没有一个雅典人能超过。(Mogens Herman Hansen, *The Athenian Democracy in the Age of Demosthenes,* trans. by J. A. Crook, Oxford: Blackwell, 1991, p.272.)

雅典的政治领袖不具有明显的领导人特征,他们处在城邦决策程序中最初的一个环节。

雅典人憎恶党派政治,反对政权掌握在一小撮人手中,他们通过各种措施使得参政活动变得简单易行,从而使普通民众能够在最大限度参与政治。所以,自民主制度确立以来,城邦政权一直掌握在代表公民集体意志的公民大会手中,公民集体才是雅典城邦名正言顺的主人或领导者。一个政治领袖,不论多么富有或出身多么高贵,他都必须服从"主权在民"这条基本的民主原则来行事,只能在公民大会上通过演说向民众进行"建议"或"说服"将自己的影响施加在他们身上,进而实现自己的领导权力。这些政治领袖之所以能够长期影响着公民集体的决策,是因为他们懂得如何"讨好"公民集体,而不是人民真心信任他们;当他们的对手更会"讨好"和更被信任之时,他们必然会从高位上跌下来。

所以,政治领袖对城邦的领导其实是他们与公民大会之间的互动。在互动关系中,政治领袖在不同时期的角色并不完全相同。公元前5世纪,政治领袖的主动性比较大,因为当时的党派争斗并未陷入恶性竞争中,雅典人民还是比较信赖政治领袖的,这种信任在伯里克利身上得到了最大的体现。伯里克利以"他的贤明和他有名的廉洁,能够尊重人民的自由,同时又能够控制他们。是他领导他们,而不是他们领导他……当他看见他们过于自信的时候,他会使他们感觉到自己的危险;当他们没有真正的理由而丧失勇气的时候,他会恢复他们的自信心赢得人的信任。"(修昔底德:《伯罗奔尼撒战争史》,谢德风译,商务印书馆,2007年,170页。)但是,伯罗奔尼撒战争的爆发和伯里克利继承者之间无原则性恶意地竞争使人们失去了这种信任。为了争夺领导权也即人民的支持而不是为了将城邦利益最大化,这些继承者竞相向雅典人民许诺,通过华而不实的许诺来说服雅典人民。政治领袖对人民进行不负责任的煽动,很容易促使他们在仓促之中做出过激的决定,进而造成灾难性的后果。伯罗奔尼撒战争中的种种灾难性的失败(如西西里远征的惨败)和令人扼腕叹息的误判(如公元前406年对领导阿吉纽斯海战的八位将军的审判),成为雅典民主政治批评者的有利把柄。伯罗奔尼撒战争失败后，雅典人痛定思痛，为防止政治煽动家的建议可能导致的恶性后果，雅典人从制度上进行了防范和限制，进行了相应的机构设置和职权调整。

在公元前403~公元前399年的政治改革中，雅典城邦设立司法委员会负责城邦的立法权，并将司法审判的终审权交由陪审法庭掌管。同时，对公民大会上的议案实行复议制，一些议案需要首先经过五百人议会讨论，然后再提交公民大会进行讨论决定；有一些议案则需要在连续召开的两次公民大会上进行讨论决定；如果讨论的是关涉重大事务的议案，则需要对出席公民大会的法定人数有特别的规定。并且，这些公民大会上的议案在决议中或生效后，任何公民都有权对它质疑，通过违法法令诉讼程序将其废止。关于立法的提案首先要经过五百人议会和公民大会的审议，然后才提交到立法委员会那里进行审核批准。在这个过程中或该议案变成法律后，任何公民也同样都有权对它质疑，通过违法法律诉讼程序将其废止。重大政治案件的审判，在公民大会审理过之后，必须交由民众法庭进一步审理，它做出的裁决才是终审。

在复议制的政治操作程序中，政治领袖的作用受到了限制。相对于公元前5世纪而言，公元前4世纪的政治领袖处在一个较为被动的地位。

这种复议制的确避免了仓促做出决定，但同时也影响了民主政治的运行效率。尤其是在外交和军事事务方面，这种复议制影响了雅典对变幻莫测的时局做出及时、有效的判断和应对。在政治决策方面，雅典人从一个极端走到了另一个极端，从政策失误转变为政策延误，这也是雅典在公元前4世纪未能创造出公元前5世纪那种辉煌成就的一个重要原因。身处其中的德谟斯提尼虽对此大加批判，却无力改变现状。（Demosthenes, *On the False Embassy*, 184-5；*Philippic I*, 36-7；*On Organization*, 32；*On the Liberty of the Rhodians*, 1.）

疑似的政党政治

如果要使个人意愿变成城邦意志,这就需要政治领袖拥有一批跟随者;由于政治理念或方针的不同必然会导致参与政治活动的群体分裂为不同的政治派别。古典文献中经常记载这些现象,例如亚里士多德在《雅典政制》中反复使用"领袖"一词,将公元前5世纪的雅典政治斗争视为寡头派和平民派在各自领袖的领导下进行的持续的阶级斗争。公元前4世纪后半期,马其顿崛起并对雅典构成威胁时,雅典政治领袖又一次分裂成了两派:亲马其顿派主张和平解决与马其顿的冲突,反马其顿派主张积极打击马其顿,遏制其势力的膨胀。现代学者受到了这种影响,将雅典政治活动政党化。塔恩曾经认为,民主政治末期,雅典政坛上存在着四个党派,"福基昂领导的寡头派、以德玛德斯为代表的保守民主派、希波雷德斯领导的激进民主派和德谟斯提尼领导的正统民主派。"(W. W. Tarn,"Greece 335 to 321 B.C.",*Cambridge Ancient History*, Vol.6,Cambridge: Cambridge University Press,1927,p.400.)真实情况是这样的吗?

首先,我们必须承认,雅典的政治活动的确与现代的政党政治有些类似的地方。最早的党派冲突出现在梭伦改革之前。梭伦改革之后,冲突的党派由两个演变为了三个,"首先是滨海派,由阿尔克迈翁之子墨迦克勒斯领导,他们的目标是建立一个中庸的政体;其次是平原派,他们渴望重建寡头政治,由吕库古斯领导;再次是山地派,领袖是庇西特拉图,他们希望建立极端民主制。"最终以庇西特拉图建立僭主统治结束了党派冲突的局面。(Aristotle,*Athenian Constitution*,5-14.)自克里斯提尼改革之后,雅典的政治领袖又分裂为三派:平民派、寡头派和僭政派,在僭政派领袖被全部放逐之后,便剩下了寡头派和平民派进行政治斗争。

亚里士多德还历数了平民派和寡头派各自政治领袖的谱系,

他们的斗争一直持续到公元前403年推翻三十人僭政、最终确立牢固的民主政治为止。(Aristotle,*Athenian Constitution*,28.)

尽管亚里士多德这样论述,我们却不能将这些党派纷争视为不同政党之间的斗争。

其次,雅典政治活动中也的确存在着合作的现象。雅典的政治活动不是政治领袖的孤军奋战,一个政治领袖需要一批跟随者或合作者来为他的政治决策发言,或在公民大会上投他的票。例如,亚西比德身边就有一批他的支持者,他们在召开公民大会时是坐在一起的;而贵族派领袖修昔底德斯也有一批支持者,他禁止他的支持者和平民大众在公民大会上坐在一起。公元前4世纪,几个政治理念相同或相近的政治领袖经常会走在一起,组成一个类似现代政党的领导层。由此可见,每个政治领袖都有一个合作的集体,政治活动是他或他们领导下的群体活动。

然而,政党是一个组织严格的团体,有一定的政治纲领、一定规模且稳定的成员和固定的公共活动场所,并且以执政为目标。对于上述的政党特征,雅典所谓的党派没有一项是符合的。首先,在雅典这个彻底贯彻“主权在民”原则的直接民主城邦里,不存在让某一小撮人来代行城邦权力的可能性,公民集体是实实在在的城邦主人,僭越“主权在民”原则的行为势必会被打倒并被钉在历史耻辱柱上,例如公元前411年四百人专政和公元前404年三十人僭政便是如此。其次,一个党派的形成是基于某个政治领袖的个人魅力和他与别人之间的私人友谊,而很少是共同的政治理想或利益;同时,这些结社活动是个人行为,且通常是秘密的,因为城邦对私人结社通常是持排斥态度的。再次,政治领袖跟随者的人员流动性非常大,他没有一个相对稳定的支持团体。大部分政治领袖是通过政治演说和个人交际圈来寻求支持,也有极个别人通过贿赂的方式来寻求支持。例如,公元前390年,一位名叫俄尔格克勒斯的将军，通过贿赂让两千多个公民参加公民大会来支持他。(Aeschines,*Against Timarchus*,86.)最后,所谓的党派缺乏历史继承性。例如,公元前5世纪雅典平民派的政治领袖前后之间没有继承关系,前任领袖没指定或推荐谁来做自己的继承人,每个人都是靠个人努力成为政治领袖的。并且,政策上也没有继承性,伯里克利、克里昂和亚西比德三个人相继成为人民领袖,他们的政策却相互冲突,伯里克利主张有限的战争,而克里昂和亚西比德则热衷于扩大战争。

追本溯源,雅典的党派斗争在很大程度上是政治领袖之间的个人斗争，这种斗争将政治理念和个人利益的冲突混杂在了一起。在伯罗奔尼撒战争期间,尼西阿斯与克里昂、亚西比德之间的冲突便是如此。尼西阿斯的性格中庸谨慎,致使他在政策上倾向于主和,而且主和有利于保持他“常胜将军”的美名。为了名誉不受到损害,他主张与斯巴达保持和平状态。而克里昂和亚西比德则属于性格张狂的人,他们不愿意安宁,而积极主张开战,并从战争中捞取个人利益。在马其顿崛起之后,雅典政坛分裂为两大对立阵营,其代表人物分别为亲马其顿的埃斯奇涅斯和反马其顿的德谟斯提尼。最初,两个人之间的冲突或许是因为政治路线不同引起的,但到后来则更多地夹杂了个人利益,因为,埃斯奇涅斯和德谟斯提尼都因为自己的政治主张,而分别从马其顿国王腓力二世和波斯大王那里获得资金支持。

荣誉或危险

由于政治领袖之间的竞争有时候是恶意竞争,所以他们常常会处在冰火两重天的境地:一方面能够通过参与政治获得意想不到的物质或荣誉收获,另一方面随时有可能遭到控告、遭受处罚甚至引来杀身之祸。

在雅典,积极参与政治往往不是普通人的谋生手段,因为政治领袖往往是没有薪水的,它完全是个人自愿行为。

如果有人被发现受人收买而在公民大会上提出议案、发表演说或在民众法庭上提起公诉，他将被视为"政客"，会遭到起诉和惩罚。

除非政治领袖担任了某个有薪金的公职，他才会有一点薪水。例如，城邦将军在带兵打仗的时候才享有薪金，和平时期则没有这种待遇。从表面看，积极参与政治、献计献策似乎是出力不落好的苦差事，而在暗地里，政治领袖却能获得非常丰厚的体制外收入。"天下熙熙皆为利来，天下攘攘皆为利往"，雅典的政治领袖当中大多都是怀着公益之心投入政治的，但在公益活动中也不乏有个人经济动机被包含在内。

政治领袖的体制外收入一般包括三种类型：一种是政治献金，一种是战利品，还有一种是封口费。其中，前两种是城邦许可的，而第三种则是遭到禁止和被人鄙视的。雅典城邦对贿赂和礼物之间的区分似乎不是很明显，对政治领袖受贿行为也没有采取严厉的打击，甚至对那些"贪赃"而不"卖法"的行为采取一种漠视的态度。例如，希波战争期间，泰米斯托克利曾经从优卑亚人那里收取了30塔兰特的贿赂；(Herodotus, *The Histories*, VIII, 4.)公元前4世纪，埃斯奇涅斯从腓力二世那里收到一份地产和数额不明的金钱，而德谟斯提尼则从波斯大王那里收到了数十塔兰特的资金。这些"违法"行为并未遭到惩罚。战利品也是一项重要的收入，参战人员能从战利品中获得巨大收获，因为他们的战利品无需全部交公。在战争中发家致富的政治领袖当中，客蒙是最为成功的，他不仅偿还了父亲遗留下来的债务，并且还有巨额的财富来承担公益捐助活动。伯里克利在与他竞争时，不得不设法动用城邦的财力来笼络民意。封口费通常是那些小人物所为，是政治领袖所不齿的行径。它通常是针对一些有违法乱纪嫌疑的富人提出的一种勒索性控告，而被控告的富人怕麻烦，便私下向控告人送一些财物来了事。

政治领袖不仅能够获得意想不到的灰色收入,同时还可能得到城邦奖励的荣誉。雅典城邦常常会颁布一些荣誉法令，对那些为城邦做出过突出贡献的公民进行表彰，而这些人往往是政治领袖。例如,雅典将军科农、伊菲克拉底、卡布里亚斯和提谟特乌斯等人建立了雅典第二海上帝国,使雅典在伯罗奔尼撒战争惨败之后又一次恢复了大国气象，雅典公民大会便颁布法令对这些人进行嘉奖和赞扬。同时,他们还有可能被授予金冠,甚至树立塑像。例如,公元前403年,由于重建民主制有功,公民大会颁布荣誉法令,授予特拉绪布鲁斯一顶金冠。在古典时期,树立塑像是至高无上的荣誉，只有那些为城邦做出了极大贡献的人才有资格获得树立塑像的荣誉。在树立塑像的名单中,除了哈尔莫狄乌斯和阿里斯托基冬两个比较特殊的人物之外,其他的全部是政治领袖。例如,科农和提谟特乌斯父子两人都在生前便因功勋卓著而被树立了塑像。

这些荣誉法令被刻录在石头上,以便这些政治领袖的英名与伟业流芳千古。

鉴于政治领袖参与政治常常会名利双收,所以,雅典人非常羡慕他们,“他们想要什么,便会得到什么;能帮助朋友,为家庭扬名,为祖国增光;他的名声首先会在城邦内流传,而后会传遍整个希腊,也许还会像泰米斯托克利那样在异邦人中间享有盛名；无论走到哪里，都会受人尊敬。”(Xenophon, *Memorabilia*, III, 6.2.)

不过,高回报必然伴随着高风险。政治领袖在享受参政的实利和荣耀的同时，也面临着对手的攻击和雅典民众的翻脸无情。与当代社会的同行相比，雅典的政治家或政治领袖要承担更多的参政风险。现代政治家不会因为个人的提案遭受惩罚，如果他的提案通过后造成了巨大的不良影响甚至重大伤害，他仍然是免责的，或许他们会为此做出道歉或者引咎辞职，但这很大程度上是迫于社会压力而不是法律原则。雅典的政治领袖则经常会为自己的提案或失职付出金钱、自由乃至生命的代价。在提案尚未通过公民大会决议之时，任何公民都可以就它是否违背法律提出质疑，如果被质疑违背法律，提案人将有可能被判处罚金。如果议案得到通过，但给城邦造成了损失，提案人仍要对此负责，将会遭到控告，有可能被判罚金、放逐、剥夺公民权，甚至死刑。所以政治领袖们常常会发出悲叹：参与政治太危险，动辄便招致批评和攻击，每天都要受到审判威胁的煎熬。(Demosthenes, *Philippic IV*,70.)几乎没有哪一位政治领袖能够成为雅典政坛上的“常青树”。在马拉松战役中为雅典赢得威名的米提阿德、领导希腊联盟成功击退波斯入侵的第一功臣泰米斯托克利、立下赫赫战功的客蒙、具有天纵之资的亚西比德等著名领导人，最终都沦为雅典民主的牺牲品。即使是靠演讲口才、人格魅力和真才实干赢得雅典公民长期支持的伯里克利，也曾因为伯罗奔尼撒战争的失利而遭到公民大会的处罚。比他们更悲惨的是，那些在沙场浴血奋战之后得以生还的将军却被人民处死。最悲哀的是，公元前406年在阿吉纽斯取胜的六位将军，却遭到公民大会审判，全部被处死。所以，当德谟斯提尼因哈尔帕罗斯行贿案遭到处罚，无力缴纳罚金的他最后选择了自我放逐。

公元前4世纪，只有三位将军战死，却有六位将军死在雅典人的刑场上。

离开城邦时，他满怀悲伤地抱怨道："智慧的雅典娜呀，你为何会喜欢猫头鹰、蛇和群众这三种难以驾驭的野兽呢？"（Plutarch, *Demosthenes*,26.4.）

公益捐助：富人的责任

在雅典，富有公民将城邦的兴亡也同样视为自己的责任，他们积极拿出个人资财用于公益活动的举办，于是，古希腊语便出现了一个特别的名称——"λειτουργία"。"λειτουργία"在现代英语的对应拼写是"leitourgia"，"liturgy"是其变体；它由词根"λείτος"（公众、公共）和"εργοι"（做、工作）结合而成，其义为"公共责任""公共义务"；承担此类事务的人则被称为"λειτουργός"（leitour-gos），直译为"公共责任履行者"或"公共服务者"。[*The Oxford English Dictionary*,(2nd ed.,Vol. viii),Oxford: Clarendon Press,1989, p. 1046.]根据这两词的希腊语境，我们可以将其分别翻译为"公益捐助"[我国大陆学界对此词的最早译法是"社会义务""公益捐输""公益捐款"和"公益捐献"（分别参见B.C.塞尔格叶夫：《古希腊史》，缪灵珠译，高等教育出版社，1955年，236页；亚里士多德：《政治学》，吴寿彭译，商务印书馆，1965年，267页注③，325页；Ю·B.安德列耶夫：《斯马达是城邦的一种类型》，施治生译，见中国世界古代史学会编：《古代世界城邦问题译文集》，时事出版社，1985年，103页。）如笔者在文中所述，"λειτουργία"本身强调的不仅仅是出资，更重要的是亲身参与服务和执行。在雅典，富有公民的这种协助城邦履行公共职责的义务，不仅仅是单纯的财富捐献，捐助人还要担任相应的公职、亲自负责相关事宜。从词义和实际情况看，"社会义务""公益捐输""公益捐款"或"公益捐献"的译法似乎有些欠妥，故而将其改译为"公益捐助"。]和"公益捐助者"。公益捐助既是一项金钱义务，又是一项人身义务；捐助者不仅要捐献个人财富以承担所需花费，还应当亲身负责相关事务的具体管理。[Matthew R. Christ,“Liturgy Avoidance and Antidosis in Classical Athens”, *Transactions of the American Philological Association* (1974-), Vol. 120, (1990), p. 147.]最初,公益捐助只是自愿行为,但在雅典进入民主时期之后,它便转变为富有公民的制度性义务。(Joint Association of Classical Teachers, *The World of Athens: An Introduction to Classical Athenian Culture*, Cambridge: Cambridge University Press, 1990, p.228.尽管它是专门针对雅典富有公民的一项强制性义务,但在实际操作过程中,往往会有一些富有公民主动承担这项义务,从而使公益捐助的强制性色彩淡化了许多。此外,有些富有的侨居民有时也会主动或被要求承担非军事性或军事性的公益捐助。)

在古希腊的各个城邦中,雅典公益捐助的规模最为庞大,项目最为繁多,管理也最为明晰。从捐助者的身份看,公益捐助可分为富有公民的捐助和一般公民的捐助,但在事实上,进行公益捐助的绝大多数是富有公民。从意愿上看,公益捐助可以分为义务性和自愿性两种。在雅典的公民中,第四等级是不履行公益捐助这项义务的。从内容上看,公益捐助包括公民协助城邦或独资筹备节日庆典活动、城邦工程建设、军事装备等方面;承担节日庆典活动的人选由执政官或部落成员选定,协办军备的人选由将军确定。(Mogens Herman Hansen, *The Athenian Democracy in the Age of Demosthenes*, J. A. Crook translated, Oxford: Basil Black well, pp.110-111.)从时间安排上看,公益捐助可以分为定期性的和临时性的两种,前者主要集中在日常生活中对节日庆典的筹办上,而后者则经常表现在非常时期对城邦工程建设、军事装备的出资和筹备。从服务范围上看,公益捐助还可以分为城邦性的和地方性的。

捐助情况

在各种定期性公益捐助中,对节日庆典的筹备最引人注目,且耗费最大。在雅典,节日庆典种类繁多,甚至伯里克利可以自豪地说,整年的时间里,有各种定期赛会和祭祀活动缓解雅典人的紧张,愉悦他们的心情。据德谟斯提尼统计,雅典一年内大概有六十多项宗教庆典活动;(Demosthenes, *Against Leptines*, 21.)其中,最著名的有狄奥尼索斯酒神节、泛雅典娜节等。

这些繁多的娱乐活动需要消耗大量的资金,雅典城邦将这些活动的费用从完全由城邦支出转变为富有公民和城邦共同负担或者由富有公民独自承担。那些被选中的富有公民主要负责挑选、训练人员参加节日庆典中的戏剧、音乐和体育比赛,并承担这些活动的相应费用。在众多节日庆典中,富有公民最热衷于筹办狄奥尼索斯酒神节。此节日被后世誉为希腊人的狂欢节,最受雅典人的欢迎。节庆期间要上演三部悲剧和五部喜剧。雅典城邦自公元前502/1年和公元前483/2年开始以公益捐助形式举办悲剧和喜剧演出,每个部落每年都会委任其辖地的一个富有公民为演出执事一职来负责此事。(J. B. Bury and Russell Meiggs, *A History of Greece: to the Death of Alexander the Great*, London: Macmillan Education Ltd., 1975, p.217.)他负责上演一部悲剧或喜剧,筹备一个合唱队,聘请专门的教练对其进行歌舞培训,使之能够胜任演出。

为了增强此项公益捐助的吸引力,城邦还对此设立了荣誉奖项。如果捐助者负责的演出在比赛中胜出,他本人也能从中获得相应的荣誉和名声。由于这一公益捐助既可以向城邦和公民们展示自己的慷慨,又能赢得令人羡慕的荣誉,富有公民们经常是相互竞争来承办其中的某项活动,他们花费的资金也往往会远远超过城邦规定的最低限额。

这位捐助者不仅会获得一顶桂冠和一个刻有本人姓名、由青铜制成的三脚祭坛模型,他还有权利将其设置在通往狄奥尼索斯神庙大门的街道两边,以纪念这次胜利。

还有一些其他与节日庆典相关的定期性公益捐助活动,它们远不如承办节日庆典那么引人注目,并且耗资也较少。一些富有公民被委任以体育执事,负责体育方面的公益捐助。最初,这批人负责资助火炬赛跑、纪念火神和其他一些宗教赛会,后来转变为负责体育馆的日常管理,由本人出资提供本地体育馆运动员的膳食、橄榄油以及其他必需品。此外,富人还有一项负担对外赛事费用的义务,他们担任邦外赛会执事,负责出资为雅典装备一个运动员代表团参加泛希腊的宗教赛会,例如奥林匹克赛会、德尔菲赛会等。

除了承办节日庆典相关事宜之外,雅典还有一项重要的公益捐助——部族宴会。部族宴会是一个部族内所有部族成员都参加的公开宴会,它有着神圣的目的,是一个沟通部族成员间情感的有效手段。它的耗费也颇为繁重,但好在这一义务可由几个富有公民共同担负,并且举行次数也不频繁。同时,它还是一个公民展现自己慷慨热诚的好方式,所以,有不少富有公民乐意承办此事。不仅如此,甚至还有人举办长期的宴请活动,客蒙就是其中的典型。客蒙在富裕之后,便将自家的篱笆墙全部拆除,任本部族成员进入家中免费吃饭。(Aristotle,*Athenian Constitution*,27.普鲁塔克的说法与此有所出入,他的记载是客蒙向所有雅典公民提供免费食物。参见Plutarch,*Cimon*,10.)

在临时公益捐助中,最常见的也是耗费最大的是协助城邦装备军事力量,尤其是装备战船。城邦规定,财富超过3塔兰特的公民均有义务参与此项公益捐助。因它耗资巨大,远大于日常节日庆典的花费,所以,这一义务便落在了最富有阶层的身上。例如,在公元前483年,泰米斯托克利(约公元前528～公元前462年)提议将劳里昂银矿所得的100塔兰特不要平分给公民,而将它们平分给一百位最富有的公民,让他们分别建造一百艘三列桨舰。一般来讲,在这项活动中,城邦主要负责提供战船的船身和桅杆,船上的其他设备和战船的维护则由负责该项工作的三列桨舰执事个人出资负责。至于船员的酬金,名义上由城邦提供,而事实上并不能满足需要,其中一部分费用仍需三列桨舰执事私人负担。有时,三列桨舰执事还亲自担任该舰的舰长。装备海军尽管是一项耗费繁重的强制性义务,但一些富有公民出于对城邦的热诚和追求海战的巨大利润,仍主动承担此项义务。

但是,这一活动也的确是耗资巨大,花费少说也在40米那和1塔兰特之间。自公元前411年起,城邦允许两个公民来承担一条战船的费用,以便减轻捐助者的经济负担。但是,尽管如此,巨额的花费还是让那些富有公民通过捐助节日庆典的途径来避开它。(Demosthenes, *Against Leptines*, 19.)到了公元前4世纪50年代,城邦又对这项公益捐助制度进行了变革,1200名最富有的公民被组织起来分成二十组来共同负责此项义务,费用均摊在每个人身上。公元前354/353年,德谟斯提尼提议,将人数扩大到2000名,每人根据个人财产的多寡承担相应的费用支出。不过这一提议是否被通过,我们不得而知。但是,他的确在公元前340年前后获得了成功,富有公民根据财产的多寡承担相应份额:按照10塔兰特装备一艘战船为标准,财产多者多捐、少者则少捐,财产不足10塔兰特者则结合起来履行这项义务。(David Stochton, *The Classical Athenian Democracy*, Oxford: Oxford University Press, 1991, p.108.)

城邦还对义务性的公益捐助制定了一系列谅解性的规定。例如,每个公益捐助者不得被强迫同时从事两项公益捐助事务,执政官、未婚的女继承人以及未成年和成年第一年的孤儿免于承担筹建战船的义务;任何一个公民两年内对节日庆典的公益捐助、三年内对海军装备的公益捐助不得超过一次;残疾人、派驻海外的军事移民不承担公益捐助的义务。(Douglas M. Macdowell, *The Law in Classical Athens*, London: Thames & Hudson, 1978, p.162.)同时,只要有合理的借口,被选中的富有公民还可以不承担某项公益捐助。例如,如果这个公民感觉自己的财力不足以负担起指定的公益捐助,他可以提出申请,请求一个比他富有的熟人来承担此项义务,或者与此人交换财产后承担这项公益捐助。如果被请求人对此有异议,可上诉法庭裁决。演说家伊索克拉底曾陷入过这种官司,最终被判定承担公益捐助的义务。

积极作用

公益捐助的产生与城邦和公民之间的关系不断强化有关,它是城邦体制完善和公民意识觉醒的产物,也是城邦“邦民一体”性的重要体现。雅典公益捐助的制度化和规模化与雅典的政治民主化有密切联系,它是雅典民主政治的产物。在古典时期,公益捐助对雅典的发展起着重要的作用,在城邦和公民的公私领域中都留下了深刻的痕迹。

公益捐助在某种意义上是对雅典城邦公私力量的一种整合,这种私利公用的制度为雅典城邦节省了一大笔财政开支,无形中使城邦的财力得到增强。正是由于富有公民的公益捐助,才得以使雅典在波斯到来之前能够将雅典海军的四十八艘战船扩充到两百多艘三列桨舰,并且最终通过这支强大的海军光复了雅典,建立了希腊历史上史无前例的帝国。通过公益捐助,雅典城邦实现了民富与国强之间的良性互动,避免了国家的畸形发展,使雅典既没有像斯巴达那样国强而民不富,也不像科林斯那样民富而国不强。所以,尽管雅典在伯罗奔尼撒战争中几乎遭到了毁灭性的重创,却能在不到二十年间迅速崛起。这种复兴历程在希腊历史上极为罕见,绝大多数城邦在遭受一次厄难之后,便在希腊政治舞台上沉寂了。雅典能长期成为希腊世界的领袖城邦,公益捐助在其中发挥着重要作用。

公益捐助,一定程度上捍卫了民主并间接地促进了雅典民主事业的发展。公益捐助有助于增强雅典城邦的国力,成功抵御了波斯的侵略,从而使雅典民主得以存续。至于公益捐助如何促进雅典民主事业的发展则与公益捐助本身无关,而与雅典政治家围绕公益捐助所展开的斗争有着密切关系。在伯里克利与客蒙争夺政治权力的过程中,客蒙由于家资巨富,远非伯里克利所能比,所以,他通过各种方式的公益捐助深得民心。伯里克利则在幕僚建议下,使用国库的钱来向陪审员们发放薪金。(Aristotle,*Athenian Constitution*,27.)这种花城邦的钱来买个人名利的做法,却在无意中促进了雅典民主事业的发展。给公职人员发放薪金的做法逐渐推广到了其他领域,弥补了贫穷公民参与政治所带来的经济损失,从而激发了他们的参政热情,最终推动雅典民主事业走向鼎盛。

自公元前594年梭伦改革后,雅典内部的主要矛盾(公民和奴隶之间的矛盾除外)由先前因贫富不均导致的阶级冲突逐渐转变为阶级色彩被淡化的党派冲突。克里斯提尼改革使得经济上处于劣势的平民大众却在政治上处于强势,这种政治强势地位不断得到巩固和加强;而富有阶层却因内部斗争,导致这个在经济上日益强大的力量却在政治上逐渐滑入弱势境地,并且富有阶层的经济强势逐渐屈从了平民大众的政治强势。此前的党派冲突又逐渐弱化为了个别政治领袖因不同的政治理念或同样的政治抱负和野心而产生的对立和竞争,而这种对立和竞争通常是通过公益捐助来体现的。因为,在民主政体下,只有获得民众的认可才能登上雅典的政治舞台上一展身手。所以,这些既具有财富又具有知识的社会精英,通过承办公益捐助活动来渲染自己的平民主义色彩,使自己在民众中获得认同感,从而获得他们的支持,进而走到雅典的政治前台上。

公元前494年,泰米斯托克利捐助演出了悲剧《占领米利都》,剧中刻画的波斯侵略者的暴行和战败者的悲惨遭遇,震撼了雅典人;由此,泰米斯托克利赢得了反波斯斗士的美名,从而使他在公元前493年顺利当选执政官。

由于公益捐助制度的存在,致使雅典富贵阶

层出现了奇特的蜕变。进入民主时代以来,梭伦改革以宪法形式规定,公民根据财产多寡而享有相应的政治权利,它的合法性却在克里斯提尼改革中遭到了否定。但是,富有公民在法理上与平民共享机会平等,在现实中却仍然能够获得更多的政治权利,公益捐助便是其中媒介。由于能够借助民主机制实现掌权,先前的寡头派领袖的后代不再积极谋取推翻民主政体、建立寡头政治,其本人也成为民主制度的捍卫者,客蒙是其中的典型例子。那些被视为贵族派代表的政治人物,本身并不排斥而是顺应了雅典民主制,尽力地为雅典城邦做贡献,如尼西阿斯。

同时,公益捐助有助于城邦内部的社会稳定。公益捐助在某种意义上是雅典富人和穷人之间的妥协。雅典城邦通过富人散施部分财富以供城邦需要和民众享用,来弱化现实中的贫富不均在民众心理上造成的不良影响,所以雅典社会上从未出现过强烈的仇富情绪,也从未发生过攻击富有阶层以实现财富再分配的暴力革命。雅典富人通过公益捐助来展现自身对城邦的主人翁精神,而平民们在享受休闲娱乐中增强了公民意识。公民集体内各个阶层在公益捐助活动中实现了观念的统一,也使他们之间的经济和地位差异显得是如此不重要,从而增强了公民集体的凝聚力。

公益捐助一定程度上也促进了雅典乃至希腊文化的发展与繁荣。富有公民的大量捐助,有利于促成一批专门从事文化事业的知识分子的产生。索福克勒斯、埃斯库罗斯、欧里庇得斯和阿里斯托芬等著名剧作家都得益于富有公民的公益捐助,他们为雅典的节日庆典写戏剧,并赢得不菲的奖励,完全无衣食之忧。这种自足的状态,的确为他们创做出伟大的作品提供了一个良好的环境。(David Stochton, *The Classical Athenian Democracy*,Oxford: Oxford University Press,1991,p.113.)对其他方面的文化艺术的发展与繁荣,公益捐助也做出了同样的贡献,最终使得雅典成为名副其实的文化之都。

消极影响

在雅典城邦处于上升和鼎盛时期时,公益捐助对促进公民集体的团结、增强整个城邦的实力起着不可或缺的作用。但是,这种制度并不是没有弊端的,在起积极作用的同时,它对雅典的民主制度、公民精神等方面也起着消极影响。

首先,通过公益捐助来赢得民意,再通过民意的支持来成为城邦的政治领导人,这种政治上的“终南捷径”,最终会导致雅典的民主成为变相的“富豪政治”。从一定程度上讲,公益捐助只不过是“富人们具有野心的慷慨”而已。[S. C. Humphreys,“Public and Private Interests in Classical Athens”, *The Classical Journal*,Vol. 73, No.2,(Dec.,1977- Jan., 1978), p.97.] 它是富人们在雅典政治中的晋身阶梯和斗争武器,绝大部分著名政治家都或多或少地依靠公益捐助赢得民众的好感和信任,从而登上政治舞台以达到执掌权柄的目的。所以,尽管雅典民主是人类历史上最彻底的民主政治,它为每个公民都提供了平等参政的机会,但是现实中的财富不平等依然在影响着公民参政的平等性。活跃在政坛上的风云人物,不管是贵族派的还是平民派的领袖,基本上都是出身富有之家。

通过公益捐助活动,捐助者可以建立起一个广阔的关系网,并通过它获取更多的实际利益。(Gabriel Herman, *Ritualised Friendship and the Greek City,* Cambridge: Cambridge University Press,1987, p.86.)首先,无心于政治权力的捐助者可以在经济上得到回报,这些人是城邦出售或出租公共地产、矿藏或其他公共项目的首要人选。其次,那些想在政治上有所作为的捐助者会获得更多的回报,他们通过公益捐助赢得民望,从而为掌握政治权力铺平道路。同时,政治权力又有可能带来极大的经济利益。例如,泰米斯托克利在步入政坛之前的财产不过3塔兰特,但到他遭流放时,清查出来的财产则多达100塔兰特。客蒙也是在从政中暴富的,他不仅偿还了父亲遗留下来的债务,还有巨额的财富来承担公益捐助活动。从泰米斯托克利和客蒙身上我们可以看到,公益捐助给政治家们除了带来政治权力之外,还会间接地带来经济利润。

由于公益捐助对雅典社会造成的影响巨大,所以,不能承担公益捐助的下层民众也就无法进入雅典政治的领导层。尽管伯里克利为雅典民主进行标榜,“选任公共职务时,依据的是真才实干而非门第出身。一个人只要有能力为国家服务,他绝不会因为自身贫穷而被排斥在政治之外。”(修昔底德:《伯罗奔尼撒战争史》,谢德风译,商务印书馆,2007年,147页。)但是事实上,在竞选十将军这类高级官职时,财富要比才能更起作用。富人们依靠手中的财富,通过各种公益捐助向民众示好,虽然他们中间不乏卓越的政治军事人才,却不是通过展现自身才能和品质赢得人民的信任。出身下层的才干之士很少有人进入雅典政治的决策层,即使进入了决策层也很难成为其中的核心,即使成为其核心也很难长久保有其地位。例如,被称为“公正者”的阿里斯泰德,在公元前483年遭到公民大会的放逐。促成此事的是泰米斯托克利,他对公益捐助的投入大于阿里斯泰德。这种变相排斥中下层优秀人才进入领导层的做法,必然会给雅典带来损失,远征西西里遭到惨败便是最为著名而又最为残酷的例子。

同时,公益捐助也是导致公民精神堕落的一个诱因,特别是雅典城邦处于相对衰落的这段时期,这一负面影响更为明显地暴露出来。当底层公民习惯于公款的给养之后,他们必然会产生寄生情结,不思进取,靠着国家或某些政治野心家的施舍维持生活,这种现象在共和国末期以来的罗马表现得特别明显,用“流氓无产阶级”来形容这些人似乎也不为过。不过,这种现象在雅典表现得不明显,但也的确存在。

同时,公益捐助并不总是一件令人愉快、收益丰富的差事。例如,西西里远征之后,雅典在伯罗奔尼撒战争中陷入被动,军事的失利导致有关军事方面的公益捐助给捐助者带来的利益越来越小,甚至完全变为沉重的负担。这必然致使富有阶层滋生不满情绪，尽管雅典城邦做出了减轻捐助者负担的改革，最终也未能策划出一个为富有阶层所接受的方案。所以，在公益捐助逐渐变成一种负担的时候，雅典的社会上层开始对民主制表示出不满与不合作的态度。

从公元前4世纪50年代起，马其顿对雅典利益构成威胁时，德谟斯提尼便大声疾呼，每个公民都应该担负起自己的责任，并以身作则地捐献出大量财物。然而，响应者却是寥寥无几。不仅如此，反而还有一些富人公然拒绝履行义务。

公元前4世纪，当国力衰落、获得财富变得困难之时，公益捐助则转变成了导致雅典城邦内部富人和穷人出现对抗的一个重要因素。一方面是富人因公益捐助这项义务不堪重负而抱怨，另一方面则是贫穷公民对城邦和富人不满，这种对抗又最终成为导致城邦衰落的基本因素。（Hermann Bengtson, *History of Greece: from the Beginnings to the Byzantine Era*, trans, by Edmund F. Bloedow, Ottawa: University of Ottawa Press, 1988, p.181.）亚里士多德曾提出善意的建议：富有阶层为底层公民参加政治活动付给津贴，而公民大会则需要豁免他们所承担的一些不必要的公益捐助义务，通过这个方法以达到贫富和解与城邦的团结。（Aristotle, *Politics* 1320b 2–5.）忠诚于城邦精神的德谟斯提尼也有类似的主张，在强调富人的责任与义务的同时，也要求平民为城邦做出应有的牺牲。然而，二人良好的主观愿望无助于改变雅典的现实状况，尤其是德谟斯提尼，“他的目标是伯里克利时代的雅典，但是，他却生活在优布鲁斯时代的雅典”。（J. B. Bury and Russell Meiggs, *A History of Greece to the death of Alexander the Great*, London: Macmillan, 1975, p.426.）尽管亚里士多德和德谟斯提尼完美的理想种子富有无限生机与活力，但是它们播撒错了地方或者错过了时节，此时的雅典已经是死气沉沉，成为不适合培育任何高尚理想种子的贫壤劣土。

第六章 权力的制衡机制

雅典城邦的权力体系是建立在“主权在民”的基石之上的，并且是通过权力制衡原则环环相扣垒砌而成。在民主的雅典，一切城邦政治事务的最终决定权由公民大会掌握，司法审判权由民众法庭掌握，一方面通过分权来限制城邦官员的权力，使之变成只是来自于公民集体的办事人员，而没有(最终)决定权；另一方面以严格的审查来监督他们的政务活动，杜绝其营私舞弊。对于在体制外积活动的政治领袖，雅典城邦也同样采取了法律措施约束他们的行为，以便他们能够更好地为城邦出良谋、献良策。由于存在着完善的制约与监督机制，雅典民主政治只是在公元前411年和公元前404年遭受过两次短暂的颠覆，而在近两百年的时间里，它一直都是有条不紊地运行着，直到公元前322年被马其顿彻底推翻。

权力制衡:公务员不好当

雅典民主政治若是一棵参天大树的话，那么人民大众则构成了它深深扎根的土壤，各种公职人员构成了它的枝叶。这些枝叶在享受着民主政治环境下阳光雨露的同时，也要经受风吹雨打的考验，哪些枝叶若营养不良或者遭虫蛀蚀，它们必定会被剔除。

任职与审查

自埃斐阿尔特改革以来,雅典城邦规定,所有公民都有权利参与官员选举和担任官职;每个公民都应该轮流任职;除了少数要求专门技能的职位外,所有官员的选任都由抽签来完成;任何官职的选任,都不受财产资格限制;除了军事职务和有特殊要求的职务之外,任何人都只能在同一职务上担任一届;所有官员的任期都必须尽量短暂;所有官员期满卸任之时都要接受财务审查。

雅典城邦的所有官员,无论抽签选出的还是投票选出的,在任职之前都要经过资格检查。一般官员只需经过民众法庭的资格审查即可,而九位执政官则需要经过五百人议会和民众法庭的双重检查。在官员的选任上面,由于财产资格的要求被淡化了,所以,候选人的公民身份和个人品行逐渐成为任职资格的主要审查内容。例如,在对执政官候选人进行任职资格审查时,审查者经常会问,"你父亲是谁?他是哪个德莫的?其父是谁?你的母亲是谁,其父是谁?"然后还会接着问,家中是否供奉阿波罗神和宙斯神,他们的神龛在哪里;是否有祖坟,在哪里;对父母是否孝顺,是否纳税和是否按要求服务过军事远征;是否有人为他的身份和品行做证。如果没有人对他提起诉讼,五百人议会将对他进行投票,通过者便获得了任职资格。如果没有通过,候选人可以向民众法庭提起诉讼,民众法庭的判决将是最终结果。

关于这种资格审查程序的实际效果如何,的确有待商榷,因为资格审查主要集中在身份和品行上,而未曾关注候选人的相关能力、经验。或许,雅典人相信每个公民天生便是政治动物,具有参政的能力。他们对此程序乐此不疲,主要说明他们非常关心所选出的"公仆"是否令人放心。

在正式任职前,所有官员都要举行一次就职宣誓仪式,宣誓内容大致是忠于职守、公正执法、依法行使权力,绝不利用职权而五百人议会主席团的任职为三十五天或三十六天，总主席的任职为一天一夜；五百人议会和公民大会上的会议主持人和会议主席任期则是半天，因为，会议的时长为半天。

接受礼物等。城邦公职人员的任期一般都是一年，除了那些有特别要求的职务。

每个官员在短短一年的任期内，需要接受十次任职审查。在每个主席团任期内，五百人议会都要对这些官员的工作情况进行一次信任投票。若有被否决者，他将在民众法庭受审；若被判有罪，人民将决定对其进行刑事处罚或经济处罚；若被赦免，他将官复原职。(Aristotle,*Athenian Constitution*,61.2.)如此频繁的任职审查，必定对官员具有一定威慑性，一方面督促他们恪尽职守，另一方面杜绝或减少他们渎职腐败。

每个官员期满卸任之时，也同样要接受审查。一方面是账目审查，每个部落抽选出一名审计员，并由两名助手辅助，专门负责对官员工作期间的账目进行审计。若发现有官员的账目出现问题，他便将相关问题和所涉人员提交给陪审法庭来做最终裁决。另一方面是职司审查，官员若顺利完成自己的分内事务，他便可顺利离职；若未能完成，将受到渎职处罚。例如，执政官若完不成收缴橄榄油的任务，他将被推迟进入战神山议事会，直至完成任务为止；其他一些官员若未能完成任职任务，必须在完成任务之后方能领到薪金，督办海军舰只建造的五百人议会成员便是如此。

分权原则

资格审查、短期任职、任职审查和卸任审查，都是从人性弱点来考虑的，尽可能通过监督机制来对官员进行制约。同时，对公共权力的制衡，雅典城邦还另有一套分权的运行机制。整个雅典城邦的权力框架都建立在分权原则基础之上,它主要体现在三个方面:地区分职、职位分权和职位间共权。

每个个人都有不同层次的身份特征,面对外国人,你会称自己为“中国人”“美国人”或者“德国人”;面对自己的同胞,你会介绍自己说,“我是河南人”“我是得克萨斯人”或者“我是法兰克福人”。而雅典人也同样不例外,他既是城邦的一个分子,同时又是部落和德莫的一个分子。麻雀虽小五脏俱全,雅典城邦也像现代国家一样,不是一个单一制的共同体,在政权组织方面也存在着中央集权与地方分权的二元体制,并且,在城邦权力层面也体现着明显的地方分权的特征,即每个部落或德莫都平等地分享着城邦权力。

在现代民主社会,众议院或人民代表大会的成员一般是根据公民人口的比例或地区配额来分配的。与此对应的是,一些国家公职人员是从全国范围内海选产生的。而在雅典的情况却恰恰相反,公民大会的参加者是随机的,没有任何地区名额限制;任何符合年龄资格的公民,只要及时进入会场,不管这个部落的公民在整个会场上占多少份额。而其他公职,则必须严格按照地区公平原则,平均分给每个部落甚至每个德莫。

地区分职原则的实施,会使我们经常看到,雅典城邦的同一种官职上通常是由十个官员组成。大家最为熟知的是将军一职,它由十位将军组成。最初,每个部落派出一名代表成为其中的一位;后来,将军变成了从整个城邦范围内选出。但是,从现实的选举结果看,基本上没有改变地区分职的原则,因为我们经常看到十将军名单里只是偶尔会有两人来自同一部落,总体上仍然是分布在各个部落。与十将军的地区分职原则有所松动相对的是,九执政官却努力向地区分职原则靠拢。最初,执政官只有三位,后来的六位司法官也获得了执政官的地位。公元前508年克里斯提尼改革将城邦分为十个部落之后,九执政官与十个部落的区域划分发生了冲突。为了使两者协调,在公元前487年之后,雅典城邦又增设了司法官书记一职，与九位执政官拥有同等的职权，从而使执政官一职上也有了十位成员，并且平均来自每个部落。像一些不著名的次要职位也同样由十位成员组成，如雅典娜神庙司库官、税务官、城市监督官、市场监察官、会计员、竞技裁判员等。（参见 Aristotle, *Athenian Constitution*, 47.1; 48.1; 50.2; 51.1; 54.1; 60.1.）

五百人议会的成员分配和任职情况，也明显地体现了地区分职的原则。尽管五百人议会成员的名额是分到了各个德莫，但这是基于公民人数的比例，而每个部落选出五十名代表的规定却是固定不变的。由于成员太多，五百人议会无法像其他城邦公职一样细分职权，而是采取轮流坐庄的方式，由每个部落的五十名代表轮流担任主席团成员，负责议会的日常事务。因此，雅典在政治上有一套计时方式，按照议会主席团任期将一年分为十部分，称为“布列塔尼”。

民众法庭的陪审员名额也同样是平均分配给每个部落。每年年初，各部落抽签选出六百名陪审员，整个城邦共选出六千名陪审员。具体到出席某个法庭的名额时，也同样是平均分配的。在民众法庭开庭时，法庭设有十个入口，每个部落一个。每个部落的陪审员在这里进行抽签，被分配到指定的法庭。并且，法庭的规模一般是200人、400人或500人，这样设置也是为了方便陪审员名额在各个部落的平均分配。

在各个部落共享城邦权力的同时，每个职务上都是实行集体领导和分权领导。城邦的每个职位一般都有十名成员共同充任，并且各个成员之间的地位平等。在法律上，没有哪一位成员的权威高于其他任何一个成员。（M. H. Hansen, *The Athenian Democracy in the Age of Demosthenes*, trans. by J. A. Crook, Oxford: Blackwell, 1991, p.237.）如果说某个成员比其他成员更具有影响力，这完全来自他个人的威信，而没有任何法律依据。例如，在地位显赫的将军和执政官两个职位上，曾经盛传有“首席将军”或“首席执政官”

的观点。“首席将军”纯属子虚乌有之事。(晏绍祥：《古代希腊历史与学术史初学集》，湖北人民出版社，2003年，139~164页。)按照惯例，十个将军是轮流当值的，每人一天。轮值将军在这一天主事，或许他具有较多的发言权，仅此而已。但是，如果不当值的将军若德高望重，他仍能左右最终的决策和轮值将军的人选。在马拉松战役期间，阿里斯泰德发现米提阿德的战略部署非常行之有效，便在自己当值这一天让米提阿德担任轮值将军，并成功说服其他将军也放弃担任轮值将军的权利，以保证米提阿德的战略能够得到彻底贯彻执行。而“首席执政官”的说法或许成立，它大概可以指代“名年执政官”。但到了民主制度确立之后，执政官之间的职权也日趋平等。总的来说，每个职务都实行的是平等的集体领导，所有问题都由全体成员共同商量决定；若出现分歧意见，则实行少数服从多数的原则，并且每个成员都只有一张投票权。

名年执政官或许比其他执政官多一项荣誉权，即用他的名字来纪年。

除了集体领导之外，成员之间也有相应的分工，使职位所涉工作能够顺利开展。在十将军中，一位统帅重装步兵，负责境外作战；一位主管国防，负责境内战事；两位派驻比雷埃夫斯，负责比雷埃夫斯的防务，一位驻防穆尼吉尼、一位驻防南海岸；一位主管海军筹备会，他负责提名三列桨舰执事，安排他们之间进行财产交换事宜和提交他们的豁免诉讼；其余五人则预备应付突发事件。(Aristotle, *Athenian Constitution*, 61.1-2.) 执政官也同样有类似分工，名年执政官负责筹备节日庆典的公益捐助事宜、宗教游行活动，负责预审虐待父母、虐待孤儿或女继承人、遗产继承、监护权纠纷等案件;王者执政官负责秘仪事务、酒神节的庆典活动,主审涉及宗教事务的案件,负责所有杀人案的起诉;军事执政官负责主持狩猎女神阿尔忒弥斯的祭祀活动、阵亡者葬礼上的竞技活动,主持审理涉及侨居民的案件;司法执政官负责拟定法庭日程表,向公民大会提交弹劾,主审伪证罪、造假罪的审判,并负责批准商业条约等。(Aristotle,*Athenian Constitution*,56-59.)

雅典城邦在地区分职和职位分权的同时还存在着共权的现象,即一项权力由两个或两个以上处在不同职位上的官员共同分享。这或许是雅典民主政治的特有现象,它实质上也是分权的继续。例如,王者执政官需要与秘仪监察官一同负责秘仪事务、酒神节的庆典活动;而大酒神节的节庆活动,则由名年执政官和十位大酒神节监察官共同负责;军事财务官必须与五百人议会派出的代表一同监管胜利女神雕像的制作和泛雅典娜节庆典奖品;司法审判权并未完全由民众法庭独有,像五百人议会、执政官、战神山议事会等一系列权力机构都拥有司法审判权,只不过民众法庭拥有其中的终审权而已。

总而言之,分权原则的实行,一方面有利于防止出现专权和滥用权力的现象,同时,也使更多的公民能够分享城邦权力,进而强化他们作为城邦主人的公民意识。

陶片放逐法:流放野心家

雅典的陶片放逐法(希腊的其他地区也出现过与雅典陶片放逐法类似的放逐制度,例如,在西西里的叙拉古,存在着一种橄榄叶放逐法。叙拉古公民将自己觉得最有权势、最有可能建立僭主政治的公民的姓名写在橄榄叶上,进行秘密投票;得票多者,将遭到为期五年的放逐。与雅典的陶片放逐法相比,叙拉古的橄榄叶放逐法存在的时间较短。参见Diodorus,*Library*,XI,87.)普遍被认为是克里斯提尼的发明创造，与其他改革措施相比，它显得更具有史无前例的独创性。不管是重新划分部落区域还是设立五百人议会，这些措施都与雅典的旧制度和传统有着密切的关联，它们只能算做革新；而陶片放逐法则是克里斯提尼对雅典政治斗争史的反思与个人灵感相结合的产物，没有制度性的渊源可循。它是一把双刃剑，对它的慎用，捍卫了雅典的民主；对它的滥用，则搅乱了雅典的政局。

陶片放逐法的出现

公元前511年，庇西特拉图僭政被推翻。之后，雅典又一次陷入党争的困境，两派的领袖分别是阿尔克迈翁家族的克里斯提尼和僭主的朋友伊萨格拉。双方的斗争甚至引来了斯巴达军队的干涉，而克里斯提尼获得了人民的支持，人民赶走了斯巴达军队，拥护克里斯提尼成为“人民领袖”。

公元前508年，克里斯提尼对雅典进行了民主改革；公元前501年，他设立“陶片放逐法”。[关于陶片放逐法是否为克里斯提尼所创，学界存在争议，很可能不是他创造的。但是，各种假设很难立足。不过，学界通常还是将它划入了克里斯提尼改革之中。“陶片放逐法”来源于古希腊语“ostraka”（贝壳或陶片），根据词源分析，法学界通常将此词翻译为“贝壳放逐法”。而从考古发掘的实物证据来看，用于放逐表决的器物，全部为陶片，而无想象中的贝壳。（参见John Thorley, *Athenian Democracy*, New York: Routledge, 1996, p. 36.）故此，“陶片放逐法”的译法更为正确和接近事实。]制定此法的目的，旨在防范具有广泛政治影响力且又有政治野心的人建立僭主政治，因为当年庇西特拉图就是利用自己作为人民领袖和军事将领的有利地位而成为僭主的。同时，现实中也存在着大量僭主政治的忠实拥护者或潜在支持者，制定此法，就是为了防止这些人再一次在雅典政治上兴风作浪，颠覆民主政体。此法的设立，为雅典民主提供了法律制度上的保障。

鉴于当时政治气氛相对缓和，并没有人提议使用陶片放逐法。亚里士多德也提到,陶片放逐法是专门为僭主的亲戚希帕尔库斯制定的。由于“雅典民主的宽容”,此人一直都自由地生活在雅典,直到公元前488年,此人才遭到放逐,他也是被陶片放逐的第一人。在马拉松战役之后十年里,陶片放逐法得到频繁使用,一部分原因是对僭政复辟的担心。逃往波斯的希匹阿斯想借助帝国的强大武力恢复他在雅典的僭主统治,公元前490年,他也跟随波斯大军在马拉松登陆。不幸的是,雅典人打垮了波斯军队,他复辟僭政的梦想就此破灭。但是,雅典人由此怀疑城邦内有人与希匹阿斯勾结,所以一批被怀疑的贵族遭到陶片放逐。另一部分原因是政治方略的不同。尽管波斯军队在马拉松被击退,但是,波斯帝国再次入侵希腊和雅典的威胁依然十分严重。如何应对这一危机,雅典的政治领导层出现了分歧。此时,泰米斯托克利主张建立强大的海军,通过它来保卫雅典,并凭借自身影响,对持有不同政策的政治领袖给予陶片放逐。

有些现代学者认为,“近代西方社会的弹劾制就间接地起源于古希腊的陶片放逐制度。(胡骏:《公元前5世纪雅典陶片放逐法考略》,载《法学》,2005年第6期。)而事实上,雅典民主政治体制中虽然包含有弹劾机制,但是,陶片放逐法并不是其中的组成部分。陶片放逐法实施过程中,没有明确的对象,或者说,它的实施对象是全体公民。它的投票结果在原则上最大限度地反映了民意:某人对民主制度具有最大的威胁,需要将其放逐,以便维护民主政治。

陶片放逐程序

鉴于陶片放逐会产生重要的政治影响,所以,雅典人为陶片放逐法制定了一套复杂而严格的程序。

雅典法律规定,每年冬春季,即第六个主席团任期内,雅典都要专门召开一次公民大会,讨论是否实施陶片放逐法。(Aristotle, *Athenian Constitution*,XLIII,5.)在公民大会上,如果有一半以上的人数表示赞同,大会便决定下来用于实施陶片放逐法的日期。这个日期通常是在此后两个月的某一天，会议地点专门设在市场。这一天，市场中央用木板围成一个圆形会场，并留有十个出入口，供每个相对应的部落使用，以便同一个部落的公民从同一个出入口进出。这样，既保证了会场秩序，也防止有人在投票过程中重复投票。公民大会成员预先在陶罐的碎片上刻上想要放逐的人名，但大部分时间都有人在分发已经刻好人名的陶片。例如，现代学者从191个刻有泰米斯托克利姓名的陶片上发现，这些名字的刻写出自14人之手。(R. K. Sinclair, *Democracy and Participation in Athens*, Cambridge: Cambridge University Press, 1988, p. 170.) 可见，雅典敌对的政治领袖之间为放逐对方都不遗余力地作准备，以便尽可能地达到目的。

整个投票过程有专人监督，投票者将刻有名字的陶片投进本部落指定的投票箱中，然后，由执政官清点票数。如果总票数未能达到六千票，本次投票结果便宣布无效，将不会有人被陶片放逐。如果达到或超过了六千票，则会进一步根据人名将陶片进行分

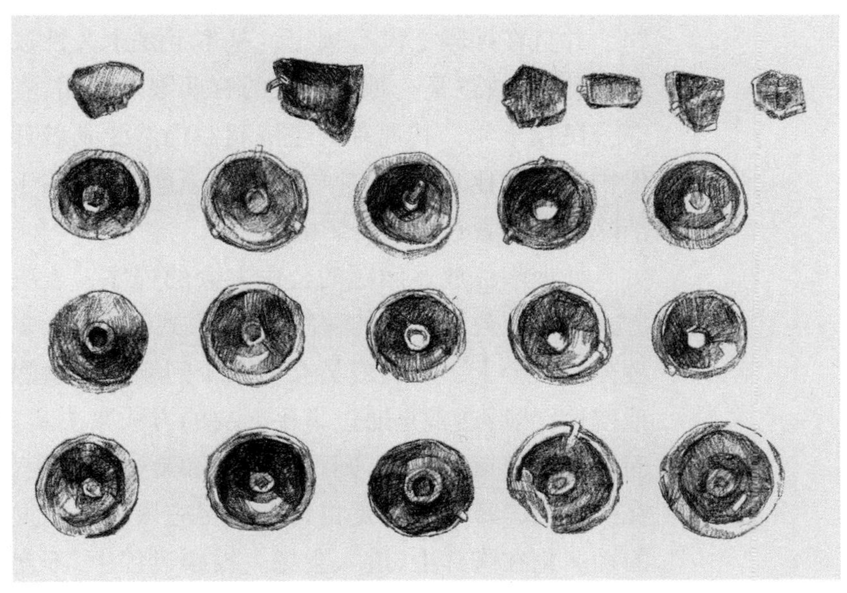

投票放逐泰米斯托克利的陶片。

类，其中，得票最多者将会遭到放逐，不管他所得票数是否超过总票数的一半。(Plutarch, *Aristides*, 7.6.)

十年过后，被放逐者自动获得公民权和封存的财产，并可以返回国内。

被放逐者必须在十天内处理好在城邦内的一切个人事务，财产由城邦封存，然后离开雅典；十年内不得在雅典城邦所规定的区域——优卑亚岛南端格莱斯图斯和阿尔戈斯东南端斯基莱温之间的地区——居住，违反者将永远丧失公民权。

从惩罚的原因、对象和内容上看，陶片放逐与普通的放逐存在着极大的不同。首先，从原因看，陶片放逐不是针对已经发生过的犯罪进行的惩罚，而是捍卫民主的一种预防措施，有犯罪嫌疑即颠覆民主罪嫌疑，便有可能遭到陶片放逐。其次，惩罚的对象基本上都是在当时具有极大影响的政治家或社会上层，普通人不会被纳入陶片放逐程序中进行审判。从现存的使用过的陶片中我们发现，也有一些公民出于个人私愤而投了私敌一票，但绝大多数陶片上仍然刻的是著名政治家的名字。最后，一般的放逐时常伴随有剥夺财产的并罚，并且在期限上没有规定，基本上是永久性放逐；而陶片放逐是一种政治上的有期限的惩罚，剥夺公民权十年，其现有的经济利益仍然受到城邦保护。从对比来看，陶片放逐不在于惩罚，而在于消除被放逐者在国内的影响。

处理陶片放逐问题的公民大会的程序、表决方式和其他公民大会的程序、表决方式不同。大多数公民大会上，大会成员会就某个问题进行激烈地辩论，然后通常是通过举手表决的方式来决定。而在陶片放逐问题上，则没有提名和辩论的程序。在投票前，每个人都是将自己觉得应该放逐的人的姓名刻在陶片上，进入会场。投票过程中，不允许发言，而只能进行秘密投票。投票结果反映了当时的政治动向,它往往不是受到政治家在公民大会上的煽动而一时兴起做出的决定。

从公元前488年第一次实施到公元前416年最后一次实施,雅典大概成功进行了十五次陶片放逐。(G. Glotz, *The Greek City and Its Institutions*, London: Routledge, 2006, p. 153.)其中,亚里士多德在《雅典政制》中,记载了十二人遭到过陶片放逐。陶片放逐法的名声是如此响亮,并且对公元前5世纪雅典的政治影响又这么巨大,却为什么没有被频繁地实施呢?关键问题在于,雅典人并未把政治当成儿戏,制定陶片放逐法也并不是为了使某些政治家操政治。陶片放逐法的威慑力巨大,所以,使它发挥效力的条件也就高了许多。雅典人在重大的政治问题上是非常慎重的。法律规定,在授予公民权、批准减刑和减免债务等重大问题上,公民大会的法定人数为六千人;而实施陶片放逐的问题也属于重大问题,所以它的法定人数也为六千人。而讨论普通问题的公民大会人数,只需两三千人即可。在公元前5世纪,公民大会的人数通常为两千到三千人。[P. J. Rhodes, "Athenian Democracy after 403 B.C.", *Classical Journey*, Vol. 75, No. 4 (1980), p. 271.]即使在伯罗奔尼撒战争这段非常时期,参加公民大会的人数也通常不会超过五千人。(Thucydides, *The History of Peloponnesian War*, VIII, 72.)所以,或许经常会有人提议进行陶片放逐的投票,但是总是会因为没能达到法定人数而告终。

同时,雅典法律还规定,通过陶片放逐法,一年最多只能放逐一人。这样做一方面避免了优秀的政治领袖过多地被放逐而导致领导人才匮乏,从而造成政治运作的无序状态;另一方面也使解决政治冲突的方式发生了改变,政治斗争不再像过去那样最终以武力驱逐或从肉体上消灭对方来加以解决,而是通过合法手段便能够得以实现。同时,由于它的慎用,也使得政治斗争对社会造成的影响变得非常微弱,不至于造成社会动荡。

此外,陶片放逐不是一种定性且又定量的惩罚,而是某个公民为了公共利益做出的必要牺牲。在非常时期，这些人还是会被雅典召回国内的。如在公元前481年波斯大军压境之时，雅典便召回了正处在放逐期的伯里克利之父桑提普斯、“公正者”阿里斯泰德等人，并委以重任。在雅典人民心目中，这些被陶片放逐的人仍然是值得尊重和信任的人。被陶片放逐，或许是一种政治荣耀！公元前416年，陶片放逐法实施到了品行不端的希帕波罗斯身上，这可以说是对陶片放逐法的一种玷污，这一事件在一定程度上促成了陶片放逐法的废置不用。

陶片放逐法的滥用

在整个公元前5世纪，陶片放逐法在一定程度上维护了雅典政局的稳定，捍卫了雅典民主。但是，随着政治形势的发展，陶片放逐法的实施逐渐违背了克里斯提尼制定此法的初衷，逐渐转变成为政治领袖之间进行斗争的工具。

克里斯提尼制定陶片放逐法的目的旨在防止处于高位的官员利用自身职权或影响颠覆民主制、建立寡头制。在实施的最初几年里，被放逐的对象一直都是与僭主政治关系密切的重要人物。但是，僭政复辟的威胁很快便消失了，而雅典面临的最重要任务是如何应对波斯帝国的进一步入侵。在战略上，雅典的政治家们之间发生了意见分歧，于是，公元前484年，阿里福隆之子桑提普斯遭到陶片放逐。他虽身为贵族，却娶了民主派领袖克里斯提尼的侄女为妻，显然，此人是拥护雅典民主制的。所以，他便成了“第一个与僭主无瓜葛而被陶片放逐的人”。著名的政治家阿里斯泰德也随后遭到陶片放逐，这可以明确说明，此时的雅典选择了他的政治对手泰米斯托克利的战略方针——发展雅典海军。雅典人民的选择，在希波战争中经受住了考验。希腊人正是依靠一支有三百多艘舰只组成的舰队在萨拉米海湾一举击溃波斯大王的战斗意志，从而赢得了战争的胜利。其中，雅典的舰只占到了希腊海军总数的三分之二。

当波斯被击退之后，雅典的政治领袖之间又一次分成了两大派——反斯巴达派和亲斯巴达派。前者主张积极扩大雅典的影响,从斯巴达手中夺取希腊世界的领导权，代表人物是泰米斯托克利;后者主张与斯巴达保持良好关系,在斯巴达势力范围之外扩大影响,其代表人物是客蒙。公元前471年,泰米斯托克利被陶片放逐;公元前461年,客蒙被陶片放逐。从两人前后遭放逐来看,雅典的政治动向是从亲斯巴达情绪转变为了反斯巴达情绪。在这个过程中,伯里克利开始崭露头角,逐渐成为雅典民主派的领袖,并且,他的影响力越来越强。贵族派势力便推出修昔底德斯,企图形成对伯里克利的制衡。

机敏的伯里克利成功地通过陶片放逐法,在公元前443年将修昔底德斯放逐。从此,他便成为雅典政坛上无人匹敌的领袖。

伯罗奔尼撒战争之前，陶片放逐法的实施对象虽然逐渐发生了改变，由维护雅典民主的法律工具转变成了政治领袖之间的斗争工具，但它的援用基本上适应了当时雅典历史发展的需要,为顺利完成时代赋予的历史使命铺垫了基础。

等到伯里克利去世之后，雅典政局陷入群龙无首的困境，而陶片放逐法也似乎失去了它应有的效用。在伯里克利时代之前它已经带有打击异己的色彩,此时,这种色彩变得更为浓重了。本来,亚西比德和尼西阿斯之间存在着严重的政策对立,亚西比德是主战派,积极主张远征西西里;尼西阿斯是主和派，极力避免冲突，反对西西里远征。但是,公元前416年,两人却联合起来,通过陶片放逐法将一个品行恶劣、臭名昭著的政治活动家希帕波罗斯放逐。而这次放逐行动,本应该在亚西比德和尼西阿斯之间进行;谁被放逐,都能达到雅典政策的统一，就可以避免西西里远征的灾难，或者可以在西西里取胜。最后，公元前415年，两个政策对立的将军同时成为远征西西里的统帅，结果亚西比德在中途被召回，只剩下一个不愿积极出击的尼西阿斯，致使雅典军队一再贻误战机，最后遭到全军覆没的厄运。

公元前416年这次陶片放逐法的实施，既违背了克里斯提尼捍卫雅典民主的初衷，又偏离了维护雅典政策统一的传统。由于后来战争持续进行，这就使得陶片放逐法失去了实施的条件。此时的公民大会经常受到煽动家的蛊惑而做出盲目的决定，如投票赞成寡头制、审判并处死六位取得海战胜利的将军。

公元前403年，雅典人对民主进行全面反思，公民大会的权力受到限制，它被置于民众法庭的监督之下；违法法令诉讼的实施，使公民有权将他质疑的公民大会决议上诉到民众法庭。通过公元前411年的四百人专政和公元前404年的三十人僭政，雅典人发现民主制度已经在雅典确立很牢固的根基，不可能会再出现一人独裁的局面，所以，公元前4世纪，陶片放逐法虽然没有被废除，但是再也没有人援用它。

违法法令诉讼：我抗议！

违法法令诉讼，(公元前 403 年，雅典成立了立法委员会，由此便产生了一种新的诉讼名称——“违法法律诉讼”，它和违法法令诉讼的程序、处罚结果是相同的，只是适用对象不同。违法法令诉讼适用的对象是公民大会讨论或通过的议案或法令，而违法法律诉讼适用的对象是立法委员会通过的法律。由于二者有过多的一致性，并且，违法法令诉讼被援用的次数远远超出了违法法律诉讼，在政治活动中又扮演着比后者更为重要的角色，所以，作者在正文中便对违法法律诉讼略而不述，只讲违法法令诉讼。)据许多学者考证,它起源于公元前462年。但是,现存史料并没有提供确凿的证据,证明违法法令诉讼在伯罗奔尼撒战争之前便已经存在。有案可稽的违法法令诉讼案件,出现在公元前415年。(Andocides,*On the Mysteries*,17—22;D. M. Macdowell,*The Law in Classical Athens*,London: Thames and Hudson,1978,p.50.)而这个日期却又恰恰与陶片放逐法发生了某种联系,因为在公元前416年,陶片放逐法最后一次被援用。(Plutarch,*Alcibiades*,13.5.)有趣的是,公元前5世纪,陶片放逐法是防范政治领袖的重要法律武器;而公元前4世纪,违法法令诉讼也起到了同样的作用,并被频繁使用。

诉讼程序

雅典法律规定,任何公民都有权对正在进行审议的提案或已通过的法令提起违法法令诉讼。在正式提起诉讼之前,该公民应该首先在公民大会上进行宣誓,称某项提案或法令违法。他的理由一般有三种:一是通过法令的程序不合法或者法令的提案人没有提案资格;二是法令受益人没有资格收益;三是法令的内容与现行法律相违或与公共利益相违。

一经宣誓,所指提案将被暂缓讨论和表决,所指法令将在陪审法庭做出判决之前暂缓执行,(Mogens Herman Hansen,*The Athenian Democracy in the Age of Demosthenes*,trans. by J. A. Crook,Oxford: Blackwell,1991,p.206.)而宣誓人便必须正式提起诉讼。他首先要向司法执政官提交一份书面讼词,内容包括被指对象违反法律的证据,然后由司法执政官将其送交陪审法庭安排诉讼。

审理违法法令诉讼案件和其他公诉案件一样,民众法庭的规模为五百人,根据案情的严重性可以扩大法庭的规模,不过仅有一次是由六千人的法庭进行这类案件的审理。(Andocides,*On the Mysteries*,17.)如果起诉人没有按时在指定日期出席法庭进行诉讼,他将会受到处罚,包括1000德拉克玛的罚金和剥夺再次提起违法法令诉讼的权利。

法庭上，被告的提案或法令与所违反的法律条文写在木板上，由办事员宣读。

如果被告被判有罪，陪审员将在原告和被告提出的惩罚建议中进行选择，作为对被告的最终惩罚。对被告的惩罚通常是罚金，高低不等，高可以达到10塔兰特(这是一个普通人一辈子都无力偿付的)，低可以到25德拉克玛不等(这是最高罚金的两三千分之一)。如果提案人在违法法令诉讼中三次败诉，他将被剥夺公民权。只有在极少数情况下，被告败诉后才可能遭到处死的惩罚。据史料证明，只有一人因此被判处死刑。但是，如果被起诉的法令已经被颁布了一年以上的时间，那么，提案人无需承担任何责任，民众法庭会仅对法令本身做出合法性的判决。相对于被告而言，原告败诉，他所面临的惩罚却相对轻了许多。只有在获得不到五分之一的票数支持时，原告才会受到惩罚：1000德拉克玛的罚金和剥夺再次提起违法法令诉讼的权利。

双重防护

公元前4世纪的雅典政治家，绝大多数都至少有一次涉身于违法法令诉讼程序之中，并且成为被告。菲力比德斯曾在违法法令诉讼中三次成为被告。而德玛德斯不仅三次成为被告，并且还遭到了败诉，他因此被判罚剥夺过公民权。而阿里斯托丰却骄傲地宣称，自己被人起诉提案非法的次数多达七十五次，却没有一次败诉。与之相对，没有在违法法令诉讼中成为被告，也是一件荣耀之事。赛法鲁斯就曾自豪地宣称，自己在公民大会上的提案比别人多得多，却没有因为这些提案而成为被告。据估计，民众法庭每个月都要审理一起这种案件。（Mogens Herman Hansen, *The Athenian Democracy in the Age of Demosthenes*, trans. by J. A. Crook, Oxford: Blackwell, 1991, p.209.）如此频繁地在民众法庭进行违法法令诉讼，可以说明公元前4世纪的雅典民主变得更为理性化，运作机制更为健全。

首先，公民大会的决议可以遭到质疑，并且允许被推翻，这便提升了民主制的自我纠错能力。当公民大会的决议遭到质疑后，它将被提交民众法庭进行处理，两个机构不相互隶属。这样，同一个建议经受两个机构独立评判之后，往往会做出更为正确的选择。当某个演说家恶意煽动或整个雅典社会群情激动致使公民大会做出过激决议时，冷静的公民可以通过违法法令诉讼制止这一决议的实施或暂缓实施，从而有利于避免不必要的损失和伤害。

其次，公民大会的"乱糟糟"气氛在民众法庭相对的井然有序中得到了弥补。在公民大会上，每个与会公民都有权就议程安排的问题发表意见，容易导致乱哄哄的争论，使大会成员的注意力不再放在争论的问题本身上，而是放在那些政治家的群体表演上面，最后便是随波逐流地举手表示赞同或不举手表示反对。而在民众法庭上，辩论双方则是经过了深思熟虑的准备，并且，他们的辩论也是有序地进行。这种方式容易让陪审员明白孰是孰非，从而做出正确判断。

再次，民众法庭的表决方式要比公民大会的更为合理。在公民大会上，与会成员是通过举手进行表决的；而在民众法庭上，审判员则是不记名投票。所以，公民大会成员表决时的顾忌要比陪审员多一些，这就影响他们做出正确的判断。例如，修昔底德在记述公元前415年公民大会投票表决支持西西里远征的时候，许多反对者最后还是投了赞成票。为什么会这样呢？这是因为，在当时，雅典整个社会都弥漫着决心远征西西里的空气，从而使支持西西里远征与否成了判断是否爱国的标准。同时，公民大会的唱票员要比民众法庭的唱票员更具有主观性，他们会出于不同原因报错票数，而民众法庭的唱票员则是将投票球一清二楚地摆放在计票板上，赞成票和反对票有明显的差别，即便是文盲，也能辨别票数的多少。那些遭到质疑的公民大会决议能够在民众法庭得到更为公正的程序处理，进而获得更为合理的对待。

最后，违法法令诉讼的实施，为雅典政治家们之间的交锋在公民大会之外开辟了民众法庭这个“第二战场”，这给在公民大会上落败的政治家提供了反戈一击的机会，从而避免了政治派别中的一方垄断政权，使得公民大会上的决议变得更具合理性和可行性。政治家在公民大会上提议时，他一定会考虑这个提议是否会遭到质疑以及能否在民众法庭上辩论获胜。鉴于此，他会不断地将自己的建议变得更为合理和无懈可击。公元前4世纪的雅典政局，要比公元前5世纪平稳了许多，这种和平局面，一定程度上要得益于违法法令诉讼的实施。

鉴于在公民大会和民众法庭之间实行违法法令诉讼的连接具有重要意义，德谟斯提尼对此提出盛赞，“废除了违法法令诉讼就等于废除了民主制度”。（Demsthenes，*Against Theocrines*，34.）

政治风向标

如上所述，违法法令诉讼不仅是维护民主政治的重要武器，同时也是雅典政治家们斗争的工具。

公元前415年至公元前322年间，有39起违法法令诉讼案件的材料保存了下来，其中20起是关于荣誉法令的。（Mogens Herman Hansen，*The Sovereignty of the People's in Athens in the Frouth Century B.C. and the Public Action Against Unconstitutional Proposals*，trans. by J. A. Crook，Odense: Odense University Press，1974，p.62.）显然，荣誉法令占有相当大的分量。荣誉法令中包括有授予公民权的法令，其中具有实质性政治影响的只有两项。公元前403年，特拉希布鲁斯提交议案：授予所有从比雷埃夫斯归来的人以公民权；公元前338年，希波雷德斯提议：赋予侨居民以公民权并解放奴隶，

德谟斯提尼。

将其武装起来保护城邦。这两个提案人很快便遭到了起诉,并且在民众法庭败诉。而其他荣誉法令并不涉及雅典的大政方针。

从总体上看,违法法令诉讼的矛头指向往往是提案人或者法令受益人。精明的政治家为了避免身涉违法法令诉讼之中,常常让别人代替自己提起议案,从而避免对此议案负责。但是,这些政治家往往会成为议案的受益者。所以,此议案或法令遭到质疑时,他作为幕后操纵者也难逃干系。如果他在民众法庭败诉,尽管本人不会遭到法律制裁，但是他的社会政治影响却要受到严重影响。所以,在违法法令诉讼中的胜诉或败诉就成了一些政治家政治影响力上升或下降的指向标。

在众多违法法令诉讼中，最为著名的是公元前330年开审的“花冠案”。公元前338年,以底比斯和雅典为首的希腊联军在喀罗尼亚战役遭到惨败之后,雅典不得已,下令加强城墙防御。此时,德谟斯提尼被选为了主管，而城邦拨出的10塔兰特不能完成工程,德谟斯提尼便将自己财产中的3塔兰特捐献出来,用于修建工程。他的朋友科特昔芬认为这是一个稳固德谟斯提尼政治地位的良机,可以促成雅典人民对德谟斯提尼表示感谢,感谢他十多年里为城邦利益而反对马其顿做出的诸多贡献,也能让雅典人民在反马其顿事业遭受重大挫折之后仍能继续信任他。

于是,在公元前336年,科特昔芬在公民大会上提出议案:在即将到来的狄奥尼索斯酒神节上,在狄奥尼索斯剧场授予德谟斯提尼一顶黄金花冠,以示对他的表彰。这个议案立刻遭到埃斯奇涅斯这个忠诚的亲马其顿分子的质疑。然而,不知出于何种原因,这一违法法令诉讼程序直到公元前330年才得以执行。

公元前330年,可谓是马其顿对希腊的影响正值巅峰之时。亚历山大大帝在东征中接连不断地取胜，并已经摧毁波斯帝国;斯巴达纠集起的一小股反马其顿势力煽风点火,但很快便被马其顿大将安提帕特扑灭。此时的形势,应该对埃斯奇涅斯这位亲马其顿分子十分有利,他似乎能够借此机会在雅典政坛上翻身,压过德谟斯提尼。

在法庭辩论上，埃斯奇涅斯首先论证授予花冠的提案不合法。第一,雅典法律规定,公职人员在通过账目终审之前,不得被授予花冠;第二,在狄奥尼索斯剧场授予花冠的做法也是违法的。然后,他又论证德谟斯提尼没有资格获得这项荣誉,历数德谟斯提尼从政以来的种种骗人行径和政策失误,证明他是一个十足的政治骗子和投机分子,正是他将雅典引进了灾难深重的深渊。

德谟斯提尼则针锋相对地提出了反证。他首先论证提案的合法性。第一,他被提议授予花冠,不是因为公务上的成绩,而是他长期以来对城邦的公益捐助。因为与公务无关,所以不受这条法律的限制。第二,援引其他法律和事实论证自己在狄奥尼索斯剧场被授予花冠是合法的,在此之前,有许多人且他本人也多次在那里被授予花冠。然后,德谟斯提尼又机智地将自己历史上的错误推卸给人民,因为他过去所有的政策都是经过人民大会也即人民认可和批准的,陪审法庭也即人民,若出于此而判他有罪的话,就等于判他们自己有罪。

最终,德谟斯提尼获胜,并且是绝对的胜利。埃斯奇涅斯因未能得够五分之一的票数,而被判以罚金。

这次惨败终结了埃斯奇涅斯的政治生命,他对雅典政治彻底失望,怀着悲伤的心情离开了自己的祖国,最后客死他乡。

有学者将这场诉讼视为演讲术战胜法律的一个典型实例,但也有学者认为并非如此,埃斯奇涅斯的证据不足以胜诉。[参见W. E. Gwatkin Jr., “*The* Legal Arguments in Aischines' against Ktesiphon and Demosthenes' on the Crown”, *Hesperia*, Vol. 26, No. 2, (1957), pp. 129-141.; Edward M. Harris, “Law and Oratory”, in Ian Worthington ed., *Persuasion: Greek Rhetoric in Action*, London: Routledge, 1994, pp.140-150.]不管学术观点如何争论,但有一点是不容置疑的:尽管当时马其顿的王权对雅典的民主形成了重压,但是,雅典人民的民主精神却没有被窒息。民众法庭的投票结果证明,雅典人民热爱民主,进而热爱德谟斯提尼这位民主斗士,希望他能够继续领导雅典的民主事业。

第七章　雅典民主的功过

“古今多少事，都付笑谈中”的态度固然洒脱，但是，如果要想从过去的历史中汲取有益成分，便必须严肃对待它们，这也是我们认真记载历史、延伸人类记忆的一个重要目的。雅典的民主政治早已是烟涛微茫的往事，然而，当时人和后来者都在努力以其为参照，来构建心中的梦。

时人思考：理想国何在？

古希腊人是一个哲思的民族，这种特性在雅典人身上体现得特别明显。雅典民主政治的种种弊端，引起了生活在其中的有心人对其进行深刻的思考和分析，并且提出了各自的理论和构想。

苏格拉底之死

众所周知，苏格拉底是古希腊最伟大的哲学家之一，他谜一样的死成为后世学者关注的一大焦点。他是否应该被判处死刑？他为何而死？他的死是否应该被视为雅典民主政治的一大污点？学者们对此争论不休。

在现实中，苏格拉底只是雅典普通公民中的一员，他的职业是石匠，且相貌丑陋。苏格拉底恪尽职守地履行着应该承担的公

民义务,多次参军打仗,并在战场上救过亚西比德和色诺芬,他与这两个人都有着师友关系。和平期间,苏格拉底从来不像其他智者那样售卖知识,只是把知识作为善来传播。苏格拉底为人正直,在审判领导阿吉纽斯战役的八位将军(其中两人是缺席审判)时,他正好是会议主席团成员之一。在他的坚持下,使得雅典民主给予六位将军以程序上的公平对待,一一审判,而后被处死。他不向不义之事妥协,在公元前404年,三十僭主向他和其他人下达逮捕勒翁的命令,他拒绝执行这一命令,并径自回了家。

他喜欢在市场上和青年人聊天,启发他们思考什么是善、什么是正义等一系列问题。

尽管苏格拉底充满智慧且为人正直,但是,他的口碑似乎并不好,经常成为喜剧作家讽刺的对象,其中以阿里斯托芬的《云》最为著名。喜剧作家的讽刺,在一定程度上也促成了人们相信苏格拉

苏格拉底之死。

底不信仰城邦神的看法。同时，他的有些亲戚和朋友也非善类，在三十僭主中竟然占到了两人，一个是他的亲舅舅卡尔米德，一个是他的表舅兼学生克里底亚斯，后者是疯狂的寡头派领袖，依靠斯巴达的支持，到处滥杀无辜。在此之前，著名的将军亚西比德，他反复无常的行为令雅典人印象深刻，正是因为他投靠斯巴达、献计献策，才导致远征西西里的雅典同盟军遭到灭顶之灾。所以，在雅典人的印象中，苏格拉底似乎成了“叛国者的培育者”。（让·布兰：《柏拉图及其学园》，杨国政译，商务印书馆，1999年，63页。）尽管两个臭名昭著的领袖在公元前403年和前404年相继死去，雅典民主制也得以重建，但是疯狂的政治恐怖造成的负面影响仍然存在。

公元前399年，墨勒图斯、安尼图斯和吕孔三人联合控告苏格拉底引进新神、毒害青年心灵。其实，幕后主使是安尼图斯，他是一个温和的民主派，与苏格拉底没有什么私人恩怨，提出起诉完全是为了雅典城邦的安全考虑。在他看来，暴君和卖国贼都死掉了，但他们的老师还活着，还在散播流毒。同时，作为智者身份，苏格拉底属于城邦中的“异质”：城邦强调公民的集体性，而智者宣传的学说却是个人主义的，在于唤醒个人的主体意识，其最终的归宿是颠覆雅典城邦的价值体系和思维模式。基于此两种考虑，他们对苏格拉底这个典型提出起诉，而目的也不在于置苏格拉底于死地，只是想消除他在雅典的影响，如将他放逐。关于引进新神的控告似乎有点牵强，但毒害青年心灵的控告则是相当的充分。而毒害青年心灵是一个非常严重的罪行，公民集体非常关注公民个人的品德行为，品行不端的公民往往会被剥夺公民权。

身处城邦政治中并热爱雅典民主的苏格拉底，并没有认识到自己的学说正在瓦解着祖国存在的根基。面对指控，他没有慌乱，而是镇静地出现在了法庭上。

他希望自己的理想被雅典人认可，并希望被光明正大地宣判无罪，而无罪审判必须无损于真理和正义。

他否定和任何人之间存在师生关系，并历述自己正直、勇敢行为的表现。他将传播作为善的知识视为神圣的使命，停止他的讲学，便是对神的背叛，他是不会这样做的，除非终止他的生命。的确，他的演说起到了作用，尽管法庭判他有罪，但只是以280票对220票的微弱优势通过的。（让·布兰:《柏拉图及其学园》，杨国政译，商务印书馆，1999年，74页。）

第一轮的审判决定有罪无罪，苏格拉底的辩论方式还能令陪审员接受；第二轮的审判决定如何判罚，他的言行却大大超乎寻常人的想象。苏格拉底没有像其他被判有罪的被告一样，表现出一副可怜相，乞求陪审团减免对他的惩罚，而是坚称他的使命是神送给雅典的礼物，雅典人应当给予他最高的荣耀而不是有罪的判决。基于他不应该被判有罪的原则，他没有提出比死刑轻的放逐；而是选择了罚金，他认为罚金不算是有罪的惩罚。但是，他又拒绝了柏拉图等人缴纳的30米那罚金的建议，而主张他只能被判罚1米那的罚金，这个金额他能立即支付。一个"有罪"之人，却如此狂放不羁，不仅不恳求陪审团减轻他的处罚，还铿锵有力地捍卫自己无罪，并提出了一个罚金金额低到令人感觉荒唐的处罚。1米那等于100德拉克玛，涉案金额仅1米那的案件，仲裁人便可以给予处理，而他现在所站的地方，是一个由五百名陪审员组成的大法庭。苏格拉底的狷介与孤傲，引来陪审团的普遍不满，他们以360票对140票通过了判处苏格拉底死刑的判决。（让·布兰:《柏拉图及其学园》，杨国政译，商务印书馆，1999年，75页。）

对这个判决结果，苏格拉底还是乐观地接受了，并赞扬陪审员们无意中给他帮了忙，让他可以见到昔日著名的人物。并且，他拒绝逃狱，尽管他的学生和支持者给他安排好了一切。他认为，那样做有违于他的人生信条。在苏格拉底看来，死刑判决是错误的，但是，这是起诉人的错误描述导致的，在程序上却是合法和正确的。如果越狱，将是对城邦法律本身的违背，这不是一个合格公民的所作所为。行刑时间到来之时，他决然地饮下毒药。苏格拉底正直智慧的一生结束了，而关于他的不尽争论却刚刚开始。

在柏拉图及其继承者看来，苏格拉底之死直接证明了雅典民主政治的非理性和盲目性。在柏拉图《申辩篇》的强大影响下，长达十多个世纪里，苏格拉底作为追求真理的殉道者被人广泛敬仰，而雅典民主政治也遭到普遍的批判。直到19世纪英国学者格罗特《希腊史》的出现，这种观点才有所改变。他像亚里士多德一样认为，雅典民主政治是宽容的，雅典人在政治上和道德上要比前人有更大的进步，苏格拉底的死也体现了这一点。如果没有雅典民主政治的宽容，便不会产生苏格拉底这样的人物。(George Grote, *A History of Greece*, Vol. 7, Bristol: Thoemmes Press, 2000, pp. 166-174.)自格罗特之后，学者们对待苏格拉底之死的态度基本上是既维护苏格拉底的智慧和道德形象，又肯定雅典民主的合法性，同时也认为雅典民主的确存在着局限性。

政体的思考

对于民主的局限性，古希腊人本身早已认识到了，他们对各种政体的优劣也进行过深刻的思考。

关于政体的分类和何种政体最适合人类，历史学家希罗多德在这方面做了最早的分析。他将政治体制分为三种：君主制、寡头制和民主制，并且，三种政治各有优劣。《历史》一书记载，玛格僧统治被推翻后，大流士和其他参与政变的贵族商讨，建立何种统治为好。(Herodotus, *The Histories*, III, 80-82.)一位贵族主张建立人人皆能参与国家管理的民主制。他认为，由于没有监督和约束，同时人类又具有骄傲和嫉妒的劣根性，从而会致使君主制成为万恶之源，整个国家将会处在“黄钟毁弃瓦釜雷鸣”的是非颠倒状态，善良无辜之人常常死于非命，品德高尚的人备受打击，而奸佞之徒则高高在上。与之相对，民主制则有许多优点。首先，法律面前人人平等，社会风气不会遭到败坏；其次，国家权力交付给人民大众，通过抽签选出的公职人员要受到人民大众的监督，他们会恪尽职守。另一个贵族主张建立精英统治也即寡头政治。他认为,人民大众愚昧无知且粗鲁无礼,群氓的专政与暴君的独裁同样都是令人不能接受的事情,不管暴君再多么作恶多端,但他至少明白自己的所作所为,而人民大众就像泛滥的洪流,甚至不知道自己在做什么。所以,他认为将政权交由一批最优秀的人物来掌管才最为明智。最后,大流士发表了意见。他认为,民主制、寡头制和君主制都有它优越的一面。但是,他同时还认为,“没有哪种统治比一个最卓越者的统治更为恰当得体”。此人由于具有高度的判断力,所以他能够完美地管理民众,并能够制订出周密的计划以应对突发事件。而民主制和寡头制的发展结果也必然导致君主制,因为,人人都有成为领袖的欲望,于是便会产生冲突,直到一个卓越的人出来结束这种冲突局面为止,人们才能恢复和平,从而导致一人统治的出现。与其乱而后治,还不如一直维持一个人的良好统治。最后,大流士当选了国王,波斯帝国接着延续了他们的君主制。

这个故事明显是希罗多德杜撰的,它却反映了希腊人至少是希罗多德对三种政体的看法。尽管本意上希罗多德是支持民主政体的,但是他并没有回避民主制中存在的缺陷。

他讲这个故事的用意是为了给他的好友伯里克利赢得民望,以便牢固确立他在雅典政坛上的领袖地位,因为在政治的运作过程中,普通民众的确需要卓越者的领导,而伯里克利正是当时公认的卓越人物。

苏格拉底之死促使柏拉图对政治体制进行了更深刻的思考。他认为人类的政治体制存在六种,两种是由作为理性和智慧代表的哲学家执政的,这两种政体是完美的,它们是一人统治的君主制和数人统治的贵族政体;还有四种政体,即富豪政体或荣誉政体、寡头政体、民主政体和僭主政体,它们是政治衰落的表现。(Plato, *Republic*, VIII, 545 B-579 D.)富豪政体是军人专政,而哲学家不再受到重视,劳动者遭受奴役,作为统治者的军人缺乏人文修养、迷恋军事训练、贪图物质财富和军事功绩。第二种是寡头政体,国家政权由处于少数地位的富人操纵,只有缴纳税款的人才能担任官职,社会重视财富而忽略美德和才能,从而分裂为富人和穷人两个对立的阵营。当平民大众夺取政权后,他们会平分政权,采用抽签制来决定官员的选任,民主政体的典型特征是自由,每个人都过着随心所欲的生活,但这种“可爱的、无政府状态的、混乱的、向平等和不平等之物都施以平等权利”的政体却孕育着深刻的政治危机。身陷重重危机的人民便渴望救世主的降临,来结束民主政体下的混乱局面,于是,僭主政体便出现了。僭主是极端卑鄙的,他孜孜不倦地追求各种贪欲、荒唐之事,依靠私人武装来维持统治,通过剥削人民来维持自己的武装,还雇佣一批御用文人来美化他的统治。

后来,柏拉图的政体观念进一步成熟,他继续坚持六种政体的看法,不过将它们分为好坏各三种:好政体分别为一人统治的君主制、少数人统治的贵族制或贤人政治和多数人统治的共和制,而与之对应的坏政体则分别为僭主制、寡头制和民主制。但是,在柏拉图看来,政体的好坏之分并不完全依据守法与否,而更大程度上是是否尊重知识,知识高于法律,最好的统治不是法治,而是哲学家的统治或知识统治;最好的政体是知识和权力合二为一的“哲学王”统治,最坏的政体是无知和权力合二为一的僭主统治,其余的政体处于二

柏拉图的政体论思想在亚里士多德那里得到了发展,他对政体进行了更为深入的分析。

者之间。

亚里士多德同样根据政权掌握在谁的手中而将政体分为一人统治、少数人统治和多数人统治。同时,他又根据正义原则,也即城邦政权是否为全体公民服务,将政体细分为三种常态政体:君主制、贵族制和平民处于领导地位的宪法统治,三种变态政体:僭主制、寡头制和平民政体。不管是掌握在一人手中、少数人手中还是多数人手中,只要政权是为全体公民服务,它便是常态政体;若仅仅是为掌权者服务,它便是变态政体。那些掌权者若偏离了为全体公民利益服务这一根本原则,他(或他们)便没有资格被称为"公民";同时,变态政体也偏离了法治原则,因为所有常态政体都是宪法统治。例如,僭主制与君主制同样是一人统治,但是,僭主实行的却是"非法"统治,他"以主人对奴隶的方式来处理城邦事务"。 这是亚里士多德和柏拉图的一个重要区别,在判断政体好坏之时,他不再看重知识而是法律。他认为,所有常态政体都应该是宪法统治,之所以将第三种常态政体特别地称为宪法统治,旨在说明人民大众依法治国也同样能够建立常态政体。(Aristotle,*Politics*,1278b-1279b.)

同时,亚里士多德与柏拉图同样认为,各个政体之间是可以相互转变的,但是,这种变化关系也不再仅仅局限于逻辑推理。亚里士多德认为,一个城邦采用哪种政体是多种因素决定的,这些因素发生变化,政体则会随之变化。在各种因素中,经济结构和党派力量对比是决定性因素。(徐大同主编:《西方政治思想史》,天津教育出版社,2005年,5页。)

理想国的追求

思想家们思考政体问题的目的,是为了构建一个和谐稳定的理想之国。富有想象力的诗人们早在思想家们构建理想国之先,便已经开始对美好的乌托邦进行描述。(杨巨平:《古希腊乌托邦思想的起源与演变》,载《世界历史》,2003年第6期。)

诗人荷马在他的史诗中提到了“福地”，它在天地的尽头，那里风和日丽、气候宜人，居住着永生之人。斯巴达王莫涅拉俄斯和妻子海伦由于诸神的恩典，便有幸来到此地居住。

另一位著名的诗人——赫西俄德，有着浓厚的崇古情结，他认为人类依次生活在黄金、白银、青铜、英雄、黑铁等五个时代，而最早的黄金时代是一个理想时代。那时候，人类无忧无虑、无劳而食、整日宴饮，连死亡也是一件幸福之事，如熟睡一样安详，且死后能够化为神灵。黄金时代之后的时代，人类的境遇一代不如一代。到了黑铁时代，人类“完全堕落”了，父子反目、朋友为敌，使诸神都不愿意再眷顾人类，而只给人类留下无尽的悲惨。

诗人们的福地或者黄金时代，都是一种文学性的遐想和愤懑之情的宣泄而已，真正思考在人间建立秩序严谨的“理想国”的任务还是需要交由哲学家们来完成，最早担负起此项历史使命的应该是毕达哥拉斯（公元前570~公元前500年）及其学派。毕达哥拉斯本是萨摩斯人，然而萨摩斯长期陷于冲突，最后他不得不移居意大利的克罗顿。在这里，他创立了毕达哥拉斯学派，这是一个组织严格且集学术、宗教、政治于一身的社团。毕达哥拉斯将平等、正义与和谐等哲学与数学概念引入到了社会政治领域，成为构建“完美社会秩序”的基础。毕达哥拉斯学派在克罗顿乃至南意大利以及西西里岛都产生过重大影响，并且很多成员在一些城邦长期处于统治或领导地位。

毕达哥拉斯社团本身便是其思想的体现，社团成员共同就餐、共同研究，友爱、共产、互助。

在毕达哥拉斯学派当中，米利都的希波达摩斯以和谐、完美理念著称。他是一个著名的建筑设计师，长期生活在雅典，为雅典的城市建设做出了巨大贡献：他设计了比雷埃夫斯城、从雅典到比雷埃夫斯的长墙以及罗德岛的罗德城，这些建筑都体现了毕达哥拉斯学派的均衡、完美、和谐观念。同时，他又是一个政治思想家，构想过一个完美的国家形式也即理想国。在他的理想国中，公民人数为一万人，分为三个等级——工匠、农民和军人。所有行政长官都由人民选举产生，即由上述三个等级的公民选举产生，奴隶、侨居民和其他一切非“公民”人口排除在外。行政长官的主要任务是保护城邦利益。国家土地分为祭祀的、公有的和私有的三部分，从祭祀土地上得来的财政收入用于祭祀神灵的宗教庆典，来自公有土地的用于维持军队，而私有土地则视为农民的私有财产。他根据诉讼的三种形式将法律分为三类，分别是用于判决损害名誉的、伤害身体的和杀人案件。（Aristotle, *Politics*, 1267b 22 – 1269a 28.）

苏格拉底与毕达哥拉斯学派交好，柏拉图则更是痴迷于毕达哥拉斯学派的学说，他是否加入过毕达哥拉斯学派尚不清楚，但是，他的政治学说的确与毕达哥拉斯学派非常接近；后世的毕达哥拉斯学派和新毕达哥拉斯学派也将柏拉图的思想视为本学派的学说。

柏拉图基本上是按照毕达哥拉斯学派的理念来设计他的理想国的，只不过比前者更为细化。在他的理想国中，人口分为三部分：治理者、守卫者和劳动者。治理者是富有智慧的哲学家，他们在上天创造之时身体里被加入了黄金，所以，他们是第一等级；守卫者则是年轻力壮的武士，他们身体里被加入了白银，处在第二等级；劳动者是从事工农商业的群氓，他们身体里被加入了铜和铁这样的普通金属，处在社会底层，属于被统治者，负责供养作为统治者的前两个等级。每个等级都具有与之相对的灵魂和美德。劳动者具有欲望，他们的美德是节制；守卫者富有激情，其美德是勇敢；治理者具有知识，其美德是明智。国家是基于正义而建，“只有构成国家的三个等级各自履行自己的职责，才能称这个国家为正义”。在三个等级中，治理者处于核心地位，这些人是具有认知真善美能力的哲学家，为人真诚、自控力强、记忆力超人，所以，他们比其他两个等级更应该拥有特权，例如，撒谎的特权。“当国家利益需要时，他有权撒谎以欺骗敌人或公民，而其他任何人都无权触及这个非常敏感的问题”。(Plato, *Republic*, VI, 489 B; IV, 389 B.)为了实现社会成员之间的紧密团结，禁止任何形式的家庭生活。在婚姻上实行共妻制，任何妇女都不得与任何男子单独居住；为了实现优生优育，优秀的男女应该多生育，而劣等男女尽量少生育，作战勇敢者有资格与较多的妇女做爱。在儿童教育上实行共育制，孩子一生下来便交由一个育儿委员会专门管理，防止母亲认出自己的孩子。公民之间不得以陌生人相待，每个人都应该将他周围的人视为自己的兄弟、姐妹、父母、儿女或者其他亲属。(Plato, *Republic*, V, 457 D-463 C.)

在柏拉图的理想国中，文化活动受到严格的控制，取消所有消遣性音乐，只留下有助于陶冶情操的四弦琴；作家和艺术家的作品必须受到严格审查，只允许写作那些颂扬美德的严肃作品，禁止诙谐幽默、模仿抄袭这些不利于思想品德教育的作品出现。

柏拉图这种极端的邦民合一主义和知识至上论，遭到了亚里士多德的否定。亚里士多德同样认为城邦和公民具有一体性，但是，他的态度要比柏拉图温和了许多。由于城邦本质上是公民集体，所以，有必要在一定程度上实现邦民一体，但不能将完全的一体化作为城邦追求的目标，因为“人人都爱自己，而自爱出于天性，”过分的一体化不符合人类的本性。社会的罪恶源自人类本性中罪恶的一面，即便实行共产制度也同样无法补救。不仅如此，财产、妻子等方面的共有会导致私人利益界限的模糊，这样反而会引起更多的纠纷和冲突。亚里士多德主张，在承认公民个体利益的基础上实现城邦和公民的统一，允许“私有公用”的私有制存在，就是既将承认有限的私有财产，同时又要保证它能用于公共目的。

在亚里士多德的理想城邦中，实行的是轮番执政的混合政体，也即将寡头制和民主制各自优点集合起来的多数人的统治。这样一来，既照顾到了每个公民个体的利益，又考虑到了财富、能力和品德等方面的因素。亚里士多德的理想城邦其实是对梭伦创立的温和民主制的一种美化。在城邦的治理上，亚里士多德强调法治的重要性，法律应该是由大多数城邦成员共同制定的良法，并且彻底贯彻“法律面前，人人平等”的原则，无论是统治者还是被统治者，都必须严格遵守法律。为了方便公民参与国家管理，亚里士多德认为有必要实行奴隶制，因为奴隶劳动可以使公民摆脱劳作的束缚，从而有闲暇时间参与政治。

亚里士多德允许理想城邦里存在奴隶制，这一点受到现代人权主义观点的强烈批判，但是，他的政治构想模式或许是现代民主政治发轫时期的一个可行性参照。建国之初的美国，便类似于亚里士多德的描述。当时的美国摒弃了等级制的政治和社会结构以及世袭特权，美国宪法对参与参议员、众议员和总统选举的被选举人只是在年龄和居住年限上做了相关规定，却没有规定财产限制，对选举人的资格也没有统一规定。但是，他们允许奴隶制存在，自由黑人也没有公民权。对于奴隶制问题，各州制定了一个五分之三条款作为妥协。“众议员人数及直接税税额，应按联邦所辖各州的人口数目比例分配，此项人口数目的计算法，应在全体自由人民——包括订有契约的短期仆役，但不包括未被课税的印第安人——数目之外，再加上所有其他人口之五分之三。”随着人权运动的兴起，美国的奴隶制才遭到广泛的质疑；直到美国内战后，奴隶制最终被废除，黑人于1868年、1870年分别获得了公民权和选举权，印第安人也在1870年获得了选举权。随着时代的进步，美国的民主也在不断完善。尽管它仍有诸多不尽如人意的地方，但还是为许多国家确立民主制度提供了资鉴。

基于亚里士多德在政治领域的研究中做出的巨大贡献，后世尊称他为“政治学之父”，而他的老师柏拉图却未能获得这项殊荣。

后世评判：民主科学吗？

作为一种远在云端的参照，雅典民主既为当代人留下了诸多遐想，同时又遭到了不断的批判。或许，雅典人当局者迷，未能认清形势；或许，当时的一系列制度和决定是他们最好的选择。然而，在不断选择中，他们最后变成了被选择者。

民主与抽签

在人类历史上，抽签是最古老的决事方式，在远古传说中便能够找到它的影子。早在忒修斯杀死米诺牛之前，雅典每九年向米诺斯进献的七对童男童女，便是通过抽签方式选出的。在特洛伊城下，希腊联军的统帅们也是通过抓阄的办法，来决定由谁与赫克托耳进行决斗。抽签，似乎伴随了希腊历史的整个兴衰历程，一直延续到希腊化时期。为什么古希腊人这么热衷于抽签呢？在他们看来，抽签的整个过程，神都在显示着他的作用，抽签的结果是神意的表达，他们必须执行。(Fustel De Coulanges, *The Ancient City*, Garden City, Y. N.: Doubleday, 1956, p. 182.)古希腊人对神意怀有敬畏之心，所以，抽签方法被雅典人广泛地应用到了政治活动的各个领域，尤其是城邦公职人员的选任上面。

当阿伽门农等人将阄放进头盔里之后，他们便开始向宙斯祈祷。(Homer, *Iliad*. VII. 161-199.)

我们必须承认，抽签选任不是民主制的一种

专有手段。修昔底德曾经记载,公元前411年,当雅典发生寡头政变时,四百人议会取代五百人议会进入议事厅,当即利用拍签方式,选出主席团。(Thucydides, *The History of Peloponnesian War*, VIII, 70.1.)雅典政治上早就存在着抽签制,例如,德拉古曾经规定,四百零一人议会成员和低级城邦官员,都由抽签选出。(Aristotle, *Athenian Constitution*, 4.)可见,寡头政治也不排斥抽签制,但是,参与者的范围却是有限的。似乎是梭伦首先发现了抽签中蕴含的民主因素,他将抽签转变成为一种重要的公职人员选任制度。最初,城邦的各项职务都是世袭的,到了王权衰落、寡头当政的时代,城邦官员的选任全部由贵族势力把持。为了突破贵族对城邦权力的垄断,梭伦在包括执政官在内的一些城邦官员的选任方面引入了抽签制。虽然当时抽签候选人和抽签适用的官职受到严格限制,如执政官只在前两个阶层的候选人当中进行抽选,此举却为抽签制在雅典城邦政治生活中的大规模运用开启了先河。

随着民主制的深化发展,雅典的抽签制便带上了浓厚的民主色彩。首先,通过抽签选任的官职越来越多。公元前621年,德拉古改革将抽签制度应用到了四百零一人议会成员和其他低级官员的选任中。公元前594年,梭伦又将执政官的选任通过抽签来实现。到了公元前4世纪,雅典城邦每年要选出1100名官员,其中,除了100名左右的官员由公民大会直接选举产生外,其余的皆由抽签选出。(M. H. Hansen, *The Athenian Democracy in the Age of Demosthenes*, trans. by J. A. Crook, Oxford: Blackwell, 1991, pp.232-233.)此外,抽签的候选人资格也在逐渐放宽:公元前457年,雅典的第三阶层双牛者也有资格参与执政官的抽选。至此之后,事实上,几乎所有的公民都有资格参与城邦任何官职的选任。最后,抽签程序也在发生变化。原来的直接选举阶段要么改革为抽选,如九执政官的选任;要么被取消,直接由一次抽选决定,大部分官员都是这样选出的。

民主体制下,一个重要原则是平等原则。在社会经济领域内,要求社会利益应该实现公平的分配，而不是极端的平均分配。而在政治领域内，则要求实现参与机会的均等，公民之间在担任城邦官职上面享有彼此平等的机会。但是，怎样在政治上实现机会均等呢?一个最简单易行的办法，便是抽签。抽签的结果乃神意做出的正义决定，这一方面实现了候选人之间的"公平竞争"，另一方面也尽可能地避免了他们之间产生不必要的冲突。尽管这种认识在现在看来有点可笑，但雅典人却是非常严肃地执行着抽签选任的原则，它在最大限度为雅典公民提供了最广泛且又最平等的参政机会，这是雅典民主制度在两百年里具有蓬勃生机的重要根源。

与抽签选举相对应的是投票选举。在现代人看来，投票选举是民主的一种表现形式，并且是比抽签更为科学的民主形式。但雅典人为什么普遍抵制投票选举而采用抽签选举的方式来操作他们的民主政治呢？一方面，这与雅典人关于抽签结果是神意的表达的观念有关；另一方面，与他们对投票选举的偏见有关。在他们看来，投票选举带有强烈的寡头政治的色彩。他们为什么会有这种偏见呢?首先，富贵阶层依靠本身掌握的资源和实力，能够影响甚至操纵投票过程和结果；其次，富贵阶层成员普遍比普通平民具有更强的知名度和影响力，这本身也影响着选举的结果；最后，对抽签选举提出强烈批判的也往往是那些富贵阶层的政治家或思想家，他们认为，通过抽签方式不能选出最有才能的人，而往往是无才之辈来管理国家。

从现代意义的标准来评判，精英政治思想家们的批判，显然是能站住脚的:抽签绝非民主的手段，更不是民主的象征。但是，在古代社会却不尽然。在古希腊时代，社会分工处在一个较为初级的阶段，一个平常人可以适应多个职业技能的要求，他既可以当农民也可以当商贩，既可以当士兵又可以当将军，既可以在公民大会或民众法庭上辩论又可以听取发言进行表决。由于社会分工处在一个较为初级的阶段，所以，普通人可以胜任多种职务，而优秀的人更可以成为一个全能型的人才。

的确,抽签并不是一种科学的方法,却不失为一种有效的方法。城邦公职人员由抽签方式选出,象征着城邦公职向全体公民开放的一种努力,使得每个公民都有同等机会出任城邦公职,行使作为城邦主人的职权。所以,在雅典人看来,抽签是实现民主或公平的一个重要手段。这一做法彻底实现了雅典公民们在政治上的平等,甚至伯里克利可以夸口称赞雅典民主的开放性和公平性,"一个人只要有能力为国家服务,他绝不会因为自身贫穷而被排斥在政治之外"。根据惯例,各种官员抽签选任的方式并不尽相同,例如,执政官抽选须各选区按比例提名一定数量的候选人,然后再从候选人中抽签决定;其他各级官职以及五百人议会成员则按照配额从部落直接抽签选出,无需复选。虽然在职业化的现代人看来,这些做法显得有些荒唐可笑,但雅典人当时却是在郑重其事地执行。当时社会各方面的职业化仍处在一种半萌芽状态,一个平常人可以在一生中扮演农民、雇工、士兵、将领、法官等多个角色,所以,抽签所带来的负面效应可以在雅典民众积极参与政治的热情中被减损,甚至抵消。

古希腊的思想家大多数都是通才,甚至是百科全书式的伟人,他们在多个学科都能取得领先于时人的成就,其中的代表人物便是亚里士多德。公元18世纪百科全书派的出现表明,在社会分工的冲击下,单个卓越的人再也无力成为百科全书式的思想家或科学家;公元19世纪,科技革命的兴起,更是促成了百科全书式人物的绝迹。现代社会,在多个学科领域内都能有所见长的人物,也逐渐变成了"稀有物种",他们也遭受着濒临灭绝的危险。

民主与群体决策

抽签制给雅典民主造成的负面影响,远不如全民性的群体决策影响剧烈。群体决策是民主政治的一个必要手段,但是它需要有一个度的把握,而雅典人却把这个度加以无限扩大,使它最终成为后世对雅典民主制诟病的最大对象。

雅典学园。

在雅典，只要愿意，任何一个公民都有权参与城邦管理活动，但是，任何参与城邦管理活动的人必须都是业余者，雅典民主从根本上是排斥职业化。为了确保政治业余化，雅典人设计了许多便于普通民众操作的制度，以确保最广大的公民团体都能够参与到管理国家的活动之中。现代政治家在议会上常常会宣称自己在某方面是专家，完全有资格就相关问题进行评论和判决。与此相对，雅典的政治领袖即使在某方面具有专业知识，也同样需要加以否定，因为专业人员会受到歧视和怀疑，而非专家身份却往往具有优势。所以，雅典的政治领袖必须将自己打扮为普通民众的身份，才有可能赢得人民的支持。

首先，我们必须承认，雅典人并不是一群知识素养和判断能力高于其他希腊人的集体。他们大部分仍然是文盲,语言交流是最主要的信息传播工具,在某些场合,它甚至成了唯一的信息传播工具。城邦文告的公布,必须有人出来担任阅读者才能使它起到应有的效果;民众法庭和公民大会上,都有专门负责宣读文献资料的会务人员,以便与会成员能够较为清楚地了解发生了什么,以及该如何判断。由于语言表达成为传播信息的最重要工具,所以,表达能力强的人往往会在政治辩论或法庭辩论中胜出。苏格拉底和柏拉图曾就此提出过尖锐的批评:公共演说并不在于弄清事实真相,而在于找到一种说服技巧,以便使他能够给无知的人留下他比专家还知道得多的印象。(Plato,*Gorgias*,452 E.)

由于智商平平、识字不多,所以公民大众尽管掌握着决策权,但实际上决策的来源只是集中在少数几个人手中;并且,他们的决策能否变成城邦意志,很大程度上不是取决于决策本身的优劣,而是如何使之令人信服。自从克里斯提尼确立民主制度以来,演说开始在政治活动中发挥重要作用,于是,与演说相关的演讲术、修辞学等技巧迅速成为当时社会的显学,这也使得兜售相关知识的智者成为非常受捧的职业。所以,公民大会和民众法庭则成为演说家们激情和即兴表演的舞台,而一般民众则只能坐在听众席上默默地倾听,或为一方打动,或为另一方愤怒。在民主活动中,他们只能扮演消极参与者的角色。总而言之,尽管雅典形式上实行的是群体决策,而事实上是某些政治家来领导公民大众行使群体决策的权力。群体决策的结果不是公民集体意志转变为城邦意志,而是某个或某些公民的意志转变为城邦意志。

修昔底德在谈到伯里克利时代的雅典民主时,做出了一段经典的评价,“虽然雅典在名义上是民主政治,但事实上权力是在第一公民手中。”(Thucydides,*The History of Peloponnesian War*,II,65. 中文引文来自修昔底德:《伯罗奔尼撒战争史》,谢德风译,商务印书馆,2007年,170页。)尽管政治家在政治决策方面不具有制度上的牢固保障,但是,他们可以凭借自身条件如良好的品德、高超的口才和卓越的能力等来赢得民众的信任，从而达到将个人意志转变为城邦意志的目的。演讲术也就变成了政治家的“骗术”，不过靠“骗术”维持政治生命并非长久之计，当“骗术”失灵或者其他人的“骗术”更有效时，这个政治家必然会被唾弃。所以，积极活动的政治家往往会经常在政坛上浮浮沉沉，永远不会成为政坛上的常青树，即便是伯里克利也是如此。倒是有些不再关注政治决策的政治家反而能长期处在政权中的高位，例如，担任过四十五届将军的福基昂，他个人品德良好、不随便在公民大会上发表演说、不带兵外出打仗，这是他能长期获得人民信赖的三大法宝，被人誉为“和平将军”。本应该积极活动的政治家却消极应付自己的职责所在，不仅没有遭到惩罚，反而能因此长久保有权势，这不能不说是对群体决策的一种反讽。

希罗多德也同样看到了雅典民主群体决策上的漏洞，他从中总结出了一个悖论：欺骗一群人比欺骗一个人更容易。(Herodotus, *The Histories*, V, 97.)

普通民众不仅在智商、判断力上不如政治家，并且在自我控制能力上也比不上政治家。对政治家来说，公民集体的感情用事往往是一把双刃剑，它既可以被自己利用，同样也能被对手利用。但是，对整个公民集体来说，则是有百害而无一利。伯里克利也充分认识到了这一点，城邦政策的种种失误都是源自公民集体的感情用事。所以，他曾经多次警告过雅典人应该在决策的时候谨慎，“我们相信讨论不会阻碍行动，最坏的是没有经过适当讨论就冒失行动。”(Thucydides, *The History of Peloponnesian War*, II, 40.2-3.)然而，他的警告并未能改变雅典民众的感情用事和捉摸不定的性格。

伊索克拉底对此进行了形象批判，“我们在演说和政治管理方面远远超过了其他希腊人，但我们的理性是如此贫乏，甚至在同一天对同一件事都会持有不同的态度。我们进入公民大会时所谴责的事情，却恰恰是我们在投票表决时赞成的事情；过一段时间，在离开公民大会回家的途中，我们又不赞成在这里表决的议案。”(Isocrates, *On the Peace*, 52.)雅典人也意识到了群体决策的某些弊端，他们有时候也会及时纠正做出的错误决定，密提林审判便是雅典民众感情用事而又能及时弥补的典型例子。

公元前424年，雅典公民大会一方面出于对密提林反叛行为的愤恨，一方面又被克里昂激情而偏执的演说所煽动，于是做出决议：处死所有密提林的成年男子，将其妇女与儿童变卖为奴。但是，他们很快便觉得这决议是史无前例的惨无人道，就在第二天又重新召开了公民大会就此事进行新一轮的商议，最终更改了原来的决议，从而使密提林躲过一场亡国灭种的灾难。

但是，雅典人并不是总能够及时纠正因一时感情用事而做出的错误决定，有案可稽的事例也不过仅此一例而已。绝大多数的错误决定都是被错误地执行到底，等到雅典人悔悟的时候已经铸成大错。其中，最为典型也是给雅典造成最惨痛损失的就是西西里远征。公元前424年，雅典人派兵远征西西里。由于带兵远征的将军不能确定能够获得成功，便在征得公民大会同意后，促成了西西里各个城邦签订和平条约。其实，这也是此次远征的不小收获，但等到将军回国后，却有人控告他们本能征服西西里，只是因为受贿而放弃了原定的计划；结果，带兵出征的三个将军两个被判处放逐，一个遭到罚款。而此次出征未果，给雅典人心理上留下了遗憾。于是，当公元前416年再次讨论远征西西里事宜之时，雅典人群情激奋，加上亚西比德华丽的演说，更使雅典人充满了乐观情绪。“演说使大部分人丧失了判断力，人们完全沉浸在他描绘的美好图景中，几乎每个人都对远征充满了热情：年老一点的人认为他们将征服那些地方,起码不会失败;年轻人希望看看远处的风光和获取一些经验;普通民众和士兵希望得到一份永久的薪给工作。面对大多数人这种过度的热忱,那些实际上反对远征的人都不敢做声,因为,他们害怕如果自己提出反对意见,其他人会认为他不爱国。"(*Thucydides, The History of Peloponnesian War*, VI, 24.3.)尽管我们不能从最后的失败结果来判断此次远征的决定是错误的,但是,我们可以肯定这次决定确实是雅典人在狂热情绪的支配下做出的。出征后,亚西比德很快便被雅典公民大会传讯,他牵涉到了一桩严重的渎神罪案件中。为防不测,他中途逃跑,并投靠斯巴达,向斯巴达献计献策。最后,尼西阿斯这个主和将军成了远征军的核心,战事一直不顺,并且最终陷入被动。但是,尼西阿斯一直都不敢将真实情况告诉雅典人,只是一味地请求援兵,而援兵派到之后,仍然无助于战争形势的改变。即便如此,尼西阿斯仍不愿在没有公民大会的授权下撤兵,他担心撤兵回国便意味着接受不公正的审判和不光彩的死刑,雅典失败的将军往往是这个下场。他的优柔寡断最终葬送了四万雅典人及其同盟者的性命,也连同他自己的性命。

群体决策还有一个致命的弊端,作为群体的决策人是免责的,而提案人本人则需要对自己的提案负责,决策的执行者也需要对行动负责。从决策的提出、商议、决定以及执行,公民大会的一切行为却完全是免责的,这种免责做法甚至被后世学者批评为"无赖"行为。(杨巨平,王志超:《试论演说家与雅典民主政治的互动》,载《世界历史》,2007年第4期。)公民大会的免责特权,使得公民大会成员在投票过程中不必像提案人和执行人那样小心谨慎,而甚至可能将神圣严肃之事视为儿戏,即使不受演说家的误导,他们也会在仓促之间做出错误的决定。例如,公元前440年,城邦司库官被控挪用公款,在未经过详细调查的情况下,公民大会便将其十位成员判处死刑。当钱的去向被查明并证明司库官无辜的时候,其中九位已被处死,只有一人得以幸免。这只是误判事件中一个较为轻微的例子，比这更为严重的例子还有很多，例如公元前406年判处在阿吉纽斯打胜仗的将军以死刑。

深谙这套雅典政治潜规则的政治家，在发现势头不对之时，便会迅速叛逃，以避免遭受杀身之祸，例如泰米斯托克利、亚西比德、科农等人。叛逃，对叛逃者自身来说是好事，但对雅典城邦来说就没有固定答案了：或许是好事，或许是坏事，或许不好也不坏。泰米斯托克利叛逃到波斯后，并未给波斯大王出谋划策，也没有劝说他再次攻打希腊和雅典。所以，他叛逃后对雅典城邦的影响不好也不坏。科农是羊河战役中唯一值得称赞的雅典将军，除了他率领的20艘军舰没有被击沉或俘获外，其余160艘都遭受了厄运；但他对回国后的遭遇早有预见，便带领船只投靠了波斯。公元前393年，凭借波斯的支持，科农率领海军在西尼都斯一举歼灭斯巴达海军，为雅典夺回了海上控制权，并且为建立雅典第二帝国立下了汗马功劳。

但是，叛逃行为更有可能为雅典带来严重的灾难，最典型的是亚西比德的叛逃，他投靠斯巴达后献计献策，给雅典帝国造成了致命一击。

由此可见，无法律约束的群体决策给城邦或个人都会带来很难预见的灾祸。但是，不可思议的是，尽管群体决策弊端重重，雅典人却从来没有重视过公共教育，甚至没有设立公共教育体系。他们宁可将大量的钱财用于公共娱乐，却不愿意或者没有意识到通过提升公民的文化知识水平来提高群体决策的科学性和正确性。当法律对决策者缺乏有效监督和约束之时，决策者自身的智力、判断力和控制力普遍又不强，他们会把雅典城邦引向何处？历史给出了最终的答案。

附　　录

公元前 1200 年前后　忒修斯统一阿提卡。

公元前 1150 年前后　特洛伊战争。

公元前 1000 年前后　迈锡尼文明毁灭，雅典除外。

公元前 776 年[①]　第一届奥林匹亚赛会。

公元前 750 年前后　希腊城邦制度初具规模。

公元前 683 年　雅典执政官改为一年一任。

公元前 632 年　库隆发动政变。

公元前 621 年　德拉古改革。

公元前 594 年　梭伦宪政改革。

公元前 560 年　庇西特拉图第一次建立僭主政治。

公元前 511 年　庇西特拉图僭主政治被推翻。

公元前 508 年　克里斯提尼宪政改革。

公元前 500 年　爱奥尼亚人起义，希波战争开始。

公元前 493 年　泰米斯托克利担任执政官。

公元前 490 年　马拉松战役。

---

①公元前776年是希腊纪年的一个分界点，此前的年代为考古推测或神话谱系中的年代，其后的年代为确切记载的历史年代。

公元前 488 年 陶片放逐法第一次援用。

公元前 487 年 执政官选任制度改革。

公元前 480 年 波斯大王薛西斯一世率军入侵希腊，温泉关战役、萨拉米战役。

公元前 479 年 普拉提亚战役和墨伽勒战役，彻底扭转了希波战争局势。

公元前 478/477 年 提洛同盟成立，后来演变为雅典帝国。

公元前 472 年 泰米斯托克利被陶片放逐，后来流亡波斯。

公元前 462 年 埃斐阿尔特改革，战神山议事会权力遭到极大削弱。

公元前 451 年 伯里克利公民权法颁布。

公元前 443 年 贵族派领袖修昔底德斯遭到陶片放逐，伯里克利掌握雅典大权。

公元前 431 年 伯罗奔尼撒战争爆发。

公元前 416 年 陶片放逐法最后一次援用。

公元前 411 年 民主政体被颠覆，四百人专政建立

公元前 404 年 伯罗奔尼撒战争结束，民主政体再次被颠覆，三十人僭政建立。

公元前 403~公元前 399 年 民主政体再次重建，宪政改革。

公元前 399 年 苏格拉底被判死刑。

公元前 378 年 雅典第二帝国建立。

公元前 357~公元前 355 年 同盟战争，雅典第二帝国瓦解。

公元前 338 年 喀罗尼亚战役。

公元前 322 年 雅典民主政治历史结束，德谟斯提尼自杀、亚里士多德病逝。

公元前 146 年 罗马摧毁希腊世界的最后一次反抗，彻底征服希腊。

参考文献

中文资料

古典文献译著

1.阿里斯托芬:《地母节妇女·蛙·阿里斯托芬》,罗念生译,上海人民出版社,2006 年。

2. 阿里斯托芬:《云·马蜂》,罗念生译,上海人民出版社,2006年。

3.埃斯库罗斯等:《古希腊戏剧选》,罗念生等译,人民文学出版社,2008 年。

4.柏拉图:《法篇》,见《柏拉图全集》(第三卷),王晓朝译,人民出版社,2003 年。

5.柏拉图:《理想国》,郭斌和,张竹明译,商务印书馆,1986年。

6.柏拉图:《游叙弗伦·苏格拉底的申辩·克力同》,严群译,商务印书馆,1983 年。

7.赫西俄德:《工作与时日·神谱》,张竹明,蒋平译,商务印书馆,1991 年。

8.普鲁塔克,黄宏煦主编:《希腊罗马名人传》(上册),陆永庭等译,商务印书馆,1990 年。

9.色诺芬:《回忆苏格拉底》,吴永泉译,商务印书馆,1984 年。

10.色诺芬:《经济论·雅典的收入》,张伯健,陆大年译,商务印书馆,1961 年。

11.希罗多德:《历史》,王以铸译,商务印书馆,1959 年。

12.修昔底德:《伯罗奔尼撒战争史》,谢德风译,商务印书馆,2007 年。

13.亚里士多德:《尼各马可伦理学》,廖申白译,商务印书馆,2003 年。

14.亚里士多德:《雅典政制》,日知,力野译,生活·读书·新知三联书店,1957 年。

15.亚里士多德:《雅典政制》,颜一译,见亚里士多德,苗力田主编:《亚里士多德全集》(第十卷),人民大学出版社,1997年。

16.亚里士多德:《政治学》,吴寿彭译,商务印书馆,1965 年。

17.荷马:《荷马史诗·伊里亚特》,罗念生,王焕生译,人民文学出版社,2003 年。

18.荷马:《荷马史诗·奥德赛》,王焕生译,人民文学出版社,2003 年。

近现代学术论著

1. 奥斯瓦尔德·斯宾格勒:《西方的没落》(下册),齐世荣等译,商务印书馆,2001 年。

2.恩格斯:《马克思恩格斯选集》(第四卷),中共中央编译局编译,人民出版社,1995 年。

3.马克思:《论犹太人问题》,见《马克思恩格斯全集》(第一卷),人民出版社,1956 年。

4.古郎士:《希腊罗马古代社会研究》,李玄伯译,上海文艺出版社,1990 年。

5. 让·布兰:《柏拉图及其学园》,杨国政译,商务印书馆,1999年。

6.伊迪丝·汉密尔顿:《希腊精神》,葛海滨译,辽宁教育出版社,2000 年。

7. 涅尔谢相茨:《古希腊政治学说》,蔡拓译,商务印书馆,

1991 年。

8. 塞尔格叶夫:《古希腊史》，缪灵珠译，高等教育出版社，1956 年。

9.雅各布·布克哈特:《世界历史沉思录》,金寿福译,北京大学出版社,2007 年。

10. F.I.芬利主编:《希腊的遗产》,张强,唐均等译,上海人民出版社,2004 年。

11.崔丽娜:《古典时期雅典的投票选举制度》,首都师范大学出版社,2007 年。

12.顾准:《希腊城邦制度》,中国社会科学出版社,1982 年。

13.胡骏:《公元前 5 世纪雅典陶片放逐法考略》,载《法学》,2005 年第 6 期。

14. 黄洋:《希腊城邦的公共空间与政治文化》，载《历史研究》,2001 年第 5 期。

15.黄洋:《雅典民主政治新论》,载《世界历史》,1994 年第 1期。

16.李天祜:《古代希腊史》,兰州大学出版社,1991 年。

17.刘家和,廖学盛:《世界古代文明史研究导论》,高等教育出版社,2001 年。

18.日知主编:《古代城邦史研究》,人民出版社,1989 年。

19.施治生,郭方主编:《古代的民主与共和制度》,中国社会科学出版社,1998 年。

20.施治生,刘欣如主编:《古代王权与专制主义》,中国社会科学出版社,1993 年。

21.汪子蒿等:《希腊哲学史》(第 1,2 卷),人民出版社,1993年。

22.王敦书:《贻书堂文集》,中华书局,2003 年。

23. 王以欣:《神话与历史：古希腊英雄故事的历史文化内涵》,商务印书馆,2006 年。

24. 王以欣:《英雄与民主——古代雅典民主政治剖析》,载

《世界历史》,2007 年第 4 期。

25.徐大同主编:《西方政治思想史》,天津教育出版社,2005年。

26.晏绍祥:《古代希腊历史与学术史初学集》,湖北人民出版社,2003 年。

27.晏绍祥:《民主还是暴政——希腊化时代与罗马时代思想史中的雅典民主问题》,载《世界历史》,2004 年第 1 期。

28.晏绍祥:《梭伦与平民》,载《华中师范大学学报》(哲社版),1994 年第 3 期。

29.晏绍祥:《演说家与希腊城邦政治》,载《历史研究》,2006 年第 6 期。

30.杨巨平:《古希腊乌托邦思想的起源与演变》,载《世界历史》,2003 年第 6 期。

31.杨巨平,王志超:《试论演说家与雅典民主政治的互动》,载《世界历史》,2007 年第 4 期。

32.于可,王敦书:《关于城邦研究的几个问题》,载《世界历史》,1982 年第 5 期。

33. 张乃和主编:《现代公民社会的起源》, 黑龙江人民出版社,2007 年。

英文资料

古典文献[①]

1.Aeschines, *Against Timarchus*.

2.Aeschylus, *Suppliant Maidens*.

3.Andocides, *On the Mysteries*.

4.Aristophanes, *Acharnians*.

5.Aristophanes, *Birds*.

①本书所参考的古希腊古典文献英文译本皆来自美国哈佛大学出版社的罗布古典丛书(The Loeb Classical Library)。

6.Aristophanes, *Clouds*.

7.Aristophanes, *Wasps*.

8.Aristotle, *Athenian Constitution*.

9.Aristotle, *Politics*.

10.Aristotle, *The Nicomachean Ethics*.

11.Athenaeus, *Deiphosophistae*.

12.Demoshenes, *Agaisnt Androtion*.

13.Demoshenes, *Agaisnt Neaera*.

14.Demoshenes, *Agaisnt Timocrates*.

15.Demosthenes, *Agaisnt Evergus and Mnesibulus*.

16.Demosthenes, *Agaisnt Macartatus*.

17.Demosthenes, *De Corona*.

18.Demosthenes, *Philippic IV*.

19.Dinarchus, *Against Demosthenes*.

20.Diodorus, *Library*.

21.Euripides, *The Suppliants*.

22.Euripides, *Hecuba*.

23.Herodotus, *The Histories*.

24.Hesiod, *Works and Days*.

25.Homer, *Iliad*.

26.Isocrates, *On the Peace*.

27.Isocrates, *Panegyricus*.

28.Lysias, *Against Eratosthenes*.

29.Plato, *Laws*.

30.Plato, *Protagoras*.

31.Plato, *Republic*.

32.Plutarch, *Agisilaus*.

33.Plutarch, *Alcibiades*.

34.Plutarch, *Cimon*.

35.Plutarch, *Demosthenes*.

36.Plutarch, *Pericles*.

37.Plutarch, *Phocion*.

38.Plutarch, *Sayings of Spartans*.

39.Plutarch, *Solon*.

40.Plutarch, *Theseus*.

41.Pseudo-Xenophon, *The Polity of the Athenians*.

42.Thucydides, *The History of Peloponnesian War*.

43.Xenophon, *Hellenica*.

44.Xenophon, *Memorabilia*.

45.Xenophon, *Oeconomicus*.

现代论著

1.*Athenian Democracy Speaking through Its Inscriptions*, Athens, 2009.

2.Bengtson, Hermann. *History of Greece: from the Beginnings to the Byzantine Era*, trans, by Bloedow, Edmund F. Ottawa: University of Ottawa Press, 1988.

3.Bury, J. B. and Meiggs, R. *A History of Greece to the Death of Alexander the Great*, London: Macmillan, 1975.

4.Christ, Matthew R. "Liturgy Avoidance and Antidosis in Classical Athens", *Transactions of the American Philological Association* (1974-), Vol. 120, (1990).

5.Davies, J.K. "Demosthenes on Liturgies: A Note", *The Journal of Hellenic Studies*, Vol. 87, (1967).

6.Davies, J.K. *Democracy and Classical Greece*, London: Fontana Press, 1993.

7.Finley, M. I. *Politics in the Ancient World*, Cambridge: Cambridge University Press, 1983.

8.Finley, M. I. *The Ancient Greeks*, New York: Penguin Books, 1977.

9.Fornara, Charles, W., *Athens from Cleisthenes to Pericles*. Berkeley : University of California Press, 1991

10.Glotz, G. *The Greek City and Its Institutions*, London: Routledge, 2006.

11.Grant, Michael. *The Classical Greeks*, London: Weidenfeld and Nicolson, 1989.

12.Grote, George. *A History of Greece*, Vol. 7, Bristol: Thoemmes Press.

13.Grote, George. *A History of Greece*, Vol. 4, Bristol: Thoemmes Press, 2000.

14. Gwatkin Jr., W. E. "*The Legal Arguments in Aischines' against Ktesiphon and Demosthenes' on the Crown*", *Hesperia*, Vol. 26, No. 2, (1957).

15. Hammond, N. G. L. *A History of Greece to* 322 B.C., Oxford University Press, 1984.

16. Hansen, M. H. *Aspects of Athenian Society in the Fourth Century* B.C., trans. by Judith Hsiang Rosenmeier, Odense: Odense University Press, 1975.

17. Hansen, M. H. *The Athenian Assembly in the Age of Demosthenes*, Oxford: Basil Blackwell, 1987.

18. Hansen, M. H. *The Athenian Democracy in the Age of Demosthenes*, trans. by J. A. Crook, Oxford: Blackwell, 1991.

19. Herman, Gabriel. *Ritualised Friendship and the Greek City*, Cambridge: Cambridge University Press, 1987.

20. Hollister, C. *Warren. Roots of the Western Tradition*, New York: Random House, 1982.

21. Humphreys, S. C. "Public and Private Interests in Classical

Athens", *The Classical Journal*, Vol. 73, No.2, (Dec., 1977– Jan., 1978).

22. Joint Association of Classical Teachers, *The World of Athens*, Cambridge: Cambridge University Press, 1990.

23. Jones, A. H. M. *Athenian Democracy*, Oxford: Basil Blackwell, 1957.

24. Macdowell, Douglas M. *The Law in Classical Athens*, London: Thames & Hudson, 1978.

25. Murray, Oswyn and Price, Simon ed., *The Greek City: From Homer to Alexander*, Oxford: Clarendon Press, 1990.

26. Ober, Josiah, *Political dissent in democratic Athens:intellectual critics of popular rule*. New Jersey: Princeton University Press, 1998.

27. Ober, Josiah. *Mass and Elite in Democratic Athens*, Princeton: Princeton University Press, 1989.

28. Rhodes, P. J. "Athenian Democracy after 403 B.C.", *Classical Journey*, Vol. 75, No. 4, (1980).

29. Rhodes, P. J. ed., *Athenian Boule*, Oxford: Oxford University Press, 1972.

30. Rhodes, P.J. and Osborne, Robin ed., *Greek Historical Inscriptions: 404–323 BC*, Oxford: Oxford University, 2003.

31. Sinclair, R. K. *Democracy and Participation in Athens*, Cambridge: Cambridge University Press, 1988.

32. Staveley, E. S. *Greek and Roman Voting and Election*, London: Thames and Hudson, 1972.

33. Stochton, David. *The Classical Athenian Democracy*, Oxford: Oxford University Press, 1991.

34. Strauss, Barry S. *Athens after the Peloponnesian War: class, faction and policy, 403 –386 B.C.*, London: Croom Helm,

1986.

35. Tarn, W. W. "Greece 335 to 321 B.C.", *Cambridge Ancient History*, VI, Cambridge: Cambridge University Press, 1927.

36. *The Oxford English Dictionary*, 2nd ed., Vol. viii, Oxford: Clarendon Press, 1989.

37. Thorley, John. *Athenian Democracy*, New York: Routledge, 1996.

网络网址

1.http://baike.baidu.com /.

2.http://books.google.com /.

3.http://de.wikipedia.org / wiki /.

4.http://en.wikipedia.org /.

5.http://sjgds.jianwangzhan.com /.

6.http://www.eurasianhistory.com /.

7.http://www.flickr.com /.

8.http://www.fordham.edu /.

9.http://www.jstor.org /.

10.http://www.perseus.tufts.edu /.

写在后面

人类文明的发展历史犹如奔流入海的长河，时而激流奔涌，时而凝滞徘徊，虽九曲而东流，却在起伏跌宕中实现自我新生。从最初的涓涓溪流到后来的滚滚洪波，希腊文明发展成为后世文明尤其是欧美文明汲取无限养分的源泉。这一源泉，在很大程度上指的是雅典的制度与文化；而在雅典的各种制度与文化中，她的民主是最为光彩夺目的部分。

雅典民主，不仅仅是各项制度与机构，更重要的，它是一种生活方式。自由与自愿原则，普遍适用于公民生活的各个方面。作为公民，他有参政的自由，也有不参政的自由。在参与政治活动时，公民可以选择消极参与，到公民大会或民众法庭听听辩论，然后投上一票，充当民主政治的观众；他也可以选择积极参与，到公民大会上宣传自己的建议和主张，并在民众法庭上为其辩护，成为民主政治舞台上的演员。公民有权利选择自己喜欢的生活方式，这是时人奉为圭臬的理念。

反之，每一种生活方式的背后，都有一套制度和机构来支撑和维系。不管对待参与政治的态度是消极的还是积极的，雅典人都生活在雅典民主制度的框架内，它为他们的民主生活方式提供着制度性的保障，并且规范着他们的行为。政治家阿里斯泰德和一个雅典普通公民之间发生过这样一件趣事：在举行陶片放逐投票的前夕，一位不识字的公民找到阿里斯泰德，请他帮忙在带来的陶片上面刻上他想要放逐的人名，阿里斯泰德欣然同意。此时，那位公民便说："请把您的名字刻在上面。"即便如此，阿里斯泰德依然在陶片上刻下了自己的名字，然后将陶片交还给那个人。最后，阿里斯泰德获得了最多的陶片，不得不踏上放逐之旅。(Plutarch, *Aristeides*, 7.)阿里斯泰德和那位公民两人的心态，可以说是雅典民主生活方式的典型体现。这个故事也恰好与伯里克利的自豪言论相映照，我们"不会因为邻人的随心所欲而生气，更不会怒颜相向而显得不礼貌"。而这句话，又在两千年之后得到了现代人的回应，"我可能不同意你的观点，但我誓死捍卫你说话的权利"。如果没有雅典民主为西方传统铺垫下深厚的文化基础，不知道伏尔泰会从哪里找到灵感，说出这段铿锵有力的名言，来叩启现代精神的大门。

完稿停笔之际，不禁凝眉长思。读一本书，会获得一种人生体验，那么，写一本书的意义又是什么呢？作为一位历史工作者，写本书的目的也就在于它能够给读者提供些许资鉴，或者它只能充当茶余饭后的谈资，或者就此束之高阁、不再问津。不管本书的命运如何，本书的写作历程对作者来说的确是一种人生体验，甚或新生的体验，期君与共。